中国市域经济高质量发展研究报告（2019）

Research Report on the High-quality Development of China's Regional Economy

黄顺春　李忠红◎主编

经济管理出版社
ECONOMY & MANAGEMENT PUBLISHING HOUSE

图书在版编目（CIP）数据

中国市域经济高质量发展研究报告.2019/黄顺春，李忠红主编.—北京：经济管理出版社，2020.1

ISBN 978 - 7 - 5096 - 7006 - 4

Ⅰ.①中… Ⅱ.①黄… ②李… Ⅲ.①区域经济发展—研究报告—中国—2019 Ⅳ.①F127

中国版本图书馆 CIP 数据核字（2020）第 021658 号

组稿编辑：申桂萍
责任编辑：赵亚荣
责任印制：黄章平
责任校对：王淑卿

出版发行：经济管理出版社
　　　　　（北京市海淀区北蜂窝 8 号中雅大厦 A 座 11 层　100038）
网　　址：www. E - mp. com. cn
电　　话：（010）51915602
印　　刷：三河市延风印装有限公司
经　　销：新华书店
开　　本：720mm×1000mm/16
印　　张：15.5
字　　数：236 千字
版　　次：2020 年 6 月第 1 版　　2020 年 6 月第 1 次印刷
书　　号：ISBN 978 - 7 - 5096 - 7006 - 4
定　　价：68.00 元

中国市域经济高质量发展研究报告（2019）

主　　编　黄顺春　李忠红

副 主 编　邓文德　刘怡君　陈锡稳

核心成员　熊　琤　刘继云　王瑞梅　许　菱

　　　　　艾　云　潘建华　何永保　肖　娟

　　　　　陈洪飞　张书齐　朱文兴　方子扬

　　　　　邹国良　杨桂兰　洪　钟　吴小英

研究机构

赣州市高质量发展研究院

东莞质量与品牌发展研究院

江西省质量协会

江西理工大学 MBA 教育中心

福建省人力资源管理师协会

于都县富硒蔬菜协会

赣州岑峰酒业有限责任公司

中国市域经济高质量发展排行榜

中国市域经济高质量发展第一方阵城市

深圳	东莞	广州
珠海	杭州	苏州
南京	佛山	宁波

中国市域经济高质量发展第二方阵城市

厦门	中山	武汉	无锡	长沙
青岛	郑州	泉州	克拉玛依	福州
惠州	济南	海口	成都	大连
绍兴	常州	嘉兴	西安	合肥
南昌	昆明	贵阳	温州	镇江

中国市域经济高质量发展第三方阵城市

威海	烟台	金华	三亚	南通	台州	漳州
太原	湖州	兰州	沈阳	丽水	乌鲁木齐	长春
舟山	东营	江门	南宁	潍坊	北海	呼和浩特
衢州	淄博	莆田	拉萨	龙岩	银川	扬州
三明	石家庄	黄山	芜湖	鄂尔多斯	济宁	哈尔滨
泰州	秦皇岛	柳州	徐州	临沂	桂林	茂名
湛江	盐城	日照	泰安	廊坊	景德镇	湘潭

中国市域经济高质量发展第四方阵城市

肇庆	汕头	宁德	遵义	南平	马鞍山	连云港	淮安	西宁
赣州	株洲	清远	儋州	宣城	蚌埠	攀枝花	汕尾	吉安
河源	晋中	铜陵	新余	玉溪	漳州	鹤壁	漯河	嘉峪关
宝鸡	长治	绵阳	洛阳	牡丹江	咸宁	曲靖	泸州	玉林
晋城	梅州	包头	鄂州	滁州	许昌	新乡	枣庄	常德
钦州	九江	安顺	六安	阳江	宜昌	安庆	黄石	揭阳
宜春	唐山	滨州	邯郸	大庆	抚州	岳阳	韶关	阜阳
鹰潭	宿迁	防城港	濮阳	聊城	保山	德州	德阳	盘锦
铜仁	梧州	丽江	宜宾	昭通	莱芜	广安	淮北	张掖

中国市域经济高质量发展绿色生态第一方阵城市

拉萨	南平	黄山
三亚	临沧	广元
三明	龙岩	安顺

中国市域经济高质量发展社会人文第一方阵城市

深圳	东莞	广州
澳门	中山	佛山
泉州	杭州	郑州

中国市域经济高质量发展企业发展第一方阵城市

深圳	杭州	广州
宁波	苏州	长沙
潍坊	成都	南京

中国市域经济高质量发展经济效率第一方阵城市

深圳	吕梁	东莞
朔州	珠海	榆林
佛山	苏州	莆田

中国市域经济高质量发展开放创新第一方阵城市

东莞	珠海	深圳
广州	厦门	南京
中山	苏州	武汉

中国市域经济高质量发展民生共享第一方阵城市

深圳	东莞	杭州
克拉玛依	苏州	宁波
广州	珠海	无锡

中国市域经济高质量发展各省（区）排名前三

省（区）	中国市域经济高质量发展排名前三及其在全国位次	省（区）	中国市域经济高质量发展排名前三及其在全国位次
安徽	合肥 29 黄山 65 芜湖 66	江苏	苏州 6 南京 7 无锡 13
福建	厦门 10 泉州 17 福州 19	江西	南昌 30 景德镇 82 赣州 93
甘肃	兰州 44 嘉峪关 110 张掖 164	辽宁	大连 24 沈阳 45 盘锦 155
广东	深圳 1 东莞 2 广州 3	内蒙古	呼和浩特 55 鄂尔多斯 67 包头 122
广西	南宁 52 北海 54 柳州 72	宁夏	银川 61 吴忠 233 中卫 246
贵州	贵阳 32 遵义 87 安顺 131	青海	西宁 92 海东 256
海南	海口 22 三亚 38 儋州 96	山东	青岛 15 济南 21 威海 35
河北	石家庄 64 秦皇岛 71 廊坊 81	山西	太原 42 晋中 103 长治 112
河南	郑州 16 鹤壁 108 漯河 109	陕西	西安 28 宝鸡 111 咸阳 176
黑龙江	哈尔滨 69 牡丹江 115 大庆 142	四川	成都 23 攀枝花 99 绵阳 113
湖北	武汉 12 咸宁 116 鄂州 123	新疆	克拉玛依 18 乌鲁木齐 47
湖南	长沙 4 湘潭 83 株洲 94	云南	昆明 31 玉溪 106 曲靖 117
吉林	长春 48 白城 234 吉林 249	浙江	杭州 5 宁波 9 绍兴 25

目　录

第一章　竞争力提升的利器——高质量发展

一、导语

党的十九大报告指出，"我国经济已由高速增长阶段转向高质量发展阶段"。2017 年 12 月 18 日中央经济工作会议指出：推动高质量发展是当前和今后一个时期确定发展思路、制定经济政策、实施宏观调控的根本要求，必须加快形成推动高质量发展的指标体系、政策体系、标准体系、统计体系、绩效评价、政绩考核，创建和完善制度环境，推动我国经济在实现高质量发展上不断取得新进展。2018 年中央经济工作会议强调：要坚持推动高质量发展，并把推动制造业高质量发展作为第二年重中之重的工作。

推动我国经济高质量发展的征程已经开启，政界、学界和企业界都对高质量发展从不同视角做了大量的阐释、研究及实践探索，文献、资讯非常多，这些工作对于丰富高质量发展理论、推进高质量发展实践等具有重大的意义和价值。

在《中国区域经济高质量发展研究报告 2018》中，我们阐述了高质量发展之"质量"的含义，强调了高质量发展对于我国破解快速发展中的环境保护和巨量发展中的核心技术能力欠缺和水平差距制约等问题的重要意义。

梳理"质量"学科史，对质量的理解经历了四个阶段，即符合性质量、适用性质量、顾客满意质量和基于竞争力提升的卓越质量。卓越质量在强调微观质量的可靠性、安全性和稳定性的基础上，还强调要超出顾客期望、要超越竞争对手、要可持续发展。

因此，2019 年的《中国市域经济高质量发展研究报告》将从推动高质量发展对我国综合竞争力提升、促进的视角编撰。

中华人民共和国成立 70 年来，中国从站起来到富起来到今天逐步强起来，走向世界舞台的中心。在这个过程中的每一步，都在考验我国竞争力的提升和进步。

2003 年以来，由美国单方面挑起的一系列贸易摩擦不断给中美贸易关系蒙上浓重的阴影；2018 年 3 月 23 日，美国总统特朗普签署法令，宣布对中国输美产品加征关税；7 月 6 日，双方正式互相加征关税，贸易摩擦与争端终于演变为中美贸易战，随着时间的推移，美国对中国由单一的贸易加税演变为包括技术、投资、金融甚至人员交往等多领域的遏制。

尽管有观点认为贸易战是美国为降低其对中国的贸易逆差、打压中国的制造业及特朗普的个人执政特征的结果，但贸易战的根本则正如英国《金融时报》刊登的哈佛大学达尼·罗德里克教授的文章所说："世界贸易体制该如何应对一个像中国这样日益强大，并且明显不按同样规则参与全球化的大国？这是一个让美国和欧洲的政策制定者夜不能寐的问题。这种焦急情绪在美国最为高涨——美国特朗普政府指责中国进行经济侵略，并以发起贸易战作为回应。人们可能并不赞同美国总统的策略，但在主流政策精英中，关于必须对中国在贸易和产业上的做法采取行动的看法相当普遍。我们该如何调和中国的国企模式与全球范围内的竞争公平之间的矛盾？"因此，中美贸易战是当前对中国竞争力提升的最大考验。

在如此前所未有的重大挑战面前，中国发展、崛起的步伐依然"不管风吹雨打，我自闲庭信步"，迈得坚毅、沉稳，这应该得益于党中央作出的推动我国经济由高速增长向高质量发展转变的重大战略决策部署。这一战略的背后就是习近平领导的党中央对我国竞争力提升的科学谋划。

二、习近平总书记对提升我国竞争力的重要论述

党的十八大以来，习近平总书记在不同场合就我国竞争力的打造和提升作过重要指示。

早在 2004 年 5 月，习近平就强调：机遇总是垂青勇于竞争的人。他论述道：市场竞争是一个动态过程，如果稍有懈怠，原有的先发优势就会削弱，已有的比较优势也会失去。随着市场经济体制改革不断深入和我国加入世贸组织后进一步扩大开放，全国各地特别是一些周边地区招商引资活动异常活跃，高招迭出；开拓国际市场力度不断加大，出口增速明显加快。福建省在对外开放中能不能充分发挥好现有比较优势，就看我们的竞争意识强不强，看我们的工作力度大不大，看我们的工作做得实不实。机遇总是垂青勇于竞争的人。面对激烈的市场竞争，我们绝不能有丝毫懈怠，不能满足于现状，一定要有谦虚的态度，树立不进则退、慢进也是退的竞争意识，清醒认识形势，顺应扩大开放的趋势，站在全局和战略的高度，正确把握时代发展的趋势，努力从国际国内形势的相互联系中把握发展方向，从国际国内条件的相互转化中用好发展机遇，从国际国内因素的综合作用中掌握发展全局，进一步增强工作主动性和创造性，在扩大对外开放上，花更大的力气，做更大的努力，牢牢把握发展的主动权，努力争创福建省对外开放新优势。

2013 年 3 月 4 日，习近平在参加全国政协十二届一次会议科协、科技界委员联组讨论时的讲话中说：过去 30 多年，我国发展主要靠引进上次工业革命的成果，基本是利用国外技术，早期是二手技术，后期是同步技术。如果现在仍采用这种思路，不仅差距会越拉越大，还将被长期锁定在产业分工格局的低端。在日趋激烈的全球综合国力竞争中，我们没有更多选择，非走自主创新道路不可。我们必须采取更加积极有效的应对措施，在涉及未来的重点科技领域超前部署、大胆探索。

2013 年 10 月 21 日，习近平在欧美同学会成立 100 周年庆祝大会上的讲话中说：创新是一个民族进步的灵魂，是一个国家兴旺发达的不竭动力，也是中华民

族最深沉的民族禀赋。在激烈的国际竞争中，唯创新者进，唯创新者强，唯创新者胜。

2013年，习近平总书记为湖南经济发展作指示时强调："加快转变经济发展方式，关键是要把经济结构战略性调整作为主攻方向，以优化产业结构、消化过剩产能、增强产业竞争力为重点，解决好制约经济持续健康发展的重大结构性问题，加快构建多点支撑的产业格局。"

2014年2月27日，习近平在中央网络安全和信息化领导小组第一次会议上指出：网络信息是跨国界流动的，信息流引领技术流、资金流、人才流，信息资源日益成为重要生产要素和社会财富，信息掌握的多寡成为国家软实力和竞争力的重要标志。

2014年6月23日，习近平在《努力在新一轮科技革命和产业变革中占领制高点》的批示上强调：在新一轮科技革命和产业变革大势中，科技创新作为提高社会生产力、提升国际竞争力、增强综合国力、保障国家安全的战略支撑，必须摆在国家发展全局的核心位置。

2014年8月29日，中共中央政治局会议审议通过的《深化党的建设制度改革实施方案》中强调：要完善人才工作领导体制和工作格局，形成具有国际竞争力的人才制度优势，把各方面优秀人才集聚到党和国家事业中来。

2014年12月5日，习近平同志主持中共十八届中央政治局第十九次集体学习时讲话指出：加快实施自由贸易区战略，是我国积极参与国际经贸规则制定、争取全球经济治理制度性权力的重要平台，要善于通过自由贸易区建设增强我国国际竞争力，在国际规则制定中发出更多中国声音、注入更多中国元素，维护和拓展我国发展利益。

2015年5月27日，在浙江召开的华东七省市党委主要负责同志座谈会上，习近平强调，产业结构优化升级是提高我国经济综合竞争力的关键举措。还指出，综合国力竞争说到底是创新的竞争。要深入实施创新驱动发展战略，推动科技创新、产业创新、企业创新、市场创新、产品创新、业态创新、管理创新等，加快形成以创新为主要引领和支撑的经济体系和发展模式。

2015 年 8 月 18 日，习近平主持召开中央全面深化改革领导小组第十五次会议并发表重要讲话。习近平指出，推动一批高水平大学和学科进入世界一流行列或前列，提升我国高等教育综合实力和国际竞争力，培养一流人才，产出一流成果。

2017 年 10 月 30 日，习近平在人民大会堂会见清华大学经济管理学院顾问委员会海外委员和中方企业家委员时指出，中国特色社会主义进入新时代。中国经济已经由高速增长阶段转向高质量发展阶段。中国经济发展的战略目标就是要在质量变革、效率变革、动力变革的基础上，建设现代化经济体系，提高全要素生产率，不断增强经济创新力和竞争力。

2019 年 6 月初，在圣彼得堡国际经济论坛全会上，习近平说，当今世界正经历百年未有之大变局。新兴市场国家和发展中国家的崛起速度之快前所未有，新一轮科技革命和产业变革带来的新陈代谢和激烈竞争前所未有，全球治理体系与国际形势变化的不适应、不对称前所未有。

从上述文献中可以看出以习近平为核心的党中央对我国竞争力提升的重视，在科技、人才、教育、军事、经济等各个领域都反复强调我国竞争力的提升。

竞争无处不在，竞争无时不在。就国家发展战略而言，中国要崛起，中国要走到国际舞台中心，中国人民要实现伟大复兴的中国梦，只有且必须通过竞争，在竞争中胜出，才是唯一选择。而要取得竞争的胜出并不是一件容易的事。在和平竞争背景下，高质量发展是谋取竞争出迁之道的利器。习近平总书记强调，"关键是把我们自己的事情做好"，这个事情就是高质量发展。

高质量发展对国家竞争力增强、提升重要，对区域发展亦同理。每个市域在看待自身发展时，绝不能仅仅局限于自己与自己比较，而要把自身的发展放到全国去比较，看看按照新发展理念、按高质量发展要求，自己是不是拖了后腿，在哪些指标上拖了后腿。这就是我们报告的出发点。

三、2019 年高质量发展报告的若干说明

（一）关于"市域"

今年的报告，我们把"区域"改为"市域"，旨在表明我们对每个地级城市的高质量发展评价判断是以该市所辖的全部区域为对象的。在许多智库研究报告中，有不少冠以"城市"的研究，但其研究对象仅局限于该城市行政区域的"中心城区"部分，显得不够精准、科学。一则"城市"的空间有时可以指某行政"市"的中心城区，有时也可以指某行政"市"的所有区域；二则在相应的数据梳理、印证时，也易出现混乱。比如，《中国城市统计年鉴》中就有整个"市"的全域和该"市"的中心城区之分。

基于中国现行的区域经济发展与行政区划的特殊性，本报告定位为"市域"，以便于相关数据的协同和规范。同时特别说明的是，本报告的市域不包括北京、上海、天津和重庆等直辖市，把直辖市同一般的地级市等同我们认为是僵化地理解"市"，在理论上也不具有可比性。沿袭 2018 年的报告，我们对有关高质量发展的文献进行了与时俱进的梳理，以期帮助社会各界人士了解高质量发展研究方面的动态及情形，但删除了高质量发展大事记部分。

（二）关于评价指标模型

在评价指标模型方面，评价数理模型仍然采用变异系数—主成分评价复合模型，这样有利于熨平在数理处理过程中的杂异，保证市域经济高质量发展测度的信度和效度，从而使测度结论有更高的科学性和指导性。评价指标体系覆盖较上年增多，细分指标由 2018 年的 43 个增加到了 46 个。为确保数据采集、数据运算的准确性，这项工作动用了较多的人员，耗费的时间和精力也相当多，也体现了课题组对研究报告质量的负责任。

（三）结构调整

相对于 2018 年的报告，我们保留了文献综述、指标体系模型等内容，删除了高质量发展大事记部分；对有关高质量发展的文献进行了与时俱进的梳理，以期帮助社会各界人士了解高质量发展研究方面的动态及情形，这既彰显了我们的

高质量发展研究的贡献，也是本研究报告的责任之一；丰富了不同类型市域高质量发展的比较，比如同人口规模市域、国土面积市域、革命老区、东中西东北部、大湾区、长三角、京津冀等的比较，意在帮助相关市域能够从不同的视角观测自己高质量发展的地位和程度，更好谋划未来高质量发展之路；增加了专题研究部分，市域经济高质量发展的微观支撑——产品质量抽检五问着眼于各市整体高质量发展的微观产品质量问题。

高质量发展失衡——省会市域的共性挑战是本研究报告对十九大报告提出的新时代我国社会主要矛盾的实践分析。党的十九大报告指出，经过长期努力，中国特色社会主义进入了新时代，我国社会主要矛盾已经转化为人民日益增长的美好生活需要和不平衡不充分的发展之间的矛盾。这个不平衡不充分发展在不同领域、不同视角有不同的理解和体现。本专题着重分析了省会市域在总体表现较优的同时，都存在着有若干指数在全国排名处于倒数名次的情形，其中尤其在生态环境方面的指标居多的问题，希望引起社会的重视。

（四）初心设想

编撰《中国市域经济高质量发展研究报告》的重要出发点是为评估各个市域高质量的相对状况提供依据。通过对全国市域经济高质量发展水平程度的统一测度和比较，每个市能够深入地看到自身在高质量发展各维度及各微观指标上的强处与弱项，也能够看到自身同其他城市特别是彼此共同点较多的城市，比如同处区域、人口规模相当、地域面积相当等，在高质量发展方面的优势和不足。特别是那些经济高质量发展排名相对 GDP 排名更落后的城市，可以好好研究自身在 GDP 之外具有的优势及存在的弱项，从而明确自己的高质量发展建设目标，对标追赶。

第二章　区域经济高质量发展文献综述

一、高质量发展内涵

党的十一届三中全会胜利召开后，我国经济发展经历了高速增长的辉煌，成为世界第二大经济体，但是经济快速增长的同时也面临着人口红利递减、经济结构失衡、环境制约凸显等一系列新的挑战，尤其是经济发展不平衡不充分的问题，究其根本还是缺乏高质量经济体系的支撑。2017年底，中央经济工作会议指出，高质量发展是新时代中国经济鲜明的特征，且"推动高质量发展是当前和今后一个时期确定发展思路、制定经济政策、实施宏观调控的根本要求"。这是对中国经济发展阶段和发展思路的新论述，具有十分重要的现实意义。

习近平总书记指出，推动经济高质量发展的重点是产业结构转型升级，把实体经济做实做强做优；要立足优势、挖掘潜力、扬长补短，努力改变传统产业多新兴产业少、低端产业多高端产业少、资源型产业多高附加值产业少、劳动密集型产业多资本科技密集型产业少的状况，构建多元发展、多极支撑的现代产业新体系，形成优势突出、结构合理、创新驱动、区域协调、城乡一体的发展新格局；把增进人民福祉作为高质量发展的出发点和落脚点。中央财经领导小组办公室主任刘鹤出席第48届达沃斯世界经济论坛发表主旨演讲时指出，高质量发展是在开放状态下探索新的发展模式，其主要内涵是从总量扩张向结构优化转变，高质量发展之路必将为诸多新产业的发展创造巨大的空间。

当前和今后一个时期，推动高质量发展是党中央和各地方政府确定发展思路、制定经济政策、实施宏观调控和微观管理的根本导向，因此必须深刻理解、全面把握高质量发展内涵。

　　"高质量发展"是针对我国经济发展新时代的变化而提出的，许多专家学者认为当前社会主要矛盾的变化反映在经济发展方面是经济结构的失衡，具体则表现为由"数量短缺型"供需矛盾向"优质不足型"的供需矛盾转变，并基于此提出了自己的观点。例如，杨伟民（2018）认为高质量内涵的理解视角要放在供给侧结构性改革上，放在校正要素扭曲配置上，认为高质量发展关键是将生产要素按照市场机制配置到最有效率的部门、区域和企业，提高全社会生产效率；李伟（2018）强调高质量发展的根本在于解决"好不好"的问题，因此高质量发展意味着高质量的供给、高质量的需求、高质量的配置、高质量的投入产出、高质量的收入分配和高质量的经济循环；王蕴等（2019）指出，高质量发展的核心要义应是供给体系质量更高、投入产出效率更高和发展稳定性更高的新"三高"发展状态，具有较强的动态性和方向性。

　　与以往单纯追求经济增长速度和规模不同，高质量发展明确要求兼顾经济发展的质量和效益，并且通过贯彻落实创新、协调、绿色、开放、共享五大发展理念来实现经济增长质量和效益的提升。基于此，许多学者认为经济的高质量发展与人文和社会民生等非经济因素相辅相成并互相影响。例如，李旭辉等（2018）提出，高质量发展的深刻内涵必须全方面多维度地进行解读，认为高质量发展的内涵主要包括六个方面，各个方面又包括了多个具体的经济统计指标，应从多个维度理解高质量发展的内涵。许岩（2017）指出，对经济高质量发展的理解和评价需要综合分析民生、社会、环境等发展情况。与此观点相类似，任保平和李禹墨（2018）也认为除了经济因素外，经济的高质量发展兼顾了生态环境、城市基建、医疗保健、教育养老等的发展情况。王永昌等（2019）从宏观经济维度，基于五大发展理念提炼了中国经济高质量发展的基本内涵及其趋向为"发展的中高速趋向、发展的优质化趋向、发展的科技化趋向、发展的金融化趋向、发展的美好生活趋向、发展的包容化趋向、发展的绿色生态趋向、发展的全球化趋向"。

浙江省人民政府咨询委员会学术委副主任刘亭（2018）指出，高质量发展的一个重要内容就是不仅关注经济增长的速度和数量，还要通过制度体制的完善和优化、推广绿色生产技术和普及全民环保意识，努力形成生态、绿色、低碳、节能的生产方式和生活方式，将人类活动对于资源环境的负面影响减少到最低程度，从而尽可能地减少乃至杜绝一切非生态发展，在人类社会发展和消耗资源环境两大问题上寻求一个平衡。宋国恺（2018）等也认为高质量发展不仅具有经济学属性，同样具有社会学属性，推动高质量社会建设有利于促进经济社会协调发展，并应用社会学从微观、中观、宏观三个层面研究高质量社会建设，并指出了推进高质量社会建设的四个实践取向。

目前对高质量内涵进行解释的资讯中，有从宏观方面对国家经济高质量发展进行解读的，认为经济的高质量发展注重从社会矛盾变化和新发展理念角度，强调其是否能够很好地满足人民日益增长的美好生活需要，关注国家发展的基本战略走向；也有从微观方面进行阐述的，认为高质量发展的关键在于经济结构的优化或要素生产率的提升，或者重点在于优质供给体系的构建；更多学者认为高质量发展主要是围绕着经济发展方面，但是在理解和进行评价时，必须考虑社会发展的一些问题，要从社会民生、环境生态维度对经济的高质量发展水平进行多维度综合评价比较。

二、不同区域经济高质量发展的思路

习近平新时代中国特色社会主义思想和党的十九大精神提供了高质量发展的理论指导和基本思路。然而，不同区域在推动我国高质量发展进程中有着不同的定位并承担着不同的责任。首先，中央提出推进高质量发展是从宏观上来考虑的，制定的目标、思路、任务、措施等是国家层面的，更侧重指导性和方向性。因此，全国的各个区域需要在国家框架下承担相应的责任，进行全国范围内的分工合作。其次，根据不同区域的资源禀赋、产业基础及框架、增长动力和社会人文的差异，各个区域在推动其经济高质量发展的战略目标、实施路径、重点工作、政策保障等时都会有所不同，这是在中观层面上理解经济高质量发展必须考虑的问题。无论是经济发达地区还是欠发达地区，在实现高质量发展时都要结合其经济发展的前期基础优势和当前实际情况，量体裁衣，因地制宜，重点围绕创新、生态、民生等几大领域精准发力，补齐短板，回应广大人民群众的期待。

北京紧紧围绕"全国政治中心、文化中心、国际交往中心、科技创新中心"的城市战略定位，积极探索从"集聚资源求增长"到"疏解功能谋发展"的高质量发展之路。其经济高质量发展的主要战略思路主要表现在四个方面：一是在减量发展中提升城市建设发展质量，实现高质量发展；二是在产业结构调整中提升经济发展质量，实现高质量发展；三是在创新驱动中提升城市发展动力质量，实现高质量发展；四是在区域协调中提升区域发展质量，实现高质量发展。

上海经济高质量发展的主要内涵是着力构筑战略优势，重点彰显功能优势、增创先发优势、打造品牌优势、厚植人才优势，通过打响"上海服务""上海制造""上海购物""上海文化"四大品牌，以改革创新的锐气和务实担当的作风促进经济高质量发展。

李萍（2018）指出，深圳的经济高质量发展之路有着坚实的经济基础，要立足于充分发挥本地竞争优势，继续坚持创新驱动为第一动力，实施质量强市战略；同时坚持以供给侧结构性改革为主线，坚持产业融合发展，激发经济发展新动能；在维持虚拟经济发展的良好态势下，着重发展实体经济，着重大力提升经济发展的效益和水平。

江苏的经济高质量发展是基于宏观准确地把握新方位、新坐标前提下，积极开展路径探索和创新实践，全面形成经济发展的引领性优势，巩固江苏发展的领先地位。付勋和薛刚（2019）认为，江苏发展的重要方向是不断推动经济发展速度向经济发展质量转变，通过继续推动江苏制造向江苏创造转变助力其全域经济高质量发展，高度重视先进制造业、高科技产业、战略性新兴产业在省域经济中的主导地位，持续关注虚拟经济与实体经济的平衡发展，同时加大江苏产品向江苏品牌转变力度。

2018 年 1 月，南京市人民政府蓝绍敏市长在《南京市政府工作报告》中多次强调南京实施高质量发展的重要性，提出"坚持稳中求进工作总基调，坚持新发展理念，紧扣社会主要矛盾变化，按照高质量发展的要求，统筹推进南京'五位一体'总体布局和协调推进'四个全面'战略布局"。根据南京市政府要求，围绕如何推动南京经济的高质量发展，组织并部署了包括"坚持聚力创新，加返转换发展动能""加快转型升级，着力建设现代产业体系"等九项重点工作，提炼了南京经济高质量发展的重要内涵。

福建省推动经济高质量发展的基本内涵包括以下四个方面：一是供给体系高质量，主要涉及供给体系和产业结构的优化升级。二是投入产出高效率，资本、劳动等生产要素投入和利用效率提高，尤其强调以更少投入获得更多产出，由粗放型发展方式转向集约型。三是改革创新高成效，重点是关注改革的全面深化，促使改革成果切实转化为经济高质量发展的动力和成效，树立和落实创新成为引领发展第一动力的思想。四是人民生活高品质，让城乡居民生活质量稳步提高，发展成果共建共享，人民福祉不断提升。

基于安徽经济发展的实际情况，崔立志（2019）总结了安徽高质量发展的内涵：第一，加大力度打造原始创新高地，培育有国际竞争力的创新体系，增强合肥对安徽全域的辐射带动作用；第二，加快构建先进制造业产业体系；第三，加快打造以物流、现代旅游业为代表的有区域特色的现代服务业集群高地；第四，推进传统工业转型升级，大力支持工业企业探索新的发展模式和技术方法，改造传统产业链、价值链和创新链，提升工业企业在国际产业链上的地位和影响，加快实现传统工业提质增效。

2019 年 4 月，中共黑龙江省委十二届五次全会审议通过《中共黑龙江省委关于贯彻"八字方针"深化改革创新推动经济高质量发展的意见》（以下简称《意见》），重大意义在于系统阐发了新时代黑龙江振兴发展过程中的微观主体如何做大做强从而助力经济的高质量发展。《意见》提出从巩固、增强、提升和畅通四个角度实现新时代黑龙江全面振兴全方位振兴目标，并提出了促进其经济高质量发展的相关路径。

张连业和王向华（2019）总结了陕西特色的经济高质量发展之路：按照党中央、国务院的决策部署，按照省委十三届四次全会和省政府工作报告的工作安排,紧扣追赶超越和"五个扎实"要求,全面落实"五新"战略任务,大力发展"三个经济",打好三大攻坚战,统筹推进稳增长、促改革、调结构、惠民生、防风险、保稳定工作,进一步稳就业、稳金融、稳外贸、稳外资、稳投资、稳预期,保持全省经济持续健康发展和社会大局稳定。

2018年6月召开的河南省第十届委员会第六次全体会议暨省委工作会议提出河南高质量发展的重要思路是以党的建设高质量推动经济发展高质量,最终的具体目标是实现中原更加出彩。

近年来,青海在生态文明建设方面取得了显著的成效,但是生态保护压力大、环境质量不稳定及产业结构调整缓慢等诸多问题依然存在,尤其是其经济社会发展和生态环境保护的矛盾比较突出,宋宇和范春霞(2019)认为,青海经济高质量发展的主要战略思路是践行低碳、环保、节能、生态的理念,以生态文明建设推动经济的高质量发展,深度践行"绿水青山就是金山银山"的科学理念。

面对倚重倚能的经济现状,宁夏回族自治区党委坚决贯彻落实经济高质量发展的重大战略部署,牢固树立新发展理念,确定了以供给侧结构性改革为主线,立足通过大力实施创新驱动发展战略,加快推动"互联网+"、大数据、人工智能与实体经济深度融合发展,主攻产业转型升级,从而加快建设现代化经济体系,努力探索欠发达地区经济高质量发展的新思路。

雄安新区有着其特殊的地理位置和战略地位,是我国新时代区域协调、空间优化的样板,而高质量发展是雄安新区开发建设的内在要求。李国平和宋昌耀(2018)认为,雄安新区的高质量发展应以优质承接战略、枢纽城市战略、创新发展战略和智慧宜居战略四大战略为定位。其中,承接非首都功能疏解是雄安新区高质量发展的前提,打造枢纽城市是雄安新区高质量发展的基础,创新发展是雄安新区高质量发展的动力,智慧宜居是雄安新区高质量发展的落脚点。

综上可知,北京、上海、深圳等一线城市和经济发达地区更注重在特色经济、科技创新、品质品牌方面实现经济质量的飞跃,欠发达地区则更注重从产业的升级和转型、体制机制的完善方面来实现高质量发展道路的"平、稳、顺"目标。

三、区域经济高质量发展路径探索

（一）支持高质量发展的政策制度

现代市场经济国家每一次重大的经济发展阶段转型，都是对政府与市场关系的再认识和再磨合。在顺应经济结构的客观变化趋势的前提下，不同地区应特别重视发挥好政府的作用，处理好政府与市场之间的关系，力图使"看不见的手"与"看得见的手"能够协调发挥作用。王蕴等（2019）从美国、德国和日本不同时期以高质量发展为核心的经济发展阶段转变的实践经验总结指出，提升市场机制的有效性、正确发挥政府作用的引导性是实现高质量发展的重要路径。我国各地在经济高质量发展进程中，不同的地区要基于其政策体制的现状进行不同领域、不同程度的优化和完善。

2018年5月，江苏省以省委办公厅文件形式，在全国率先出台《江苏高质量发展监测评价指标体系与实施办法》和《设区市高质量发展年度考核指标与实施办法》的高质量发展监测评价考核办法。其中设置了六大类40项指标对江苏省和设区市高质量发展进行监测评价，即经济发展高质量、改革开放高质量、城乡建设高质量、文化建设高质量、生态环境高质量、人民生活高质量。在上述指标体系的基础上，该办法结合区域特点及统计数据的可获得性进行筛选，形成了由六大类35项指标构成的县（市、区）高质量发展指标体系，并对城区（不含县市成建制转为区的城区）单列指标体系进行监测，具体由六大类25项指标构成。在推动区域经济高质量发展方面，江苏省率先给出了操作指南。

特色经济的建设对于许多地区而言是经济发展过程中新旧动能转换的重要来源。基于山西省在分享经济发展过程中存在相关法律法规不完善、传统企业观念保守、社会信用体系不完善、相关部门监管手段落后等典型问题，任素萍（2019）建议通过建立健全促进分享经济发展的政策体系、通过相关政策鼓励传统企业大胆试水分享经济、借助山西省信用平台推进社会诚信体系建设、建立科学有效的市场监管机制等针对性措施，促进山西重工业向轻工业的转型，分享经济红利，从而激活经济高质量发展的新动能。

近年来，广东着眼于构建推动经济高质量发展的制度基础，各类举措并行已经带来了经济向好的良性循环，但作为经济高质量发展指挥棒的考核导向机制还不够鲜明，生产要素市场化配置的体制机制不够完善等典型问题依然存在。致公党广东省委会专职副主委黄小彪（2019）提出八条针对性建议：一是质量发展的评价指标体系和考核制度需与高质量发展相适应；二是完善生产要素市场化配置的体制机制需提高资源配置效率效能，推动资源向优质企业和产品集中；三是促使全方位开放的体制机制形成，从全方位开放新格局中要动力；四是推动创新要素自由流动和集聚，促进形成有利于科技创新的体制机制；五是建立优质制度、优质服务供给的体制机制；六是优化绿色发展的体制机制，为经济高质量发展的生态建设奠定基础；七是完善区域协调发展的体制机制，着力打造"一核一带一区"区域协调发展新格局；八是建立优质供给机制，从而不断满足人民群众日益增长的美好生活需要。

鹤壁市作为资源型城市，其产业转型升级问题一直是鹤壁市经济高质量发展的瓶颈，目前鹤壁市的产业体系还处于中低端水平，与高质量的产业体系要求相差甚远，而且城乡协调发展仍存在诸多制约。刘海萌（2019）认为，鹤壁未来的经济发展方向应该是更加重视创新发展和改革体制机制的优化和完善，创新发展是鹤壁产业升级转型的重要动能，而改革体制机制的优化完善是鹤壁市实施经济高质量发展过程中的关键保障。

江苏昆山正在着力推进科技金融体系建设，并出台了一些金融扶持政策，推出了高质量发展"3015"金融扶持政策体系（每年投入超 30 亿元资金，重点用于产业提升、科技创新、绿色发展和优化营商环境等方面；建立 15 亿元规模的专项资金池，重点支持顶级科创产业项目和高峰人才项目），降低企业融资成本，推进经济高质量发展。

（二）支持高质量发展的区域联动方面

高质量的城市群发展无疑是我国经济社会高质量发展极为重要的区域空间载体，以城市群建设辐射周边区域，带动区域经济的联动、协调和互补发展，是目前我国区域经济高质量发展的重要实现路径，也是区域经济社会高质量发展的基础支撑和动力之源。当前，规模经济效应在京津冀、长三角、粤港澳大湾区等地区开始显现，新的发展契机随着关中平原城市群、"一带一路"通道的节点城市、省会城市都市圈等的建设兴起逐渐呈现。这些区域的发展也呈现出许多新特点，尤其表现在基础设施密度和网络化程度全面提升、要素流动加快、创新要素快速集聚、新的主导产业快速发展方面，因此要推动这些地区成为引领高质量发展的重要引擎。

赵通和任保平（2019）认为，在新时代下区域经济的高质量发展的主旨是以协调发展理念为指导，解决经济发展进程中各地区间存在的诸多不均衡发展问题，补齐各区域短板，推动经济聚集效应，最终实现区域经济更高水平的全面综合发展。

2018年11月，党中央、国务院发布了《关于建立更加有效的区域协调发展新机制的意见》（以下简称《意见》）。《意见》明确，"以京津冀城市群、长三角城市群、关中平原城市群等城市群推动国家重大区域战略融合发展，建立以中心城市引领城市群发展、城市群带动区域经济发展新模式"。中央财经委员会办公室副主任韩文秀（2019）指出，增强中心城市的辐射带动能力能大大推动区域经济协调发展，是区域经济高质量发展的重要助推力。促进区域经济协调发展，要统筹推进西部大开发、东北全面振兴、中部地区崛起、东部率先发展，要打造高质量发展的新动力。

2018年4月，习近平总书记在武汉召开的深入推动长江经济带发展座谈会上强调，推动长江经济带发展是党中央作出的重大决策，是关系国家发展全局的重大战略，加强改革创新、战略统筹、规划引导，以长江经济带发展推动经济高质量发展。长江经济带是目前我国经济重心所在、活力所在、综合实力最强的区域之一，它在推动、支持和引领中部和东部经济高质量发展过程中扮演着关键角色，具有举足轻重的地位及全局性、战略性意义。成长春（2018）指出，长江经济带的高质量发展，关键是推动科创资源区域统筹，建立完善联动合作机制，打破地区间行政壁垒，积极推进互联互通，加快沿江港口多式联运和集疏运体系建设，打造综合立体交通走廊，推进产业转移、产业链对接和要素流动，支持园区共建、产业飞地等战略合作方式，从而打造长江经济带形成优势互补、合作共赢的新格局。湖南省人大常委会党组书记韩永文（2019）认为，推动京津冀、长三角、粤港澳大湾区等大城市群发展将成为引领区域经济高质量发展的重要动力源。

粤港澳大湾区建设是习近平总书记亲自谋划、亲自部署、亲自推动的重大国家战略，是新时代推动形成我国全面开放新格局的重大举措。广州作为粤港澳大湾区的核心城市之一，是大湾区建设的主阵地。杨姝琴（2019）指出，粤港澳大湾区的建设将撬动广州经济新动能，激发广州产业协同创新效应，推动广州打造科技创新枢纽，扩大广州互联互通范围，提升广州对外开放水平和推进广州经济高质量发展。因此，广州应紧紧抓住粤港澳大湾区建设这个"纲"，着力提升大湾区核心引擎功能，从而打造高质量发展典范，构建"一核一带一区"协调发展新格局，辐射带动周边区域加快发展。

结合广西钦州市经济发展的实际情况，杨玉英（2019）指出，钦州作为建设"一带一路"南向通道的重要节点城市、北部湾城市群的核心城市，要充分利用其面向中南、西南和东盟及和广东同饮一江水的地理优势，在吸纳和接纳产业转移上善于把区位优势变成实实在在的发展优势，提升市域经济总量，推进高质量发展。中国区域经济学会会长金碚（2018）认为，河南在区域经济高质量发展的探索上要善于运用新思维，像河南这样历史上曾经是核心区，又变成腹地，现在有可能构造一个新的核心腹地关系，有可能形成更加开放、互联互通的区域经济的网络，很可能会形成一些很强劲的经济发展的城市群。

崔立志（2019）认为，安徽省推进经济高质量发展需要实行联动发展，全面对接"一带一路"、长江经济带和京津冀协同发展三个国家区域发展战略，基于自身发展优势，充分利用各地区资源优势，形成各具特色、优势互补的区域分工格局，重点打造合肥都市圈从而形成区域增长极，带动皖北地区、皖南地区、大别山革命老区，提升安徽整体协同发展效应。

殷耀宁（2019）认为，江西在经济高质量发展进程中应实施高位推动，重点解决大南昌都市圈改革发展、行政区划、利益协调与开放合作等重大战略、规划、项目和工程等问题，科学研究、适时调整优化行政区划，加快推进大南昌都市圈的规划和建设，从而加快江西经济的高质量发展进程。

随着城市化推进和产业结构升级，我国城市规模在不断扩大，但目前城市结构不合理、大城市数量不足等问题依然存在。然而不可否认的是，未来我国城市化进程将加快，并成为驱动中国经济高质量发展的坚实力量。张庆华（2019）指出，可以通过构建"城市人口规模合适度指数"（即实际人口/最优人口）来考察目前的中国城市人口规模过大还是过小，并且预测未来的发展趋势，并指出未来政府需要引导城市人口规模合理化，发展城市群，充分发挥城市的"集聚效应"，以提高生产效率和人均可支配收入，带动内需市场，进而推动区域经济从高速增长向高质量发展阶段转变。

（三）产业高质量发展

魏际刚（2018）指出，经济新常态下我国各地区产业政策必须围绕三个思路进行架构和优化：一要优化产业政策内容，强化功能性政策，优化选择性政策；二要重点考虑产业政策与宏观经济、对外开放、区域发展、社会发展和生态环境等相关政策的协调，从而增进产业政策与相关政策协调性；三要立足于提升在全球价值链中的地位，主动参与国际分工，广泛开展国际合作，积极参与全球治理。

赵通和任保平（2019）认为，我国经济结构中的产业结构、供需结构、区域结构等方面均出现了不同程度的失衡，而解决现阶段结构性问题、挖掘经济增长潜力的关键是对经济结构的主要内容——产业结构进行战略调整，协调优化是新时代背景下高质量发展的潜力所在。实现产业结构的调整首先要促进产业结构向中高端迈进，培育竞争优势，并促进传统产业与新技术、信息化的融合；其次要通过创新农业的生产经营方式、推动工业发展的转型升级、推动消费和第三产业的发展三举措并行，从而加快高质量发展中产业结构转型升级进程。

江西经济发展当前处于上规模、增动能、提质效的跨越赶超关键期，殷耀宁（2019）指出，江西应以新一代信息技术为核心，并建议将航空、电子信息、新材料和数字经济等战略性新兴产业作为省级层面的首位产业予以重点突破，着力打造具有全国影响力的标杆产业集群，并逼过建立首位产业高位推进机制，形成"六个一"首位产业推进机制。

基于安徽近些年来高质量发展的经验事实所呈现的成绩及存在的不足，崔立志（2019）认为，要转变安徽经济对传统制造业过度依赖的局面，通过立足科技创新，把握网络化、智能化、数字化融合发展的新契机，加快构建现代产业体系。具体可从以下几个方面进行：首先，要把科教优势转化为产业优势，推进科研成果的转化，加大建设战略性新兴产业集聚发展基地的力度，形成几个有国际影响力的产值超千亿元的产业集群，同时，各地要突出产业工作重点，形成自己的战略性新兴产业集聚特色；其次，要充分利用安徽的区位优势和交通优势，加快打造以物流、现代旅游业为代表的有区域特色的现代服务业集群高地；最后，运用高新技术和先进工业改造传统产业，促进传统优势制造业先进化，立足现有产业禀赋，推动节能减排改造和产业链延伸，朝着价值链下游发展，增加产品附加值和国际竞争力，以智能化改造为切入点，引导传统优势产业的转型升级，大力发展先进制造业，推动安徽制造向中高端迈进。

河南商丘市宁陵县采用"党建＋电商""电商＋扶贫"商业新模式，大大促进了该地区经济的高质量发展。

贵州省政府发展研究中心主任徐东良（2018）指出，贵州实现经济的高质量发展，要在"特""强""优"上下功夫，加快产业提质增效。其一，要围绕特色产业全面提质增效，提高煤炭、化工、冶金等资源型产业精深加工水平，推动现代能源工业健康发展；其二，要扶持新兴产业加快成长壮大，重点推动大数据、大健康、高端装备制造、新材料、新能源、节能环保等新兴产业取得突破；其三，重点关注现代服务业的优质高效发展，大力发展现代物流等生产性服务业和生活性服务业；其四，优化实体经济发展环境，深化"放管服"改革，强化涉企收费目录清单管理，最大限度降低制度性交易成本和企业税费负担，推动资源资金向优势企业集中，加快壮大实体经济。

赵禹骅（2019）认为，广西的高质量发展任重而道远，在经济工作领域要打破传统思维习惯和方式，以习近平新时代中国特色社会主义经济思想为指引，以中国特色社会主义政治经济学为体系，塑造着力解决实际工作问题的专业思维，并在传统产业上嫁接高附加值产业和创新发展高附加值产业来实现产业结构优化，同时优化作为高质量发展重要保障的营商环境。

（四）创新驱动高质量发展

随着中国经济由高速增长阶段转向为以实现高质量发展为主旋律的"新常态"，中国政府将创新作为"十三五"时期的五大发展理念之首，同时在党的十九大报告中提出了"加快建设创新型国家"的目标，始终高度重视创新在促进经济转型发展和综合国力竞争中的重要作用。

学者们基于创新对经济高质量发展的原理、机制提出了相应的见解，并实证分析了创新对经济的影响，与此同时，各个地区也积极解放思想，完善创新机制，加大创新投入，增大创新驱动力，引领区域经济的高质量发展。

汪同三（2017）认为，经济的高质量发展从宏观角度讲就是优化供给和生态发展，从微观上理解就是优质产品的供给和要素生产率的提升，或者生产方式日粗放到集约的转变，其根本的动力源泉就是创新，只有通过创新才能调整经济结构，实现可持续发展和经济效益的提升。

洪银兴（2013）认为，创新驱动即创新成为推动经济增长的主动力，驱动经济发展的创新是多方面的，包括科技创新、制度创新和商业模式的创新，其中科技创新是关系发展全局的核心。

刘国斌和宋瑾泽（2019）认为，科技创新是目前中国区域经济高质量发展的作用机理之一。它能大大促进区域经济高质量发展，加快了新产品、新技术、新业态的形成与发展，对于推进区域经济供给侧结构性改革、优化区域产业结构、提升区域经济发展质量具有重要作用。通过技术创新，区域经济发展实现由粗放型向高效、集约、节约的发展方式转变，使区域经济发展质量持续提升。

刘思明等（2019）探讨了国家创新驱动力的有效测度方法，以考察国家创新驱动力的经济高质量发展效应和机制。研究运用 2009～2016 年 40 个主要国家的数据，编制创新驱动力指数考察其对经济高质量发展的影响，并通过研究证实一国的创新驱动力与经济发展水平密切相关。

江苏统计局课题组（2018）认为，江苏要奋力实现创新驱动高质量发展，必须继续大力推动创新驱动战略实施，努力实现"江苏制造"向"江苏创造"蜕变；继续加大对基础研究的投入，尤其是在基础科学前沿领域加大投入和战略研究，增加重大引领性原创成果的产出，实现引领性原创成果重大突破；同时瞄准科技前沿抢先布局战略性技术、颠覆性技术，在机器人、物联网、纳米材料、生命科学、人工智能、大数据等领域，力争在核心技术、设备研发上取得突破。

张长星（2019）对河南经济发展的质量进行了综合分析，梳理了其城乡结构不合理导致的投资消费出口三大需求失衡、产业结构有待进一步优化、新旧动力接续不稳妥三大问题；并根据 2018 年中央经济工作会议精神，结合河南实际，建议河南要加快破解创新驱动瓶颈、加快培育新型研发机构、推动科技成果就地转化和引聚高端急缺人才及创新团队，在复制实践创新政策中实现产业转型升级，在转型升级中不断形成新的机制政策创新需求，从而形成"需求—创新—实践推广—新需求"的良性循环，探索走出一条创新引领、战略平台联动的河南路径。

长沙高新区是湘江新区的产业核心区、长株潭自主创新示范区的创新引领区、两型社会示范区，在高质量发展上更是制定并决心实现"打造五千亿级园区、挺进全国十强"的总目标。邓子云和黄婧（2019）认为，基于长沙高新区经济高质量发展经济现状和瓶颈，要实现该目标必须从三个方面加快创新驱动，推动高新技术产业持续升级：一是夯实企业为主体的创新机制。引导企业加大研发投入，提升企业研发平台的创新功能，弘扬以创新为核心的企业家精神，激发企业创新活力。二是培育细分市场隐形冠军。从产业源头抓起，引导和支持企业专注于核心技术和关键材料的研发制造，打造一批细分市场的隐形冠军。三是提升科技创新的效率，加快成果的转化。

（五）特色经济高质量发展

新时代中国经济由高速增长阶段转向高质量发展阶段的实践取向是培育新动能、发展新产业和形成新模式，特色经济的建设是新动能的主要来源之一，是新产业和新模式的承接载体。其中，大数据以数据流为基础，将技术流、物质流、资金流和人才流有效整合，为新动能、新产业和新模式提供了新思路，也是许多地区在经济高质量发展进程中的关键要素，除此之外，其他地区根据自然资源禀赋等也积极发展其他特色经济。

李辉（2019）从宏观、微观和中观三个方面，对大数据如何支撑高质量发展、为什么会促进高质量发展进行了理论机理、实践基础与政策选择的阐述。付勍和薛刚（2019）指出，大数据是推动江苏经济高质量发展的关键资源，要充分利用大数据这一新的生产要素来引领新经济数字化、智能化升级，推动当地经济高质量发展和产业转型升级。

浙江按照"云上浙江、数据强省"的战略，抓住供给侧结构性改革的时机，大力推进企业上云计划，通过企业"云化"的蝶变，促进企业数字化转型；此外，浙江还通过数字化引领制度变革，大大加快了政府管理领域的数字化转型，以"掌上办事、掌上办公"为主要内容的数字化制度变革实现了数字经济的高质量发展。

辛嘉仪（2018）认为，山东的经济高质量进程可通过数字经济和实体经济相互融合，实现新旧发展动能的转换。首先，可借鉴广东省的做法，积极建设"数字政府"，对管理的机制进行改革，构建"管运分离"的"数字政府"建设管理新体制。其次，山东可提前建设网络基础设施，提前布局下一代基础设施，加快工业互联网、空间互联网等新型网络设施建设，保证现有网络能够顺利向未来网络迁移。再次，发展产业数字化，让传统产业加快升级。加快机械设备、纺织服装、轮胎、化工、冶金等比较有优势的领域率先进行数字化升级，实现生产环节智能化。最后，加强关键核心技术研发，尤其加强原创性研发和创新，努力掌握前沿性、颠覆性技术。

宁波市经信局（2019）总结了宁波市通过壮大数字经济激发城市高质量发展新动能的做法：第一，通过发展软件和信息服务产业、集成电路产业、工业互联网产业、工业机器人产业构筑数字经济核心产业体系；第二，推进传统制造业、服务业、农业的数字化转型升级；第三，通过加快打造数字产业体系、推动构建数字应用体系、着力强化数字技术创新来实现数字技术应用融合的深化。

广东海洋经济的发展布局与粤港澳大湾区建设"一核一带一区"区域发展新格局高度契合，因此广东将海洋作为高质量发展的战略要地，大力发展海洋电子信息产业、海上风电产业、海洋生物产业、海工装备产业、天然气水合物产业、海洋公共服务产业六大海洋产业；与此同时，进一步优化海洋产业结构，确保海洋经济持续稳定增长，致力于提升海洋科技创新能力，持续推进粤港澳大湾区区域经济高质量发展，构建海洋经济对外开放新格局。

刘西健（2019）认为，在国内越来越多的省市把发展平台经济作为扩大开放和经济高质量发展的重要抓手时，陕西省应高度重视平台经济的趋势和前景，推动平台经济加速发展，拓展开放新空间。

四、区域经济高质量发展水平评价及测度

习近平总书记在 2017 年中央经济工作会议上提出："必须加快形成推动高质量发展的指标体系、政策体系、标准体系、统计体系、绩效评价、政绩考核，创建和完善制度环境，推动我国经济在实现高质量发展上不断取得新进展。"李佐军（2017）认为，区域经济高质量发展的评价层面应突出指标多维度、长短期结合、宏中微统筹、动态调整，还可借鉴欧洲 2020 战略、日本新增长战略、韩国绿色增长战略、中国五年规划等指标体系来进行设计和优化。

国内不同学者对经济高质量发展测度的界定方法大致可分为两大类：单一指标法和多指标法。单一指标法多用全要素生产率（TFP）衡量经济增长质量优劣，认为经济高质量发展就是经济增长依赖于全要素生产率的提高，即将 TFP 作为一国经济高质量发展的核心特征。如李平等（2017）利用 TFP 衡量中国经济发展质量。陈诗一和陈登科（2018）用劳动生产率度量经济发展质量，发现雾霾污染显著降低了中国经济发展质量。但 TFP 反映的一般只是生产要素的基期的经济效果，而且仅仅考虑到了劳动、资本等生产要素，没有考虑到环境、公共服务等非生产要素对经济高质量发展的影响。

多指标法是将经济增长质量内涵分为若干子系统，对每一个子系统分别选取代表性指标，用指标体系衡量经济增长质量优劣。以多指标法对区域经济发展质

量进行测度的学者较多。他们认为经济高质量发展具有更广泛的内涵，不仅体现了其宏观、中观和微观内涵，还表现在经济、社会、人文等多方面，因此应从多维度理解。持这一观点的如钞小静教授和任保平教授，不同的是两者用来衡量经济发展高质量水平的标准有所差异。前者从经济增长的结构、稳定性、福利变化与成果分配、资源利用和生态环境代价四个维度来判断经济增长质量；后者认为要从经济发展的有效性、充分性、协调性、创新性、持续性、分享性和稳定性等维度进行评价判断。师博等（2018）则从经济增长基本面（增长稳定性、强度、开放性等）和社会成果（人力资本和生态资本）两方面来理解中国经济高质量发展。

（一）单一指标法

刘世锦（2018）等指出，区域经济高质量发展层次上包含微观的产品服务质量、中观的区域经济社会生态协同、宏观的国民经济整体质量和效率，通常可以用全要素生产率来衡量，体现为三次产业结构的高端化、技术结构的升级化、资源能耗使用的递减性和劳动力结构的适应性。李国平等（2011）通过计算各地区单要素生产率、TFP、产业竞争力和企业经济效应指数等指标，评价了西部大开发战略对西部地区经济增长质量的影响，结果表明西部大开发在一定程度上促进了西部地区经济增长质量的提高。

长三角地区作为我国经济一体化程度最高、发展水平领先的区域之一，提高城市经济效率将成为实现新旧动能转化、增强经济发展质量的必然选择。滕堂伟和欧阳鑫（2019）从城市经济效率视角对长三角高质量一体化发展路径进行实证分析，通过收集整理2000~2017年面板数据，构建随机前沿模型——包含资本、劳动力和土地三要素投入的生产前沿函数，测算各时期的城市经济效率。

国家发展和改革委员会能源研究所熊华文（2019）从能源消费弹性系数与宏观能源效率的关系、能源消费弹性系数的阶段性变化与其影响因素、能源消费弹性系数的长期趋势及短期值得关注的现象和建议四个方面进行探讨，认为能源消耗系数可以反映经济增长对能源消耗的依赖程度，是衡量经济发展质量和发展方式转变的一项综合性、结果性指标。

（二）多指标法

钞小静和惠康（2009）从经济增长与经济发展的区别与联系入手，对经济增长质量的外延与内涵进行清晰界定，认为经济增长质量内涵可划分为经济增长的结构、经济增长的稳定性、经济增长的福利变化与成果分配及资源利用和生态环境代价四个维度，并在此基础上构建测度经济增长质量的指数对中国1978～2007年经济增长质量进行测度。台德进（2019）以安徽省为例，采集2000～2016年安徽省地级市数据，对包容性指数、绿色指数及经济高质量增长指数做出测算评析，然后对包容性、绿色与经济高质量增长之间的关系做出数理模型推导，并给出包容性、绿色对经济高质量增长影响的实证分析。师博和张冰瑶（2019）在Mlachila等（2017）的基础上，从发展的基本面、社会成果和生态成果三个维度对经济的高质量进行表征，测算全国地级以上城市经济高质量发展水平，重点通过测算经济、社会和生态环境的发展协调与否为构建经济高质量发展导向性地方政府绩效考核提供借鉴和启示。

张月友和方瑾（2019）以江苏省制定的《江苏高质量发展监测评价指标体系与实施办法》为蓝本，对该指标体系进行"减、增、换"三步调整，构建经济发展高质量、改革开放高质量、域乡建设高质量、文化建设高质量、生态环境高质量等维度39个基础指标的东部地区高质量发展监测评价指标体系，利用SPSS19.0软件，通过主成分分析法得到东部地区高质量发展各基础指标的系数和权重。施洁（2019）在对经济高质量发展进行理论阐释和内容解析的基础上，根据经济发展质量的有效性、协调性、创新性、共享性和可持续性五个二级指标构建了经济高质量发展评价指标体系，采用 Min－max 准则将数据标准化，对深圳及我国其他五大城市近10年来的经济高质量发展总指数和分项指数进行了测算。

刘丽霞和孙春花（2019）以西部12省份经济高质量综合评价分析为主要研究对象，通过层次分析法与熵权法的结合，确定了包括经济发展中的"不平等、不充分程度"的衡量、对经济发展过程中"资源消耗"的体现、对经济发展"新动能"的探索研究、对"经济增长稳定性"的测算及人民对"美好生活"感受方面的五个一级指标及下设的共 16 个二级指标，根据该指标体系对内蒙古经济发展及西部省份的综合评价进行了分析，并对 12 个省份的经济发展现状进行了排名，针对性地提出了一个推动西部省份实现经济高质量发展的对策建议。

郭湖斌和邓智团（2019）在归纳总结区域经济一体化高质量发展基本内涵的基础上，基于长三角地区 1991～2017 年统计数据，从经济总规模、经济增长率变异系数、产业升级和制造业结构变动三个维度，深入分析长三角区域经济一体化高质量发展特征。茹少峰和周子锴（2019）基于 1994～2016 年的省级面板数据，从经济增长、公共福利和生态环境三个方面衡量经济高质量发展，通过构建经济高质量发展指标体系，计算我国各省经济发展质量指数，再运用双重差分倾向得分匹配法（PSM－DID）检验西部大开发战略的政策净效应。

五、文献总结

通过梳理相关文献可以发现，近几年来，关于经济高质量发展的研究文献越来越丰富。专家、学者普遍根据自身对经济高质量发展内涵的理解，分别从宏观、中观或微观的角度对高质量发展进行研究。这些研究为后续更深入、更全面研究经济高质量发展评价做了探索性的工作，具有较好的开拓作用。

当前有关经济质量研究的文献可分为三大类：一类是学者们基于西方经济学范围研究经济增长的质量，主要从经济增长数量和增长速度两个维度展开，对于中国经济增长质量情况的基本判断也是讨论的热点；另一类是党的十九大后在经济发展框架下研究经济的高质量发展，既包含定性研究也包含定量研究，经济高质量发展是中国的新创，是对我国经济发展定位的新诠释，目前主要以国内学者研究文献为主；除此之外，有关中国经济增长是应该关注速度还是速度与质量并重的研究也层出不穷。

党的十九大后一段时间内的经济发展高质量研究多以政策解读和定性研究为主。按研究主题可归纳为三大类：第一类是高质量发展内涵解读及其必要性、意义分析；第二类是推动高质量发展的实施路径和政策保障分析；第三类是少数涉及高质量发展指标体系的研究。综上所述，有关高质量发展的研究仍然主要遵循经济增长理论框架。少数有关经济发展高质量的研究又大多集中于强调经济高质量发展的重要性、内涵解读和推动经济高质量发展的政策建议三个方面，有关高质量发展的深度理论研究和有关具体行业高质量发展或城市经济高质量发展的研究和评价还比较少。导致这个现状的原因可能是微观具体层面的企业实践和城市方面还没有开展，而且以往经济高质量发展研究多涉及全国或区域之间的比较，忽视了地区发展基础及速度等不平衡的现实，使部分研究结论因数据问题可能出现偏误。但总体来看，随着高质量发展实践的不断加强，关于该问题的研究正在相应增加。

从 2018 年开始，国内关于有关经济增长质量指数测度的研究开始活跃，许多学者都试图构建经济发展质量评价的指标体系，大体可分为单一指标评价体系和多指标评价体系两大类方法，并通过评价方法的确定对经济的高质量发展水平进行评价和比较，目前研究较多的为对区域经济质量的评价及部分省域经济的发展质量测度。

总而言之，高质量发展是中国经济社会发展到一定阶段的产物，关系到经济社会的转型和深刻变革，因此是一个极具理论意义和现实价值的研究命题，也是当今学术界的研究热点。未来的高质量发展研究可以围绕着微观层面，如具体到行业高质量发展的评价及机制研究、城市经济高质量发展的测度分析、企业高质量发展的影响因素及测度研究等。

第三章　中国市域经济高质量发展评价模型和指标体系

一、中国区域经济高质量发展评价指标体系研究述要

（一）学术界的研究观点

在采用怎样的指标体系评价区域经济高质量问题上，许多研究者提出了自己的看法。

就一般的理论探讨，潘建成（2017）认为，可以着重从创新及经济增长新动能、效率、产品质量和社会资源的充分利用四个维度来评判区域经济高质量发展。许岩（2017）指出对经济高质量发展的评价，分析经济指标是不够的，还需要综合分析民生、社会、环境等指标情况。与此观点相类似，任保平和李禹墨（2018）也认为，除了经济指标外，还应当将生态环境、城市基建、医疗保健、教育养老等纳入经济高质量发展评价中。师博（2018）提出，可以从发展的基本面、发展的社会成果、发展的生态成果三个维度来描述经济高质量发展。林兆木（2018）认为，经济高质量发展应从商品和服务质量、投入和产出效率、经济效益、创新发展、绿色发展等多维度进行衡量。程虹（2018）认为，经济高质量发展可以由四个标准进行衡量，这四个标准分别为：①要提高劳动生产率；②看一个地区的经济发展在动能上是靠要素和投资驱动，还是靠创新驱动；③需要实现经济与社会的均衡发展；④建立在人与自然和谐的基础

上，即追求更好的生态。

更多的研究者运用了自己提出的指标体系对相关区域进行了高质量发展程度测度评价：

（1）刘干和郑思雨（2018）强调了产业结构和科技教育在高质量经济发展指标体系中的重要性。他们从居民生活水平、产业结构、对外贸易、科技教育和绿色环保五个方面构建了由 13 个具体指标组成的中国省域经济高质量发展综合评价体系，并选取 2010～2016 年全国 31 个省份的指标数据对省域经济高质量展开综合评价。具体指标体系如表 3－1 所示。

表 3－1　刘干和郑思雨（2018）构建的经济高质量发展评价指标体系

一级指标	二级指标	三级指标
经济高质量 发展水平	居民生活水平	人均 GDP、城镇居民消费水平、农村居民消费水平
	产业结构	第三产业增加值比重、工业增加值比重
	对外贸易	外贸依存度、对外贸易增长率
	科技教育	15 岁及以上人口识字率、产品质量优等品率、专利授权率、R&D 投入强度
	绿色环保	森林覆盖率、生活垃圾无害化处理率

（2）李馨（2018）从经济发展的动力、效率、高度、平衡性、外向性及可持续性 6 个方面构建了经济高质量发展指标体系，并测算了 2016 年我国省际区域经济高质量发展指数，根据评价结果对各个区域进行排名，然后结合区域人均地区生产总值排名，对各区域进行分类比较。具体如表 3－2 所示。

（3）丁涛和顾金亮（2018）依据五大发展理念基本要求，构建了包括创新、协调、绿色、开放、共享在内的五个二级指标和 12 个三级指标的评价指标体系，以 2015 年江苏省 13 个市域的相关指标为依据，对江苏省科技创新和经济高质量发展之间的关联程度进行分析。具体如表 3－3 所示。

表 3-2 李馨（2018）构建的经济高质量发展指标体系

一级指标	二级指标	三级指标
经济高质量发展水平	动力	人均 R&D 人员全时当量、R&D 经费支出占 GDP 比重、发明专利申请数与 R&D 经费之比、新产品销售收入与主营业务收入之比、人均技术市场成交额
	效率	全社会劳动生产率、全要素生产率、单位 GDP 能耗同比增长率、人均 GDP
	高度	高技术产品出口额占比、第三产业对 GDP 贡献率、产品质量优等品率
	平衡性	经济增长稳定程度、城乡居民收入差距、城镇登记失业率
	外向性	净出口占 GDP 比重、外商投资企业投资总额、外商投资企业占比
	可持续性	环境治理指数、单位产出废水排放量、单位产出粉尘排放量

表 3-3 丁涛和顾金亮（2018）构建的经济高质量发展评价指标体系

一级指标	二级指标	三级指标
经济高质量发展水平	创新	万人发明专利拥有量、全社会 R&D 经费占 GDP 的比重、每万人从业人员中 R&D 人员数、科技企业孵化器面积
	协调	高新技术产值占工业总产值比重、城乡居民人均可支配收入差距
	绿色	绿色亿元 GDP 氮氧化物排放量、建成区绿化覆盖率
	开放	外商直接投资发展速度、对外直接投资发展速度
	共享	全体常住居民人均可支配收入增长率、城镇居民登记失业率

（4）师博和任保平（2018）构建了包括增长的基本面和社会成果两个维度的中国省际经济高质量发展指标体系，其中基本面分解为增长的强度、增长的稳定性、增长的合理化、增长的外向性四个方面，社会成果则分解为人力资本和生态资本，并测度了 1992~2016 年中国省际经济增长质量指数。

经济增长的强度用以衡量产出水平。较高的产出水平表明国家和地区更为富足、居民生活水平更为丰裕、经济增长更为强劲。采用地区实际人均 GDP 测算经济增长的强度。经济增长的稳定性由增长率变异系数的倒数换算得到。变异系数越高，经济增长越不稳定，进而导致较高的贫困率和发展的不公平程度。经济增长的合理化用以衡量产出结构和就业结构的耦合程度。产业结构越合理意味着劳动力投入和产出水平越契合，劳动力资源得到了充分有效利用，经济结构越趋于均衡。经济增长的外向性用净出口占 GDP 比重测度。文章指出，大量研究发现经济增长的外向性有助于通过干中学、引进技术、竞争及外商直接投资增进生产效率，然而外向性也会增大外部冲击对经济增长的不确定性。

人力资本。根据内生增长理论，与创新和技术进步紧密相关的人力资本是驱动经济持续增长的关键，并且人力资本水平越高代表劳动力要素对于经济增长的贡献越高，居民的发展机会和要素收入分配的公平程度越高。文章采用人均受教育年限作为人力资本的代理变量。

生态资本。高质量的经济增长反映出绿色发展程度越高，对生态环境的破坏越小，经济发展的生态资本越高。以单位碳排放产出（即实际 GDP 与二氧化碳排放量的比值）表征生态资本。

（5）马丁玲和颜颖颖（2018）从经济增长、经济发展质量、经济发展动力、经济发展可持续性和经济发展成果共享五个领域构建了评价宁波经济高质量发展的指标体系。

（6）李金昌等（2019）基于统计内涵和原则，在借鉴国内外相关评价指标体系长处的基础上，构建了由经济活力、创新效率、绿色发展、人民生活、社会和谐五个部分共 27 项指标构成的高质量发展评价指标体系。具体如表 3－4 所示。

（7）鲁继通（2018）构建了包括微观层面、中观层面、宏观层面在内的高质量发展理论分析框架。微观层面的高质量发展主要体现为企业的产品和服务质量，关键是提高全要素生产率和经济发展动力，本质是质量变革、动力变革、效率变革。其中，质量变革是主体，效率变革是主线，动力变革是条件，指标选取应体现发展质量、生产效率、创新动能等方面。中观层面的高质量发展主要体现为产业创新和升级，强调新经济的培育及城乡与区域协同发展，本质是产业升级、结构优化、区域协调。其中，产业升级是基础，结构优化是关键，区域协调是支撑，指标选取应体现产业创新升级、经济结构优化、区域联动发展等方面。

宏观层面的高质量发展主要体现为经济发展质量和效益，强调经济效益、社会效益、生态效益的协调统一，本质是经济发展、社会进步、生态文明。其中，经济发展是基础，社会进步和生态文明建设是目标和趋势，指标选取应体现经济可持续发展、社会全面进步和生态环境保护等方面。

表 3-4　李金昌等（2019）构建的经济高质量发展评价指标体系

维度	评价指标
经济活力	GDP 增长速度、GDP 占总产出比重、新经济新动能产业增加值占比、现代服务业增加值占比、居民消费贡献率、综合负债率指数、外贸依存度
创新效率	高技术产业增加值占比、全要素生产率、亩均 GDP、万元 GDP 能耗
绿色发展	优质可耕地占比、空气质量指数、污水处理率、生活垃圾无害化处理率、地表水质量
人民生活	人均可支配收入与人均 GDP 之比、社会保障指数、社会不安定指数、高等教育毛入学率、人均文教医卫财政支出强度、居民家庭文体旅游消费支出比重、产品质量指数
社会和谐	基尼系数、城乡居民可支配收入比、区域人均可支配收入极值比、社会满意度指数

高质量发展理论构建应立足于高质量发展的本质特征，微观层面是高质量发展的基础和动力，中观层面是高质量发展的支撑和主体，宏观层面是高质量发展的目标和导向，它们之间既相互独立又紧密联系，共同构成了高质量发展的理论体系和总体架构。推动高质量发展，必须针对微观层面、中观层面、宏观层面存在的突出问题入手，着力破解阻碍高质量发展的障碍和难题，补齐发展短板，夯实发展底板，从而全面推动高质量发展。

按照科学性、可量化性、动态性和简明性的指导原则，研究构建了包括三个一级指标、九个二级指标和 62 个三级指标在内的高质量发展指标体系。具体如表 3-5 所示。

表 3 – 5　鲁继通（2018）构建的经济高质量发展评价指标体系

一级指标	二级指标	三级指标
微观层面	动力变革	R&D 经费占 GDP 比重、每万人 R&D 人员全时当量、企业 R&D 经费增长率、R&D 经费占主营业务收入的比重、开展产学研合作的企业所占比重、每万人科技论文数、发明专利授权数占专利授权数比重、每万名科技活动人员技术市场成交额、科技成果转化率
	质量变革	产品质量合格（优等）率、中高端产品占总产品比重、高技术产品出口占总出口额的比重、高端制造业增长率、现代服务业增长率、产品质量竞争力指数、中国国际品牌市场占有率
	效率变革	全员劳动生产率、科技进步贡献率、全要素生产率、土地产出率、工业产能利用率、税收占 GDP 比重、固定资产投资产出率、企业总资产贡献率
中观层面	产业升级	先进制造业增加值占 GDP 比重、战略性新兴产业增加值占 GDP 比重、生产性服务业增加值占服务业增加值比重、现代农业产值占农业总产值比重、信息化指数、工业化进程指数
	结构优化	新经济增加值占 GDP 比重、新产品产值率、现代服务业增加值占 GDP 比重、新一代信息技术产业增加值占 GDP 比重、文化产业增加值占 GDP 比重、网购占社会消费品零售总额比重
	区域协调	城乡居民收入差异系数、城镇化率、经济发展偏离度、基尼系数
宏观层面	经济发展	人均 GDP 增长率、财政收入占 GDP 比重、居民收入增长率、人均固定资产投资、第三产业占 GDP 比重、居民消费占 GDP 比重、对外开放指数
	社会进步	人均基本公共服务支出、平均受教育年限、基本社会保险参保率、人口平均预期寿命、社会安全指数、社会信用指数、每万人社会组织数、公共文明指数
	生态文明	单位 GDP 耗能下降率、绿色产品市场占有率、绿色发展指数、环境污染治理投资占 GDP 比重、绿色建筑占新建建筑比重、环境质量指数、工业"三废"处理达标率

（8）许永兵等（2019）认为，实现高质量发展，核心要义是转变经济发展方式，实现经济增长动力从"要素驱动"向"创新驱动"转变，增长目标从"数量追赶"向"质量赶超"转变，着力点从改善"落后的社会生产"向解决"不平衡不充分的发展"转变。基于上述对高质量发展内涵、任务及要求的认识，他们从创新驱动、结构优化、经济稳定、经济活力、民生改善、生态友好六个维度构建高质量发展指标体系，并以河北省为例运用 2005～2016 年经济运行

数据进行实证测算。具体如表3-6所示。

表3-6 许永兵等（2019）构建的经济高质量发展评价指标体系

维度	评价指标
创新驱动	研究与发展经费占 GDP 比重、地方财政科技拨款占地方财政支出比重、规模以上工业企业 R&D 经费支出增长率、技术市场成交额占全国比重、每万常住人口发明专利授权量
结构优化	第三产业增加值占 GDP 比重、最终消费率、高新技术出口额占货物出口额比重
经济稳定	经济波动率、物价波动程度
经济活力	民营经济增加值占 GDP 比重、实际利用外资与 GDP 之比、第二产业全员劳动生产率、城镇化率
民生改善	财政性教育经费占 GDP 比重、医疗卫生投入比重、城镇登记失业率、城镇居民人均可支配收入增长率、城乡人均收入比值
生态友好	万元地区生产总值能源消耗、万元地区生产总值、水资源消耗、工业废水排放强度、工业二氧化硫排放强度、全年空气质量二级以上天数比重

（9）方大春和马为彪（2019）认为，经济高质量发展涉及创新、协调、绿色、开放、共享五大方面。具体如表3-7所示。

表3-7 方大春和马为彪（2019）构建的经济高质量发展评价指标体系

维度	评价指标
创新	R&D 人员全时当量、人均 R&D 经费支出、科技支出占财政比、人均专利授权量、人均技术市场成交额
协调	人均 GDP 地区间差距、城乡收入差距、城乡交通基础设施差距、产业结构合理化、文化支出占财政支出比
绿色	单位 GDP 能耗、单位 GDP 碳排放量、单位 GDP 主要污染物排放量、省会城市（直辖市）优良天数、建成区绿化覆盖率
开放	实际利用外资占 GDP 比重、进出口总额占 GDP 比重、非金融类对外投资占 GDP 比重、对外承包工程合同金额占 GDP 比重、接待国际旅客人数
共享	死亡率、失业率、农村贫困发生率、每万人全科医生、人均受教育年限

（10）华坚和胡金昕（2019）认为，相较于高速经济增长，高质量发展不仅包括对经济增长速度的测量，更强调经济发展的效率程度、经济稳健性和资源配置走向，并注重人的全面发展，从"五大发展理念"入手，构建经济高质量发展指标体系。具体如表3–8所示。

表3–8　华坚和胡金昕（2019）构建的经济高质量发展评价指标体系

维度	评价指标
创新	资本生产率、劳动生产率、全要素生产率
协调	实际GDP、产业结构合理化、产业结构高级化、投资率、消费率、金融机构存款余额/GDP、金融机构贷款余额/GDP、二元对比系数、二元反差指数、经济波动率、年末城镇登记失业率、消费者物价指数、工业生产者出厂价格指数
绿色	万元GDP能耗、单位地区产出耗水、单位地区产出SO_2排放量、单位地区产出废水排放量
开放	外商直接投资/GDP、进出口总额/GDP
共享	实际人均GDP、职工平均工资、人均教育事业费支出、人均城市道路面积、每万人拥有公共交通车辆、建成区绿化覆盖率、每万人拥有医疗卫生机构数

（11）李梦欣和任保平（2018）通过分析高质量发展的理论内涵和基本价值判断，寻找中国高质量发展的基本构成，认为高质量发展是基于新发展理念充分实现的发展，高质量发展与新发展理念具有一致性和同步性，从"创新、协调、绿色、开放、共享"五个基本维度切入，构建经济新时代中国高质量发展的评价指标体系。具体如表3–9所示。

表3–9　李梦欣和任保平（2018）构建的经济高质量发展评价指标体系

维度	评价指标
创新	科技成果登记数、发明专利申请授权数、技术合同成交额/GDP、研究生毕业生数、R&D人员、平均每万名职工中专业技术人员、科技拨款占公共财政支出的比重、R&D经费内部支出/GDP、高技术产业主营业务收入/GDP
协调	二元对比系数、泰尔指数、农村与城镇居民消费水平比、第一产业比较劳动生产率、第二产业比较劳动生产率、第三产业比较劳动生产率、规模以上工业企业产品销售率、社会就业率、西部与东部地区人均地区生产总值比

续表

维度	评价指标
绿色	单位 GDP 能源消费量、单位 GDP 电力消费量、建设项目"三同时"环保投资总额/GDP、工业污染治理总额/GDP、能源加工转换效率、一般工业固体废物综合利用率、城市人均公园绿地面积、城市建成区绿化覆盖率、城市环境基础设施建设投资总额/GDP
开放	货物和服务净出口对 GDP 的贡献率、在外劳务人数占总人口的比重、进出口总额占 GDP 的比重、高技术产品进出口贸易总额/GDP、对外经济合作完成营业额/GDP、对外经济合作新签合同数、实际利用外资金额/GDP
共享	最低保障居民占总人口的比重、社会保险基金收入/GDP、劳动者报酬占 GDP 的比重、社会保障和就业支出/GDP、社会服务机构覆盖率、人均公共图书馆总量、群众文化服务机构数、医疗卫生机构数

（12）张震和刘雪梦（2019）借助层次分析法与熵权法相结合计算指标的组合权重，从经济发展动力、新型产业结构、交通信息基础设施、经济发展开放性、经济发展协调性、绿色发展、经济发展共享性七个方面构建了 15 个副省级城市经济高质量发展综合指数。具体如表 3 – 10 所示。

表 3 – 10　张震和刘雪梦（2019）构建的经济高质量发展评价指标体系

维度	评价指标
经济发展动力	每万人专利申请授权量、研发投入强度、资本生产率、劳动生产率、社会消费品零售总额占比、房地产投资占比
新型产业结构	先进制造业产值/制造业产值、高技术制造业产值/制造业产值、生产性服务业就业人数/服务业就业人数、服务业就业人数占比
交通信息基础设施	高铁频次、高速公路里程占比、公共交通运营线路里程、民用航空客运量占比、铁路密度、电话普及率、公路密度电话普及率、互联网宽带普及率
经济发展开放性	对外贸易依存度、对外资本依存度、贸易差额
经济发展协调性	GDP 变异系数、经济增长率变异系数、城乡收入比、城乡消费比
绿色发展	空气质量优良天数、建成区绿化覆盖率、单位 GDP 电耗、单位工业产值废水排放量、单位工业产值二氧化硫产生量、一般固体废弃物综合利用率
经济发展共享性	居民人均可支配收入、人均教育经费支出、千人拥有医生数、千人拥有公共图书馆和博物馆个数、城镇登记失业率、城镇基本医疗保险参保人数、城镇基本养老保险参保人数

（13）周吉等（2019）指出，高质量发展是经济总量扩大到一定程度后，产业结构升级、新旧动能转换、区域协调发展、人民生活质量提高的结果。根据关于经济高质量发展的相关论述，结合已有学者研究成果，他们从经济发展、结构协调、创新驱动、开放升级、生态文明、成果共享六个方面构建了 32 个具体指标的高质量发展测度体系。具体如表 3 – 11 所示。

表 3 – 11　周吉等（2019）构建的经济高质量发展评价指标体系

维度	评价指标
经济发展	人均国内生产总值、全社会固定资产投资、工业增加值、人均用电量、社会消费品零售总额
结构协调	服务业增加值占 GDP 比重、制造业投资占固定资产投资比重、产业结构与就业结构偏离度、税收收入占一般公共预算收入比重、城镇化率、居民消费支出占 GDP 比重
创新驱动	R&D 经费支出占 GDP 比重、高新技术产业主营业务收入、R&D 人员数、专利申请授权权、技术合同成交金额
开放升级	实际利用外资占 GDP 比重、对外贸易依存度、对外承包工程营业额占 GDP 比重、对外直接投资额、国际旅游（外汇）收入占 GDP 比重
绿色发展	万元 GDP 能耗、废水排放强度、耕地面积、森林面积、工业固体废物综合利用率、工业废气排放强度
成果共享	居民消费水平、城乡居民人均可支配收入比、一般公共预算支出中教育支出所占比重、每千人卫生技术人员数、城镇登记失业率

（14）师博和张冰瑶（2019）认为，新时代我国经济高质量发展的内涵体现为具有经济增长速度稳定和经济结构合理的发展基础，能够激发兼具社会和生态效益的发展成果，助力平衡而充分的经济发展，最终服务于富强、民主、文明、和谐、美丽的社会主义现代化强国和人的全面发展。他们主张关于经济高质量评价体系的设计应该遵循的基本思路为：一是以新发展理念为核心；二是以有效但有限的测算为基础；三是以淡化经济增长速度为导向。他们以经济高质量发展内涵为基础构建的高质量指数包括经济增长的强度、稳定性、合理化和外向性，同

时更加重视社会、生态的发展变化态势。具体如表 3 - 12 所示。

表 3 - 12　师博和张冰瑶（2019）构建的经济高质量发展评价指标体系

维度	评价指标
发展基本面	强度（人均 GDP）、稳定性（GDP 增长率变异系数的导数）、合理化（标准值 1 与三次产业泰尔指数的差值）、外向性（对外贸易的净出口值占 GDP 的份额）
发展的社会成果	教育（万人高校在校学生人数）、医疗（万人医生人数）
发展的生态成果	气体污染（单位气体污染排放产出）、液体污染（单位液体污染排放产出）、固体污染（单位固体污染排放产出）

（15）中国高新区研究中心副主任朱常海认为，高质量发展主要有以下四个方面的内涵：高质量发展是创新驱动的发展；高质量发展是集约高效的发展；高质量发展是平衡充分的发展；高质量发展是绿色生态的发展。在高质量指标体系构建上，朱常海[1]（2018）认为主要遵循以下三个原则：

第一，简洁性原则：指标体系本身就是对现实世界的一种抽象和简化。如果指标体系由于要面面俱到而设计得过于庞杂，就失去采用指标体系简化认知的意义。所以在选取指标上，针对每一个评价维度，只选取 1~2 个最具代表性的指标。这些指标能够有效表征所评价维度的关键方面。

第二，通用性原则：通过前面的案例梳理可以知道，国内外早就开始了有关发展评价，尤其是创新评价的相关实践。其中一些指标被广泛采用，并表现出良好的信度和效度。在指标选取上，应优先考虑那些通行的指标，方便进行国际和国内不同区域的横向比较。

第三，操作性原则：选取的指标如果没有相应的统计基础支撑，会导致无法有效收集数据或统计成本太高，从而削弱了所构建指标体系的现实意义。在指标选取上，应优先考虑那些在我国已经有或将要有统计制度支撑的指标，这些指标往往已经在我国政府公文中被提及，有相应的统计口径。

---

① 参见：http://www.sohu.com/a/277998825_712171。

根据高质量发展的内涵，结合国内外关于发展评价的相关实践，构建了包含四个一级指标，每一个一级指标下又细分为三个评价维度，每个评价维度用一个指标进行表征的高质量发展评价指标体系。具体如表 3 - 13 所示。

表 3 - 13　朱常海构建的高质量发展评价指标体系

一级指标	评价维度	表征指标
创新驱动	科技投入	研究与实验发展经费投入强度、国际科技论文被引次数、每万人口发明专利拥有量
	知识生产	
	科技价值	
集约高效	价值创造	人均 GDF、工业增加值率、亩均增加值
	产业质量	
	空间集约	
平衡普惠	产业结构	知识密集型服务业增加值占 GDP 的比例、城乡人均可支配收入比值、劳动收入占 GDP 比重
	城乡均衡	
	分配公平	
绿色生态	能源消耗	单位 GDP 能耗、单位 GDP 水耗、单位 GDP 碳排放
	水消耗	
	碳排放	

资料来源：http://www.sohu.com/a/277998825_ 712171。

具体指标解释如下：

1）研究与实验发展经费投入强度。该省标是国际通行的考察科技创新投入水平的指标。充足的科技投入是实现科技驱动的高质量发展的前提条件。根据国家统计局最新数据，2016 年，我国研究与实验发展经费支出 15676.7 亿元，研发投入强度达到 2.11%，而 OECD 国家平均研发投入强度在 2.4% 左右。《"十三五"国家科技创新规划》中也设置了该指标，并提出到 2020 年研究与实验发展经费投入强度要达到 2.5%。

2）国际科技论文被引用次数。发表论文是现代社会知识生产的主要方式，一般用发表论文的数量来衡量知识生产的规模。根据美国国家科学基金会 2018 年发布的《科学与工程指标》，2016 年中国已发表的论文数量首次超过美国，但是从论文的引用率来看，美国更占优势。论文的引用率是衡量论文质量的重要指标，"十三五"国家科技创新规划中也设置了该指标，并提出到 2020 年，国际科技论文引用次数要达到世界第二。

3）每万人口发明专利拥有量。该指标是衡量一个国家或地区科研产出质量和市场应用水平的综合指标，是国际通用指标。根据国家知识产权局的最新数据，2017 年，我国每万人口发明专利拥有量为 9.8 件。国际对比来看，2015 年该指标日本为 129.1 件，排名世界第一，排名第二的韩国为 45.8 件，排名第三的美国为 43.5 件。《深入实施国家知识产权战略行动计划（2014 – 2020 年）》中提出，到 2020 年每万人口发明专利拥有量要达到 14 件，《"十三五"国家科技创新规划》中提出，到 2020 年每万人口发明专利拥有量要达到 12 件。

4）人均 GDP。人均 GDP 即人均国内生产总值，是发展经济学中衡量经济发展状况的核心指标之一，也是最重要的宏观经济指标之一。一般用人均 GDP 状况衡量一个国家的发展水平。国际上通常把人均 GDP 在 5000 ~ 20000 美元称为中等收入国家，20000 美元以上是发达国家标准。2016 年，我国人均 GDP 为 5.4 万元，约 8000 美元，在全世界所有国家中排名第 69 位。刘鹤在第 48 届世界经济论坛的演讲上提出，中国经济增长的核心目标，就是人均 GDP 提升到 1 万美元。

5）工业增加值率。工业增加值率是反映工业企业价值创造水平和盈利能力的重要指标。我国是制造业大国，制造业的转型升级是我国高质量发展在产业板块的重要要求。在《中国制造 2025》中，在制造业质量效益目标板块中，就有制造业增加值率每 5 年提高 2 个百分点的要求。我国平均的工业增加值率在 25%左右，与发达国家 35% ~ 40%的工业增加值存在很大差距。需要注意的是，我国的工业增加值率近年逐渐下降，而且中国省域间增加值率高低水平与经济发达程度几乎完全相反。长三角、珠三角地区工业企业增加值率水平相比全国总体平均水平更低。这说明我国存在高新技术产业并不"高新"的现象，对工业增加值率的监测就更为重要。

6）亩均增加值。我国人口众多，但可用的土地资源十分有限。集约发展的一个重要内涵就是空间上的集约，注重提高单位空间的投入产出率。这里用亩均增加值反映单位面积的价值创造水平。国家"十三五"规划纲要也提出单位国内生产总值建设用地使用面积到 2020 年下降 20% 的目标。地方上，浙江省已经率先做出探索。2018 年 1 月，浙江省政府印发的《关于深化"亩均论英雄"改革的指导意见》中就设置了亩均增加值指标。

7）知识密集型服务业增加值占国内生产总值的比例。以知识为基础的服务业统称为知识密集型服务业，知识密集型服务业在国家创新系统中发挥着重要作用。知识密集型服务业自身不仅具有高质量的特征，更是其他行业，尤其是制造业提质增效的重要支撑。像美国这样的发达国家，知识密集型服务业的比重已经达到 70% 以上。我国《"十三五"国家科技创新规划》中提出，到 2020 年知识密集型服务业增加值占国内生产总值的比例要达到 20%。

8）城乡人均可支配收入比值。人均可支配收入是现代国民经济统计中的重要指标，常用来衡量一个国家居民的生活水平。城乡人均可支配收入比值是指城镇居民人均可支配收入/农村居民人均可支配收入，用来反映我国城乡居民生活水平的差距。城乡二元化问题是当前我国不平衡发展问题的重要体现。2017 年，我国城乡人均可支配收入比值为 2.71。目前，中国城乡居民收入差距仍然处于高位，远高于改革开放以来 1983 年的最低水平，更远高于各发达国家的水平。

9）劳动收入占比。劳动收入占比是衡量劳动报酬在初次分配中占比的重要指标，决定了劳动者在多大程度上享受经济增长带来的好处。劳动报酬比重下降也是收入差距拉大的主要原因。劳动收入占比下降会降低居民消费，从而影响新时期消费作为我国经济发展发动机作用的发挥。因此，党的十八大报告中指出"要提高劳动报酬在初次分配中的比重"。

10）单位 GDP 能耗。单位 GDP 能耗是反映能源消费水平和节能降耗状况的主要指标。我国能耗强度与世界平均水平及发达国家相比仍然偏高。按照 2015 年美元价格和汇率计算，2016 年我国单位 GDP 能耗为 3.7 吨标准煤/万美元，是 2015 年世界能耗强度平均水平的 1.4 倍，是发达国家平均水平的 2.1 倍。工信部副部长罗文提到的工业经济高质量发展需要完成的两个指标中，就有 2018 年力争实现全年规模以上工业增加值能耗同比下降4%。

11）单位GDP水耗。我国是一个水资源短缺的国家。对水资源的集约和循环利用是我国高质量发展的重要要求。《"十三五"水资源消耗总量和强度双控行动方案》中提出，到2020年，万元国内生产总值用水量、万元工业增加值用水量分别比2015年降低23%和20%。工信部副部长罗文提到的工业经济高质量发展需要完成的两个指标中，也有2018年力争单位工业增加值用水量同比下降4.5%。

12）单位GDP碳排放。单位GDP碳排放是指产生万元GDP排放的二氧化碳数量。该指标不仅能够反映我国能源结构的优化，也是我国对国际社会做出的庄严承诺。2009年我国政府宣布，到2020年我国单位GDP碳排放比2005年下降40%～45%。《中国制造2025》中，在绿色发展的指标板块，就设置了单位GDP碳排放2025年比2015年下降40%的目标。

（16）朱启贵[①]主张，建立推动高质量发展的指标体系的前提是我们必须全面准确把握高质量发展的深刻内涵。朱启贵提出高质量发展的内涵主要包括六个方面：一是贯彻新发展理念，即将创新作为第一动力、协调作为内生特点、绿色作为普遍形态、开放作为必由之路、共享作为根本目的的发展。二是坚持质量第一、效益优先，迈向现代化经济体系的发展。三是以供给侧结构性改革为主线的发展，是质量变革、效率变革、动力变革有成效的发展。四是供给体系和产业结构迈向中高端，实现总供给与总需求总量及结构动态平衡的发展。五是国民经济创新力和竞争力显著增强的发展。六是更有效率、更加公平、更可持续的发展，是能够很好满足人民日益增长的美好生活需要的发展。

依据高质量发展的内涵，高质量发展的指标体系包含动力变革、产业升级、结构优化、质量变革、效率变革和民生发展六个维度，如表3－14所示。

（17）李子联和王爱民（2019）基于"五大发展理念"构建了江苏省高质量发展评价体系。具体如表3－15所示。

---

① 参见：http：//ciug.sjtu.edu.cn/Web/Show? w=38&p=3&f=2511。

表 3 - 14　朱启贵构建的经济高质量发展评价指标体系

维度	评价指标
动力变革	每万名就业人员 R&D 人员全时当量、R&D 经费与 GDP 之比、企业 R&D 经费支出增长率、R&D 经费与主营业务收入之比、发明专利申请授权量与 R&D 经费之比、科技成果转化率、人均技术市场成交量、新产品销售收入占主营业务收入之比、科技企业孵化器内累计毕业企业增长率、风险投资增长率
产业升级	信息化指数、新型工业化进程指数、农业信息化率、生产性服务业增加值占服务业增加值比重、战略性新兴产业增加值占 GDP 比重、现代农业产业产值占农业总产值比重、农作物耕种机械化率、农业产业化经营组织数量增长率、主要规模经济行业产业集中度、先进制造业增加值占 GDP 比重
结构优化	新经济增加值占 GDP 比重、新产品产值占工业总产值比重、服务业增加值占 GDP 比重、文化及相关产业增加值占 GDP 比重、信息通信技术产业增加值占 GDP 比重、直接融资占全部融资比重、实物商品网上零售额占社会消费品零售总额的比重、中高端产品占产品的比重、中国品牌国际市场占有率、先进制造业增长率、高端服务业增长率
质量变革	高技术产品出口额占货物出口额比重、优质农产品占农产品比重、产品质量合格率、质量竞争力指数、产品伤害事故率、顾客满意度、质量损失率
效率变革	产能利用率、全要素生产率、全社会劳动生产率、土地产出率、企业总资产贡献率、工业综合产能利用率、单位 GDP 能耗下降率、税收占 GDP 比重、GDP 与固定资产投资之比、绿色发展指数
民生发展	居民收入增长率、区域居民收入差距、城乡居民收入比、城镇化率、基尼系数、恩格尔系数、居民消费价格指数、城镇调查失业率、失业保险覆盖率、城乡基本养老保险参保率、城乡基本医疗保险覆盖率、万人刑事案件发生率、普惠金融增长率、居民平均预期寿命

资料来源：http：//ciug.sjtu.edu.cn/Web/Show? w = 38&p = 3&f = 2511。

表 3 - 15　李子联和王爱民（2019）构建的经济高质量发展评价指标体系

一级指标	二级指标	三级指标
创新	研发效率	创新产出水平、创新投入效率、创新成果转化水平
	创新潜力	高校教师比例、高校学生比例、教育投入比重
	增长效率	劳动生产率、资本生产率、土地生产率
协调	区域协调	城镇化率、区域协调
	产业协调	一二产业协调、一三产业协调、服务业比重
	需求协调	消费率、投资率、居民消费比重
	运行协调	经济波动、失业率、物价波动程度

一级指标	二级指标	三级指标
绿色	资源消耗	单位产出能耗、人均用水量、人均生活能耗
	环境污染	单位产出废水排放、单位产出废气排放、单位产出固体废弃物排放
	环境治理	污染治理水平、城市绿化水平、生态建设水平
开放	开放程度	外贸依存度、外资依存度、对外投资水平
共享	居民收入	发展共享、城乡共享、区域共享
	公共服务	教育投入水平、医疗卫生投入水平、社会保障投入水平、农村人均住房面积

（二）各地政府高质量发展践行

高质量发展战略提出后，各地政府积极响应，在高质量发展评价指标体系构建及实践上做了许多有益的尝试。

1. 江苏省高质量发展评价指标体系

江苏省贯彻新发展理念，落实以人民为中心的发展思想，突出"发展是第一要务、人才是第一资源、创新是第一动力"，以中央对高质量发展提出的明确要求为根本依据，以省委十三届三次全会作出的经济发展、改革开放、城乡建设、文化建设、生态环境、人民生活"六个高质量"发展部署为思路框架，以充分调动广大干部群众干事创业的积极性和主动性为鲜明导向，以国内外既有的监测评价指标体系为重要参考，紧扣加快建设"强富美高"新江苏目标，立足省情实际和阶段性特征，体现发展的探索性、创新性、引领性，突出指标适用的普遍性，把高质量发展任务具体化、指标化。

"六个高质量"是江苏落实新发展理念和中央高质量发展要求的具体体现，指标体系既充分体现新发展理念和中央的要求，也反映江苏省情实际和实现"强富美高"新目标的要求，确保中央和省委、省政府对高质量发展部署在江苏得到全面贯彻落实。"六个高质量"发展是系统性工程，涉及经济、社会、文化、生态等多个层面、多个领域，指标体系强化全面性、系统性、协调性、普遍性的要求，全方位体现高质量发展的内涵要求，促进中央和省委、省政府重大决策部署落地见效，确保高质量发展各项工作协调有序、相互促进、相得益彰。具体指标如表 3 – 16 所示。

表 3 – 16　江苏省高质量发展评价指标体系

一级指标	二级指标	
经济发展 高质量	人均 GDP	
	经济运行 综合效益	一般公共预算收入占 GDP 比重、税收收入占一般公共预算收入比重
	集约发展水平	单位建设用地税收收入、单位工业建设用地工业企业利润
	绿色优质农产品比重	
	制造业投资占固定资产投资比重	
	服务业增加值占 GDP 比重	
	"三新"经济增加值占 GDP 比重	
	消费对经济增长的贡献率	
	研发投入和 产出水平	研发经费支出占 GDP 比重、企业研发经费投入占主营业务收入比重、万人发明专利拥有量
	每万劳动力中高技能人才数	
	金融支持实体 经济水平	亿元 GDP 境内上市企业股权融资额、制造业新增贷款占新增贷款比重
	政府性债务率	
改革开放 高质量	营商环境指数	
	净增企业法人单位数占企业法人单位总数比重	
	一般贸易进出口占货物进出口总额比重	
	战略性新兴产业实际利用外资与实际利用外资总额比重	
	对外投资总额	
	园区经济对经济增长贡献率	
城乡建设 高质量	城镇基础设施 建设水平	自来水深度处理率、城镇绿色建筑占新建建筑比例、城市建成区黑臭水体整治达标率、新建项目海绵城市建设达标率、城市万人公共交通车辆拥有量、光纤宽带普及率
	农村基础设施 建设水平	行政村双车道四级公路覆盖率、行政村百兆光纤宽带覆盖率、农村供水入户率、高标准农田比重
	城乡住有宜居水平	城镇常住人口保障性住房覆盖率、宜居住区建设任务完成率、美丽宜居乡村建设达标率

续表

一级指标	二级指标	
文化建设 高质量	社会文明程度测评指数	
	文化及相关产业增加值占 GDP 比重	
	文化体育设施 建设水平	人均拥有公共文化体育设施面积、村（社区）综合性文化服务中心建成率
	注册志愿者人数占城镇常住人口比重	
	居民综合阅读率	
生态环境 高质量	资源集约利用	单位 GDP 能耗、单位 GDP 水耗
	空气质量	空气质量优良天数比率、PM2.5 年均浓度
	水环境质量	地表水达到或好于Ⅲ类水体比例、地表水功能区达标率
	受污染耕地安全利用率	
	自然环境保护	林木覆盖率、自然湿地保护率
	城镇污水集中处理率	
	垃圾分类集中处理率	
人民生活 高质量	居民人均可支配收入	
	城镇登记失业率	
	人均拥有社会保险福利总额	
	教育发展	全社会教育投入增长率、学前教育资源配置率、义务教育优质均衡比例、高中阶段教育优质学校比例
	卫生服务	人均期望寿命、每万常住人口全科医生数、个人卫生支出占卫生总费用的比重、重大慢性病过早死亡率、农村无害化卫生户厕普及率
	养老服务	接受上门服务的居家老人数占比、护理型床位数占养老机构床位数比例
	安全保障	公众安全感、网格创建达标率

2. 湖北省高质量发展评价指标体系

湖北省践行新发展理念，以"发展是第一要务、人才是第一资源、创新是第一动力"为宗旨，形成真抓实干、埋头苦干、比学赶超、竞相发展的良好氛围，确保党中央、国务院关于高质量发展的决策部署在湖北全面贯彻落实。考核指标的设定注重引导各地加快提高发展的"含金量""含新量""含绿量"，促进经济平稳增长和质效提升。

湖北省的高质量发展考核采取季度考核的形式,兼顾对过程及结果的考核,既客观体现各地高质量发展水平,又合理反映各地推动高质量发展的工作成效。考核指标的设定体现区域差异、因地制宜、分类指导的要求。评价考核可量化、可比较、可持续,有助于各地了解自身优势,查找存在的不足,统筹协调推进本地高质量发展各项工作。综合运用通报、约谈等多种奖惩形式,充分发挥评价考核激励作用。

湖北省高质量发展评价与考核共包括 22 项具体指标,具体如表 3-17 所示。

表 3-17　湖北省高质量发展评价指标体系

序号	评价指标
1	规上工业企业主营业务收入利润率
2	工业企业产能利用率
3	规上工业企业亏损面
4	服务业增加值占地区生产总值比重
5	研究与开发(R&D)经费占地区生产总值比重
6	高新技术产业增加值占地区生产总值比重
7	高新技术企业单位数增长率
8	十大重点产业发展指数
9	民间投资占固定资产投资比重
10	技术改造投资占固定资产投资比重
11	投资项目"两库"转化率
12	文化及相关产业增加值占地区生产总值比重
13	税收占一般公共预算收入比重
14	实际利用外资占投资比重
15	进出口总额占地区生产总值比重
16	商业银行不良贷款率
17	财政口径政府债务余额占地方综合财力比重
18	城镇居民人均可支配收入增速
19	农村居民人均可支配收入增速
20	单位规上工业增加值能耗降低率
21	地表水达到或好于Ⅲ类水体比例
22	市州空气质量优良天数占比

22 项指标中，规上工业企业主营业务收入利润率、工业企业产能利用率、规上工业企业亏损面、税收占一般公共预算收入比重四项指标权重分别为 6%、5%、5%、5%，共计 21%，是考核体系中权重第二大的板块，重在考核实体经济运行的质量。工业是实体经济的主干，考核指标中没有增加值等传统指标，而是用主营业务收入利润率、产能利用率、亏损面这三项指标，旨在检验工业经济的盈利能力、运行质量和市场竞争力。税收占一般公共预算收入比重则是考察一地的财政收入质量及经济活力。通常而言，如果此占比较高，则表明税收实现了由非税拉动为主向税收拉动为主的良性转变，经济运行、财政质量稳健可持续。

商业银行不良贷款率、财政口径政府债务余额占地方综合财力比重两项各占 4%，体现了防风险的要求。

技术改造投资占固定资产投资比重、研究与开发（R&D）经费占地区生产总值比重、高新技术产业增加值占地区生产总值比重、高新技术企业单位数增长率、十大重点产业发展指数五项指标权重分别为 5%、5%、6%、5%、5%，共计 26%，成为整个考核指标中权重最大的板块，体现了践行新发展理念、创新驱动发展的基本要求。服务业增加值占地区生产总值比重、文化及相关产业增加值占地区生产总值比重、民间投资占固定资产投资比重、投资项目入库率等指标则是经济结构调整、协调发展的体现，这四项指标权重分别为 5%、4%、5%、5%，共计 19%。单位规上工业增加值能耗降低率、地表水达到或好于Ⅲ类水体比例、市州空气质量优良天数占比体现了绿色发展的要求，三项指标权重分别为 4%、3%、3%，共计 10%。实际利用外资占投资比重、进出口总额占地区生产总值比重两项权重均为 4%，体现了开放发展的要求。城镇居民人均可支配收入增速、农村居民人均可支配收入增速两项权重均为 4%，体现了共享发展。

3. 湖南省高质量发展评价指标体系

湖南省高质量发展评价指标体系主要作为全省高质量发展的宏观引导，侧重于发挥综合导向功能，从综合质量效益和创新发展、协调发展、绿色发展、开放发展、共享发展方面设置 34 项主要指标。

（1）综合质量效益。坚持发展是第一要务，突出解决发展不平衡不充分的问题，反映经济提质增效、结构优化升级、防范化解风险等情况，不断满足人民群众日益增长的美好生活需要。

（2）创新发展。落实创新引领战略部署，把创新作为第一动力，促进经济增长由要素驱动转向创新驱动。

（3）协调发展。根据协调发展有关要求，反映城乡区域协调发展情况，促进全省全面协调可持续发展。

（4）绿色发展。按照生态文明建设的总体要求，反映能源资源节约集约利用、污染治理、环境改善、生态保护等情况，努力实现生态优先、绿色发展，建设生态强省。

（5）开放发展。落实开放崛起战略部署，反映开放型经济发展相关情况，推动形成全面开放新格局。

（6）共享发展。促进全体居民共享改革发展成果，反映全省居民生活水平提高、就业保障、社会事业发展、公共安全等情况，不断提升人民群众的幸福感、获得感、安全感。

具体指标如表 3-18 所示。

表 3-18　湖南省高质量发展评价指标体系

维度		指标名称
综合质量效益	总体产出水平	人均 GDP、全员劳动生产率（包括农业劳动生产率、工业劳动生产率、服务业劳动生产率）
	产业结构优化	第一、第二、第三产业结构比、制造业增加值占 GDP 比重、产业投资占固定资产投资比重（其中制造业投资占固定资产投资比重）、文化及相关产业增加值占 GDP 比重
	财税质量提升	地方一般公共预算收入与 GDP 比率、税收占地方一般公共预算收入比重
	民间投资占固定资产投资比重	
	社会消费品零售总额增长速度	
	"四上企业"个数（其中规模以上工业企业个数）	
	园区产出水平	单位面积税收产出强度、单位面积工业增加值
	金融支持实体经济（制造业新增贷款占新增贷款比重）	
	防范化解风险	债率（政府债务/综合财力）、商业银行不良贷款率、亿元 GDP 生产安全事故死亡率、地质灾害隐患消除率

续表

维度	指标名称	
创新发展	研发投入	全社会 R&D 经费支出占 GDP 比重、企业研发经费投入占主营业务收入比重
	创新产出	每万人有效发明专利拥有量、注册商标数
	"三新"经济增长速度	
	当年新认定的高新技术企业个数增长速度	
	高技术人才总量占人才总量的比重	
协调发展	农村贫困发生率	
	常住人口城镇化率（户籍人口城镇化率）	
	农村基础设施建设水平	农村地区自然村（20 户以上）光纤和 4G 覆盖率、农村自来水普及率、高标准农田比重
绿色发展	能源资源节约集约利用	单位 GDP 能耗降低率、闲置土地处置率
	主要污染物排放减少	二氧化硫排放总量削减率、氮氧化物排放总量削减率、化学需氧量排放总量削减率、氨氮排放总量削减率
	空气质量	空气质量优良天数比例、地级以上城市细颗粒物（PM2.5）年均浓度
	地表水达到或好于Ⅲ类水体比例（国考断面、省考断面）	
	土壤修复治理	受污染耕地安全利用率、受污染建设用地安全利用率
	生态环境保护	森林覆盖率、绿色矿山建成率
	城镇污水垃圾处理	地级城市建成区黑臭水体消除比例、县以上城镇污水处理率、县以上城镇生活垃圾无害化处理率
开放发展	对外贸易	进出口总额增长速度、进出口总额与 GDP 比率
	招商引资	实际利用外资增长速度及占投资比重、实际利用内资增长速度及占投资比重
	营商环境便利度指数（放管服改革、创新创业环境优化等）	
共享发展	居民收入	城镇居民人均可支配收入增长率、农村居民人均可支配收入增长率
	城镇调查失业率（登记失业率）	
	人均拥有公共文化设施面积	
	各级教育毛入学率	
	医疗卫生	每千常住人口执业（助理）医师数、每千常住人口医疗机构床位数
	养老保障	每千名老人拥有养老床位数、平均预期寿命
	社会安全	较大及以上道路交通事故次数、群体性事件次数、较大及以上生产安全事故（不含道路交通、火灾事故）次数、较大及以上火灾事故次数

4. 金华市高质量发展评价指标体系

金华市从质效提升、结构优化、动能转换、绿色发展、协调共享、风险防范六个维度评价高质量发展水平，具体指标如表3－19所示。

表3－19　金华市高质量发展评价指标体系

维度	评价指标
质效提升	人均GDP、全员劳动生产率、一般公共预算收入与GDP之比、税收收入占一般公共预算收入比重、居民人均可支配收入与人均GDP之比、规模以上工业企业主营业务收入利润率、亩均税收、全部工业增加值率、全要素生产率、品牌企业和实施"浙江制造"标准企业销售占比
结构优化	数字经济增加值占GDP比重、"三新"经济增加值占GDP比重、八大万亿产业增加值平均增长率、高（新）技术制造业增加值规模以上工业比重、17个重点传统制造业增加值年增长率、现代服务业增加值占服务业比重、农业土地产出率、机电和高新技术产品出口占货物贸易比重、服务贸易进出口占货物和服务贸易总额比重、高技术产业实际利用外资占比、对"一带一路"沿线国家投资占对外投资的比重、亿元GDP上市企业资本市场融资当年新增额
动能转换	每百元固定资产投资产出的GDP、民间投资增长率、高新技术产业投资增长率、交通投资增长率、生态环境和公共设施投资增长率、软投入占综合投资的比重、居民消费率、居民服务消费占比、R&D经费支出占GDP重、累计高新技术企业和科技型中小微企业数、现有公司制企业数量在企业中的占比、小微企业园、每万人发明专利拥有量、工业设备联网率、营商环境便利度、放心消费指数、"最多跑一次"改革满意率、每万从业人员拥有人才资源数
绿色发展	能源消费总量增速和单位GDP能耗降低率、非化石能源占能源消费比重、单位GDP用水量、地表水达到或优于Ⅲ类水体比例（省控断面）、PM2.5平均浓度、单位耕地面积化肥（折纯）农药使用量、工业固废利用处置率、城乡生活垃圾分类处理率、乔木林单位面积蓄积量
协调共享	常住人口城镇化率、地区人均GDP极值比、城乡居民收入比、低收入农户人均可支配收入与农村居民人均可支配收入之比、城镇调查失业率、劳动年龄人口平均受教育年限、基层就诊率、人均社会保险福利额、每千名老年人拥有社会养老床位数、群众安全感
风险防范	银行业金融机构不良贷款率、政府债务率、新立涉嫌非法集资案件涉案金额与当年新增贷款之比、亿元GDP生产安全事故死亡率、每十万人口火灾死亡率、主要食品安全和基本药物抽检合格率

5. 赣州市高质量发展评价指标体系

赣州市为进一步完善县（市、区）综合考核评价体系，推动各县（市、区）深入贯彻习近平新时代中国特色社会主义思想和党的十九大精神，全面落实新发展理念和高质量发展要求，纵深推进六大攻坚战，加快赣南苏区振兴发展，奋力迈出决胜同步全面小康、打造新时代中国特色社会主义红色样板的坚实步伐，制定以下指标体系，包括党的建设、六大攻坚战、经济高质量发展综合成效、社会建设、生态文明建设、民生工程、北上南下对接成效、重大政策落实及社会评价八个方面。具体指标如表3-20所示。

表3-20　赣州市高质量发展评价指标体系

维度		指标
党的建设		领导班子建设（含人才强市）、全面从严治党、意识形态工作（含公共文明指数、移风易俗、文化事业建设，网络安全和信息化建设）、党管武装工作、统战工作（含非公经济贡献率）、推进全面深化改革
六大攻坚战		"六大攻坚战"流动现场会测评分
	主攻工业	工业强市（含中国制造2025、产融合作、重大工业项目建设，开发区改革创新发展，不含企业上市）、规模以上工业主管业务收入、规模以上工业增加值、规模以上工业企业上缴税金、规模以上工业企业用电量、净增规模以上工业企业单位数、制造业投资占固定资产投资比重、工业技改投资占工业投资的比重、企业上市工作（上市及"新三板"挂牌企业）
	精准扶贫	脱贫攻坚
	新型城镇化	项目推进、城市污水处理设施建设、特色小镇及重点镇建设、装配式建筑发展、城乡规划编制及实施管理、农民建房管理、房地产市场调控、城乡环境整治实施情况、城镇绿地系统及海绵城市建设、城市公共交通建设、工业园区污水处理厂建设、保障房及棚户区改造完成率、城镇生活污水处理率及进水浓度、常住人口城镇化率
	现代农业	项目推进、蔬菜产业发展、脐橙产业发展升级、油茶产业改造提升、生猪产业转型升级、区域特色产业培育、农村一二三产业融合、农地整治接续利用、农业综合生产能力建设、美丽乡村建设、生态屏障与绿色、农业发展、农业农村改革、农业增加值

续表

维度		指标
六大攻坚战	现代服务业	项目推进、绿色金融、普惠金融（含金融支持实体经济及五个信贷通）、物流业发展、组织保障、项目建设发展成效、旅游总收入与GDP比值、电子商务、健康服务业、养老服务体系建设、规模以上服务业营业收入、净增规模以上服务业企业单位数、社会消费品零售总额、净增限额以上商贸企业单位数
	基础设施建设	项目规划提纲、项目管理及协调服务、交通基础设施建设、能源基础设施建设
经济高质量发展综合成效		一般公共预算收入、税收入占财政总收入比重、政府债务管理、财政支出进度、5000万元以上项目固定资产投资、净增资质内建筑业企业单位、重点工程项目建设、军民融合、质量强县（含工业产品质量监督抽查合格率）、服务业增加值占GDP的比重、战略性新兴产业增加值占规模以上工业增加值的比重、工业首位产业主营业务收入、R&D经费支出占GDP比重、高新技术产业增加值占规模以上工业增加值比重、专利申请授权数量、技术合同成交金额、新增高新技术企业数、新增科技型中小企业数、新增省级以上研发平台或载体、全民科学素质提升、新增市场主体及活跃度、就业创业、社会保障和谐劳动关系和农民工工作
社会建设		社会治安综合治理、应急管理及重大紧急信息报送、法治赣州建设（含法治政府建设）、国家安全、交通运输事业、信访工作、教育发展、政务公开和政务服务
生态文明建设		美丽中国"江西样板"建设、乡村振兴、万元GDP能耗、公共机构节能、"河长制"落实及成效、用水总量控制及水利建设、水土流失综合防治、农村生活垃圾无害化处理率、主要污染物排放下降率、地表水断面优质水率、空气质量、城镇集中式饮用水源地水质达标率、"林长制"工作和林地（湿地）保有量、低质低效林改造、耕地保有量、基本农田保护面积、节约集约用地、绿色殡葬建设、防灾减灾救灾指数、建筑节能和绿色建筑、绿色发展指数、公众对生态环境质量满意程度
民生工程		农村居民人均可支配收入、城镇居民人均可支配收入、财政八项民生支出、安全生产、食品药品安全、农产品安全、粮食安全、医药卫生体制改革、退役士兵（军队转业干部）安置、城镇贫困群众脱贫解困
北上南下对接成效	北上成效	争取资金、争取政策及项目、试点示范平台、对口支援工作
	南下成效	招商引资实际到位资金、纳入市调度重大项目落户、外贸出口质量
重大政策落实及社会评价		市有关重大工作督查落实、作风建设、营商环境、群众满意度
加（扣）分项		引进50亿元、20亿元、10亿元及以上重大项目且当年实际进资达到投资总额10%以上、获得市委、市政府通报嘉奖或被市委、市政府书面通报批评、全南县、定南县完成"三南"园区一体化年度目标任务情况、固定资产投资年度增速在全市排名第一、第二、第三位

总体来看，有关区域经济高质量发展评价指标体系的设计可谓仁者见仁、智者见智。这些成果彰显了学术界和政府部门践行高质量发展国家战略的实际行动，对这一领域的学术研究进行了很有价值的探索。

梳理现有高质量发展评价指标体系，可以总结为以下四点：

一是研究的区域范围，有地级市域如江苏省内 13 个地级市域、15 个副省级城市、全国 283 个地级市域等；有省域如全国范围内全部省域，也有个别省域如河北省。具体如表 3-21 所示。

表 3-21　高质量发展指标体系总结

学者/地方政府	指标数量	研究区域
学术界		
刘干、郑思雨	13	全部省域
李馨	21	全部省域
丁涛、顾金亮	12	江苏省内 13 个地级市域
李金昌等	27	—
鲁继通	52	—
许永兵等	24	河北省
方大春、马为彪	25	全部省域
华坚、胡金昕	28	全部省域
李梦欣、任保平	41	全国
张震、刘雪梦	37	15 个副省级城市
周吉等	31	全国 28 个省域
师博、张冰瑶	9	全国 283 个地级市域
李子联、王爱民	38	全部省域
朱常海	12	—
朱启贵	61	—
地方政府		
江苏省	68	所属市域
湖北省	22	所属市域
湖南省	64	所属市域
金华市	64	所属县（区）域
赣州市	139	所属县（市、区）域

二是指标设计的主体方面，有学术机构研究人员，有政府智库研究人员，如朱常海、朱启贵等，有政府机构，如江苏省、湖北省、湖南省、金华市、赣州市等。

　　三是具体指标数量方面，在学术界，构建的指标体系包含的指标个数在 20 个以内的有 4 个研究成果，20 ~ 30 个的有 5 个研究成果，30 个以上的有 6 个研究成果，包含的指标个数最多的有 61 个。在地方政府实践中，构建的指标体系包含的指标个数较学术界多不少，除了湖北省外，其他地方政府的指标体系包含的指标个数均多于学术界，其中赣州的指标个数有 139 个。

　　四是共性指标方面，在各学者构建的高质量发展指标体系中，出现次数在前三的指标分别为 R&D 投入强度、单位 GDP 能耗和城乡居民可支配收入比，出现次数分别为 13 次、11 次和 10 次。

　　以往学者构建的经济增长质量指标体系中未出现产品质量合格率、空气质量指数、环境质量指数和质量竞争力指数等指标，而在高质量发展指标体系中频繁出现，出现次数分别为 5 次、3 次、2 次和 2 次。这说明，中国在以往粗放式、规模扩张式的经济发展方式中，经济发展特征是高投入、高能耗、高污染、低效率和低质量，尽管带来了数量上的乐观成绩，但是由于对资源和环境造成了巨大破坏，远远超过了环境承载力，亟待转变发展方式，转向经济高质量发展，逐渐转变成低能耗、低污染、高效率和高质量的发展方式，实现动力变革、质量变革和效率变革，最终提高全要素生产率。

　　另外，在以往经济增长质量方面很少关注的新经济增加值占 GDP 比重、战略性新兴产业增加值占 GDP 比重、信息化指数、先进制造业增加值占 GDP 比重及文化产业增加值占 GDP 比重等指标，在高质量发展评价的相关研究中频繁出现。具体如表 3 - 22 所示。

　　综观上述研究成果，我们认为可以在以下方面加以完善、改进：

　　一是研究对象上，首先，大多数研究停留在省域或全国整体分析的层面上，也有少数研究关注市域层面，如张震和刘雪梦（2019）研究的区域为全国 15 个副省级城市。其次，尽管有学者从全国所有地级以上市域的视角进行研究，如师

表 3 – 22　学术界高质量发展指标体系具体指标统计

指标名称	出现次数	指标名称	出现次数
R&D 投入强度	13	对外贸易依存度	2
单位 GDP 能耗	11	二元对比系数	2
城乡居民可支配收入比	10	工业增加值比重	2
单位产出废气排放	7	环境质量指数	2
教育投入比重	6	技术合同成交金额	2
人均 GDP	6	居民收入增长率	2
产品质量合格率	5	科技成果转化率	2
城镇化率	5	绿色发展指数	2
居民消费水平	5	每万人口发明专利拥有量	2
全要素生产率	5	每万人专利申请授权量	2
城镇登记失业率	4	平均受教育年限	2
高技术产品出口额占比	4	城镇基本医疗保险参保人数	2
建成区绿化覆盖率	4	企业总资产贡献率	2
实际利用外资占 GDP 比重	4	全社会劳动生产率	2
创新产出水平	3	人均技术市场成交额	2
单位 GDP 水耗	3	社会保障投入水平	2
第三产业增加值占 GDP 比重	3	生产性服务业增加值占服务业增加值比重	2
对外投资水平	3	税收占 GDP 比重	2
基尼系数	3	通货膨胀率	2
进出口总额/GDP	3	投资率	2
空气质量指数	3	文化产业增加值占 GDP 比重	2
每万人 R&D 人员全时当量	3	先进制造业增加值占 GDP 比重	2
土地产出率	3	现代农业产值占农业总产值比重	2
外贸依存度	3	新产品销售收入与主营业务收入之比	2
消费率	3	新经济增加值占 GDP 比重	2
资本生产率	3	信息化指数	2
R&D 经费与主营业务收入之比	2	一般工业固体废物综合利用率	2
产业结构合理化	2	医疗卫生投入水平	2
城市绿化水平	2	战略性新兴产业增加值占 GDP 比重	2
城镇基本养老保险参保人数	2	质量竞争力指数	2
城镇居民登记失业率	2	中国国际品牌市场占有率	2

注：表中只列出了各学者构建的指标体系中出现次数在两次及以上的指标。

博和张冰瑶（2019），但是他们对市域高质量发展水平的分析仅停留在简单的结果描述上，未定量研究市域之间高质量发展水平的差异及其影响因素。

二是指标体系内容更多体现了经济发展质量的内在要求，而彰显高质量发展之质量支撑的指标尚感不够。

经济高质量发展应该包含、支撑及反映经济发展各个维度具有高质量。高质量发展，既要适应社会主要矛盾变化对发展的需要，又要着眼于现实中制约经济发展的关键问题、卡脖子领域，更要注重发展竞争力的提升。应当以新发展理念为指导，通过创新发展、协调发展、开放发展、绿色发展、共享发展，加快建成现代化经济体系，为实现"两个一百年"战略目标奠定坚实基础。其原则是质量第一、效益优先，注重质量、结构、效率的均衡和协调。其关键是构建推动高质量发展的体制机制，提高资源要素配置效率，推动创新要素自由流动和聚集，使创新成为高质量发展的强大动力。

高质量发展是宏观质量和微观质量的统一，要有坚实的微观质量支撑保障。这里的微观质量既包括产业发展的质量，也包括企业发展的质量。如果产业缺乏竞争力、企业产品质量问题频出，那么要说一个区域的经济达到了高质量发展程度，是很难有说服力的。

因此，现有研究关于经济高质量发展评价指标体系还可进行更多探索。

第一，现有指标体系难以体现高质量发展的内在要求，相应地用以引领高质量发展难免存在不足，表现在反映速度、总量的指标多，体现质量、效益的指标少，反映发展水平的指标多，体现人民群众可观可感的指标少。

第二，现有研究设计的评价体系系统性、全面程度、长远性有待加强。高质量发展的经济社会质态，不仅体现在经济领域指标的支撑，而且体现在更广泛的社会、政治和文化等领域指标的支撑，发展质量目标呈现多元化。加快建立适应、反映、引领、推动高质量发展的指标体系，应从长期与短期、宏观与微观、总量与结构、全局与局部等多个维度进行探讨。

（三）市域经济高质量发展指标体系构建

经济高质量发展是以满足人民日益增长的美好生活需要为根本，以质量第

一、效益优先为原则，以新发展理念为指导，以绿色生态、社会人文、企业发展、经济效率、开放创新、民生共享等方面高质量发展为支撑，不断优化经济质量、效率、结构，做到微观质量与宏观质量的衔接，推动经济更具微观质量支撑、投入产出有更高效率、经济发展各方面更加协调、经济建设更具竞争力、经济发展成果分享更加公平，同时注重社会、生态的高质量发展，从而达到经济、社会、生态效益的有机统一，实现"经济与人""经济与社会""经济与自然"之间的和谐。

经济高质量发展的出发点主要是为了解决我国较长时间内发展过程中的不平衡、不充分问题，解决经济发展与环境保护有机统一问题，解决我国经济发展特别是制造业发展中若干核心、关键技术竞争力不足问题等。因此，选取指标时要体现对高质量发展出发点的响应，要充分体现创新、协调、绿色、开放、共享这五大发展理念，即应该是生产要素投入少、资源配置效率高、资源环境成本低、经济社会效益好的发展。在以往的经济发展质量评价中，经济处于高速增长阶段时，很多指标体系的构建都是以总量和速度为核心的。

依据经济高质量发展内涵，遵循全面性、科学性、实际性、可操作性、可比性等基本原则，以创新、协调、绿色、开放、共享的五大发展理念为指导，并参考借鉴已有的经济高质量发展评价体系，本书从绿色生态高质量、社会人文高质量、企业发展高质量、经济效率高质量、开放创新高质量、民生共享高质量六个维度，构建出由六个一级指标及相应的 46 个二级指标组成的中国市域经济高质量发展评价指标体系，如表 3 - 23 所示。

1. 绿色生态高质量

改革开放 40 多年来，我国经济发展取得了令世界瞩目的成绩，给中国社会带来了翻天覆地的变化，中国及中国人民摆脱了贫穷的困境，完成了新中国成立以来从站起来到富起来的转变。但如果检讨遗憾和不足，不少地方经济在发展过程中对生态的破坏应该是第一位的。因此，经济高质量发展第一要把好绿色生态发展关。经济发展绿色生态高质量是指在经济发展过程中决不能以牺牲环境为代价而换取短暂的经济增长，要重视生态环境的保护，控制生产经营过程中各种污染物的排放，加强环境污染防治和治理，加快建立绿色发展方式，持续推进生态保护修复，实现可持续发展。

表 3 – 23　中国市域经济高质量发展评价指标体系

一级指标	二级指标	计量单位	指标属性
绿色生态 高质量	每平方公里废水	吨/平方公里	逆
	每平方公里废气	吨/平方公里	逆
	一般工业固体废物综合利用率	%	正
	PM2.5 年均浓度	微克/立方米	逆
	污水处理厂集中处理率	%	正
	生活垃圾无害化处理率	%	正
	人均水资源量	立方米/人	正
社会人文 高质量	人口自然增长率	‰	正
	城市认可度	—	正
	名村名镇传统村落数	个	正
	建成区绿化覆盖率	%	正
	人均公共图书馆图书藏量	册/人	正
企业发展 高质量	高竞争力企业数	个	正
	地理标志及驰名商标数	个	正
	规模以上工业企业企均主营企业税金及附加和增值税	万元	正
	规模以上工业企业企均利润额	万元	正
	规模以上工业企业投入产出率	%	正
	在岗职工平均工资	元	正
	企业产品质量抽检合格率	%	正
	单位工业产值污染物排放量	吨/万元	逆
	万元工业产值电耗	千瓦时/万元	逆
经济效率 高质量	GDP 增长率	%	正
	物价波动程度	%	逆
	GDP 增长波动率	%	逆
	GDP 密度	万元/平方公里	正
	人均 GDP	元/人	正
	公共财政收入增长率	%	正

续表

一级指标	二级指标	计量单位	指标属性
开放创新高质量	地方一般公共预算支出中科学技术支出占比	%	正
	货物进出口总额占 GDP 比重	%	正
	当年实际利用外资金额占 GDP 比重	%	正
	规模以上工业企业数量中港澳台和外资企业占比	%	正
	万人拥有 R&D 人员数	—	正
	万人专利申请数	件/万人	正
	万人授权专利数	件/万人	正
	万人拥有高等和中等职业学校教师数	—	正
	万人拥有高等和中等职业学校学生数	—	正
民生共享高质量	城镇居民人均可支配收入	元	正
	农村居民人均可支配收入	元	正
	城乡居民收入比	—	逆
	万人拥有中小学教师数	—	正
	万人拥有体育馆及博物馆数	个/万人	正
	万人拥有医院床位数	张/万人	正
	万人拥有执业医师（助理）数	—	正
	城镇登记失业率	%	逆
	地方一般公共预算支出中教育支出占比	%	正
	人均公共财政收入	元	正

本书选取每平方公里废水、每平方公里废气、一般工业固体废物综合利用率、PM2.5 年均浓度、污水处理厂集中处理率、生活垃圾无害化处理率、人均水资源量七个指标来衡量绿色生态高质量。

其中，每平方公里废水＝工业废水排放量/行政区划面积。每平方公里废气＝[工业二氧化硫排放量＋工业氮氧化物排放量＋工业烟（粉）尘排放量]/行政区划面积。一般工业固体废物综合利用率指一般工业固体废物综合利用量占一般固体废物产生量与综合利用往年储存量之和的百分率。污水处理厂集中处理率指报告期内通过污水处理厂处理的污水量与污水排放总量的比率。生活垃圾无害化处理率指报告期内生活垃圾无害化处理量与生活垃圾产生量的比率。人均水资源量指人均拥有的当地降水形成的地表和地下产水量。人均水资源量 = 水资源总量/年平均人口。

2. 社会人文高质量

高质量经济发展必须有高质量的社会人文土壤，这样的土壤宜工、宜商、宜居，对发展经济的各类要素、资源有很强的吸引力，代表着更高层次的发展水平。社会人文高质量反映了一个地区竞争力的软实力，能产生强有力的品牌效应，且这种良好声誉和人文环境产生的吸引力具有长期性。

本书选取人口自然增长率、城市认可度、名村名镇传统村落数、建成区绿化覆盖率、人均公共图书馆图书藏量五个指标来衡量社会人文高质量。

人口自然增长率指在一定时期内（通常为一年）自然增加数（出生人数减死亡人数）与该期内平均人数（或期中人数）之比，用千分率表示。

城市认可度是指每个城市被政府官方授予的荣耀、某种特殊的地位或机遇及在民间成熟排行榜上榜的相对程度。城市认可度高，就区域经济高质量发展而言，就有可能吸引更多更优的资源，特别是人（才）力资源。本书的城市认可度相对社会上名目繁多的各种城市排行榜的显著特点是：它以采取政府官方授予某个城市的荣誉、特殊地位或机遇为主，少量社会非官方的榜单，榜单只取那些长时间连续在做、相对具有科学依据且在社会有较广泛口碑的排名。因此，城市认可度的数据都是有据可查。具体如表 3 - 24 所示。

城市认可度指数的测算。首先，使用 Excel 软件录入所有地级城市的每个城市获得认可的数据；其次，对每一项认可的分值进行计算。计算方法为，某一认可分值 P =（所有城市数量 - 获得该项认可的城市数）/所有城市数量；最后，对每一个城市获得的所有认可项所得分值加总，得到该城市总的认可分。其中分政府官方认可分和民间非官方认可分。具体测算过程及结果可参阅《中国区域经济高质量发展研究报告 2018》。

表 3 － 24　中国城市认可度排行榜数据来源

来源	荣誉名称	主办单位
政府官方认可项目	第五届全国文明城市	中央精神文明建设指导委员会
	2017 年国家卫生城市	全国爱国卫生运动委员办公室
	所有中国优秀旅游城市	国家旅游局
	所有国家历史文化名城	国务院
	2013～2015 年全国社会治安综合治理优秀城市	中央综治委、中央组织部、国家人力资源和社会保障部
	国家森林城市	国家林业局、全国绿化委员会
	全国质量强市示范城市及示范建设城市	国家质检总局
	国家智慧城市	住房和城乡建设部
	国家园林城市	中华人民共和国住房和城乡建设部
	全国供应链创新与应用试点城市	商务部、工业和信息化部、生态环境部、农业农村部、人民银行、市场监管总局、银保监会、中国物流与采购联合会
社会非官方认可项目	中国最具投资潜力城市	USCGC、WBO、WWRA、EAAIU、AIWFU 等联合
	中国特色魅力城市	USCGC、WBO、WWRA、EAAIU、AIWFU 等联合
	中国城市商业魅力排行榜	第一财经依据品牌商业数据、互联网公司的用户行为数据及数据机构的城市大数据

名村名镇传统村落数。中国历史文化名镇名村是由建设部和国家文物局从2003 年起共同组织评选的、保存文物特别丰富且具有重大历史价值或纪念意义的、能较完整地反映一些历史时期传统风貌和地方民族特色的镇和村。传统村落又称古村落，指村落形成较早，拥有较丰富的文化与自然资源，具有一定历史、文化、科学、艺术、经济、社会价值，应予以保护的村落。传统村落中蕴藏着丰富的历史信息和文化景观，是中国农耕文明留下的最大遗产。

建成区绿化覆盖率指在城市建成区的绿化覆盖面积占建成区的百分比。

人均公共图书馆图书藏量指一个地区人均拥有的该地区图书馆已编目的古籍、图书、期刊和报纸的合订本、小册子、手稿，以及缩微制品、录像带、录音带、光盘等视听文献资料数量总和。人均公共图书馆图书藏量 = 人均公共图书馆图书藏量/年平均人口。

3. 企业发展高质量

企业是高质量发展的重要微观支撑，是国家竞争力的创新主体。2018年底召开的中央经济工作会议指出，要推动制造业高质量发展，坚定不移建设制造强国。习近平就做好中部地区崛起工作提的八条意见，第一条就是推动制造业高质量发展。可以说，制造业作为实体经济的主体，是高质量发展的主战场，是深化供给侧结构性改革的主攻方向。当前，尽管我国已成为世界第一制造大国，是制造业门类体系最完善的国家，但是不少领域仍然处于全球供应链中低端，高端制造业和先进制造业与发达国家还有较大差距。因此，国家综合实力和竞争力的提高关键在于制造业的强大。

本书选取高竞争力企业数、地理标志及驰名商标数、规模以上工业企业企均主营业务税金及附加和增值税、规模以上工业企业企均利润额、规模以上工业企业投入产出率、在岗职工平均工资、企业产品质量抽检合格率、单位工业产值污染物排放量、万元工业产值电耗九个指标来衡量企业发展高质量。

高竞争力企业数指该地区当年所拥有的中国企业500强数量、中国民营企业500强数量、中国最具价值500品牌数、制造业单项冠军企业和单项冠军产品企业数及中国质量奖企业数（包括提名奖）之和。

地理标志及驰名商标数量指一地区年末所具有已注册的地理标志数与中国驰名商标数之和。

规模以上工业企业企均主营业务税金及附加和增值税＝（规模以上工业企业主营业务税金及附加＋规模以上工业企业应交增值税)/规模以上企业数。

规模以上工业企业企均利润额＝规模以上工业企业利润总额/规模以上企业数。

规模以上工业企业投入产出率＝（规模以上工业企业主营业务税金及附加＋规模以上工业企业应交增值税＋规模以上工业企业利润总额)/(规模以上工业企业流动资产额＋规模以上工业企业固定资产额)。

在岗职工平均工资指一地区各单位的在岗职工在报告期内平均每人由本单位

支付的劳动报酬。在岗职工工资包括基本工资、绩效工资、工资性津贴和补贴、其他工资四部分组成，不包括病假、事假等情况的扣款。

企业产品质量抽检合格率指国家市场监督管理总局抽查的一地区企业产品抽查后合格批数占该地区被抽查的企业产品总批数的比率。企业产品质量抽检合格率＝抽查产品合格批数/抽查产品总批数×100%。

单位工业产值污染物排放量＝[工业废水排放量＋工业二氧化硫排放量＋工业氮氧化物排放量＋工业烟（粉）尘排放量]/规模以上工业总产值。

万元工业产值电耗＝全社会工业用电量/规模以上工业总产值。

4. 经济效率高质量

经济高质量发展评价必须纳入相关的经济数据、指标，但这些指标应该体现经济的效率而不能仅局限于经济的数量。经济效率高质量主要是指经济更高效率、更加协调、更加平稳地发展，反映了经济发展的投入与产出、经济结构及经济运行的稳定状况。高质量发展是在经济规模扩张到一定程度后，经济结构不断优化、新旧动力转换，这是建立在一定的经济总量和增长速度的基础上的结果。

本书选取 GDP 增长率、物价波动程度、GDP 增长波动率、GDP 密度、人均GDP、公共财政收入增长率六个指标来衡量经济效率高质量。

GDP 增长率指当年地区生产总值和前一年地区生产总值的差额与前一年地区生产总值的比率。

物价波动程度指货币超发部分与实际需要的货币量之比，用以反映通货膨胀、货币贬值的程度，用居民消费价格指数的增长率表示。

GDP 增长波动率指 GDP 增长率的变化幅度，反映了 GDP 增长的稳定性。GDP 增长波动率＝（|当年 GDP 增长率 – 上一年 GDP 增长率|）/上一年 GDP 增长率×100%。

GDP 密度＝GDP/行政区划面积。

人均 GDP＝GDP/年平均人口数。

公共财政收入增长率指公共财政收入年度之间增长额与对比年度公共财政收入额之间的比率。公共财政收入增长率＝（当年公共财政收入 – 上一年公共财政收入)/上一年公共财政收入×100%。

5. 开放创新高质量

经济高质量发展要有助于解决经济发展中的关键技术制约，有助于提升经济的竞争力。开放创新高质量是指经济发展要以创新为动力源泉，逐渐摒弃粗放型的发展，要不断加大科技创新的投入和科技成果的转化和产出，以创新驱动促进经济发展，转换增长动力，活跃生产力，破解资源要素等约束，并以开放更加充分、更加包容地利用国内外资源，带动经济更高质量、更有效率的发展。

本书选取地方一般公共预算支出中科学技术支出占比、货物进出口总额占GDP比重、当年实际利用外资金额占GDP比重、规模以上工业企业数量中港澳台和外资企业占比、万人拥有R&D人员数、万人专利申请数、万人授权专利数、万人拥有高等和中等职业学校教师数、万人拥有高等和中等职业学校学生数九个指标来衡量开放创新高质量。

地方一般公共预算支出中科学技术支出占比＝地方一般公共预算支出中科学技术支出/地方一般公共预算支出×100%。

货物进出口总额占GDP比重也称为对外贸易依存度，是衡量一国国民经济对外贸易的依赖程度的重要指标，用地区进出口总额占该地区生产总值的比重表示。货物进出口总额占GDP比重＝进出口总额/GDP×100%。

当年实际利用外资金额占GDP比重＝当年实际利用外资金额/GDP×100%。

规模以上工业企业数量中港澳台和外资企业占比＝(规模以上企业中港澳台商投资企业数＋规模以上企业中外商投资企业数)/规模以上企业数×100%。

万人拥有R&D人员数＝R&D人员/年平均人口数。

万人专利申请数＝专利申请数/年平均人口数。

万人授权专利数＝专利授权数/年平均人口数。

万人拥有高等和中等职业学校教师数＝(普通高等学校专任教师数＋中等职业教育学校专任教师数)/年平均人口数。

万人拥有高等和中等职业学校学生数＝(普通高等学校学生数＋中等职业教育学校学生数)/年平均人口数。

6. 民生共享高质量维度评价指标

民生共享高质量是指经济发展的成果能够更多、更公平地惠及全体居民的程度，满足居民日益增长的美好生活需要，反映的是居民的生活水平和生活质量，包括收入、就业、教育、医疗等方面，这也是经济高质量发展的最终目标。

本书选取城镇居民人均可支配收入、农村居民人均可支配收入、城乡居民收入比、万人拥有中小学教师数、万人拥有体育馆及博物馆数、万人拥有医院床位数、万人拥有执业医师（助理）数、城镇登记失业率、地方一般公共预算支出中教育支出占比、人均公共财政收入 10 个指标来衡量民生共享高质量。

在岗职工平均工资指一地区各单位的在岗职工在报告期内平均每人由本单位支付的劳动报酬。在岗职工工资包括基本工资、绩效工资、工资性津贴和补贴、其他工资四部分，不包括病假、事假等情况的扣款。

城镇居民人均可支配收入指家庭总收入扣除缴纳的所得税、个人缴纳的社会保障费及调查户的记账补贴后的收入。

农村居民人均可支配收入指农村住户获得的经过初次分配与再分配后的收入。

城乡居民收入比是衡量城乡收入差距的一个重要指标。城乡居民收入比＝城镇居民人均可支配收入/农村居民人均可支配收入。

万人拥有中小学教师数＝（普通中学教师数＋普通小学教师数)/年平均人口数。

万人拥有体育馆及博物馆数＝（体育馆数＋博物馆数)/年平均人口数。

万人拥有医院床位数指在报告期末平均每一万人拥有辖区范围内的医院、卫生院总数。万人拥有医院卫生院床位数＝床位总数/年平均人口数。

万人拥有执业医师（助理）数指在报告期末平均每一万人拥有辖区范围内的医院、卫生院医生（助理）数。万人拥有执业医师（助理）数＝执业医师（助理）数/年平均人口数。

城镇登记失业率指在报告期末城镇登记失业人员数与城镇单位就业人员（扣除使用的农村劳动力、聘用的离退休人员、港澳台及外方人员）、城镇单位中的不在岗职工、城镇私营业主、个体户主、城镇私营企业和个体就业人员、城镇登记失业人员之和的比率。

地方一般公共预算支出中教育支出占比＝地方一般公共预算支出中教育支出/地方一般公共预算支出×100%。

二、中国市域经济高质量发展评价模型

（一）现有应用的评价模型综述

学术界关于评价的模型方法主要有以下几种：

（1）专家打分法。邀请若干熟悉情况的专家组成评判小组，各专家独立给出一套权数，形成一个评判矩阵，对各专家给出的权数进行综合处理得出综合权数。该方法是利用专家的知识、智慧、经验等无法数量化的带有很大模糊性的信息形成对各方面的评价权数，权数会体现评价者对评价对象的总体判断。该方法操作简单，原理清楚明了，但权数受主观因素影响较大，很难形成具有说服力而且稳定的一套权数。它适合数据收集困难或者信息量化不易准确的评价项目。

（2）模糊综合评价法。模糊综合评判是以模糊数学为基础，应用模糊关系合成的原理，将一些边界不清、不易定量的因素定量化，进行综合评价的一种方法。它是模糊数学在自然科学领域和社会科学领域中应用的一个重要方面。

（3）层次分析法（AHP）。层次分析法是美国匹兹堡大学数学系教授、著名运筹学家萨迪（T. L. Saty）于20世纪70年代中期提出来的一种定性与定量相结合、系统化、层次化的分析方法。这种方法将决策者的经验给予量化，特别适用于目标结构复杂且缺乏数据的情况。它是一种简便、灵活而又实用的多准则决策方法。层次分析法自提出以来，在各行各业的决策问题上都有所应用。

（4）熵值法。信息理论中，熵是系统无序程度的量度，可以度量数据所提供的有效信息。熵值法就是根据各指标传输给决策者的信息量的大小来确定指标权数的方法。某项评价指标的差异越大，熵值越小，该指标包含和传输的信息越多，相应权重越大。

（5）变异系数法。变异系数是统计中常用的衡量数据差异的统计指标，该

方法根据各个指标在所有被评价对象上观测值的变异程度大小来对其赋权。为避免指标的量纲和数量级不同所带来的影响，该方法直接用变异系数归一化处理后的数值作为各指标的权数。

（6）主成分分析法。在多指标综合评价中很多指标的信息重复，这会增加计算工作量从而影响评价的准确性，主成分分析法就是通过降维将原来众多具有一定相关性的指标重新组合成一组新的边界清晰、数量更少的综合指标来代替原来的指标，这些新的综合指标保留了原始变量的主要信息，同时彼此之间又不相关，比原始变量具有更优越的性质，从而更能反映问题的实质。

（7）灰色关联度法。灰色关联度分析认为，若干个统计数列所构成的各条曲线几何形状越接近，即各条曲线越平行，则它们的变化趋势越接近，其关联度就越大。因此，可利用各方案与最优方案之间关联度的大小对评价对象进行比较、排序。该方法首先是求各个方案与由最佳指标组成的理想方案的关联系数矩阵，由关联系数矩阵得到关联度，再按关联度的大小进行排序、分析，得出结论。

现有研究成果对于区域经济高质量发展水平评价文献举要如下：

刘干和郑思雨（2018）以2010～2016年的指标数据为依据，使用熵值法和模糊综合评价计算我国31个省份的经济高质量发展综合得分，从动态和静态两个角度探索各省份的经济高质量发展状况。文章将31个省份分为三类，分别为高质量经济发达区（上海、北京、广东、浙江、江苏、天津、福建、山东、辽宁、重庆、海南）、高质量经济发展区（陕西、内蒙古、湖北、湖南、四川、江西、云南、黑龙江、广西、山西、吉林、河南、安徽、宁夏、河北、贵州）、高质量经济落后区（青海、新疆、甘肃、西藏）。

丁涛和顾金亮（2018）在构建基于"创新、协调、绿色、开放、共享"五大发展理念的区域经济高质量发展评价指标体系基础上，运用灰色关联理论，以2015年江苏省13个市域的相关指标为依据，对江苏省科技创新和经济高质量发展之间的关联程度进行了分析。结果表明，江苏科技创新与绿色发展之间的关联度最大（0.7240），其次是协调发展（0.6630），再次是共享发展（0.6198），最后是开放发展（0.6073）。科技创新的四个二级指标对其他各二级比较指标也显示出不同的关联特性。

马丁玲和颜颖颖（2018）以高质量发展为核心，从经济增长、经济发展质量、经济发展动力、经济发展可持续性和经济发展成果共享五个领域构建了评价宁波经济高质量发展的指标体系。运用专家打分法和主成分分析法确定各层次指标权重，以2010年为基准，形成了包括1个高质量发展指数和5个分项指数在内的宁波2010～2016年经济高质量发展评价指数模型。研究结果表明，宁波经济发展质量逐年提升，宁波的指标呈现逐年向好的趋势，经济增长的规模和速度趋于稳定，处于向高质量发展阶段迈进的关键时期，但各领域发展水平有一定差距。具体表现为：经济增长领域，GDP增速、外贸依存度是影响经济增长类指标指数不高的重大因素；经济发展质量领域，经济发展质量呈现逐年平稳向上增长的趋势，经济效益指标完成情况较好，个别指标发展较为缓慢；经济发展动力领域，宁波经济发展动力呈现平稳向上的态势，创新动力方面逐年增长，但仍存在较大提升空间；经济发展可持续性领域，呈现逐年向上发展态势，节能减排、绿色生活的各项指标完成情况较好，尤其是单位产出能耗、单位产出废气排放量的改善对宁波经济可持续发展起到极大的促进作用；经济发展成果共享领域，对宁波实现经济高质量发展的贡献最大，但增速呈现由快到缓的发展趋势，人民生活、公共服务各指标发展情况相对较好，尤其体现在城镇与农村居民可支配收入、住房面积、社会保障的投入等方面。

师博和任保平（2018）构建了包含经济增长基本面（强度、稳定性、合理化、外向性）和社会成果（人力资本、生态资本）两个维度的经济高质量发展评价模型，使用联合国人类发展指数和经济脆弱度指数，采用简单而透明的均等权重法赋值获得各省经济增长质量指数，对我国1992～2016年省际经济高质量发展进行了测度与分析。结果表明：①中国经济增长质量在波动中上升。中国经济增长质量大致经历了四个完整的周期，以及一个初步显现出上升趋势的新周期。②地区间经济增长质量分布不均衡。从分地区经济增长质量来看，东部经济增长质量最高、中部次之、西部最低，与经济增长的数量排名一致，并且地区间增长质量分布态势在整个样本期内都未发生改变。从周期性特征来看，东、中、西部地区经济增长质量波动与全国整体水平类似。③经济增长质量与数量不一致。1992～2016年省际经济增长质量和数量的相关系数为0.42，经济增长质量与数量间存在"U"形变动关系。

李梦欣和任保平（2018）从"创新、协调、绿色、开放、共享"五个基本维度切入，构建了经济新时代中国高质量发展的评价指标体系。以层次分析法与BP神经网络法相结合，测算了2000～2017年中国高质量发展综合指数及分项指数。结果表明：①在创新发展维度中，2000～2017年呈现显著的增长态势，从2000年创新发展指数的0.04，到2017年创新发展指数的0.97，增长了23.2倍。②在协调发展维度，整体上呈现波动性，且从2012年开始就一直呈现负向发展的状态，2017年底中国协调发展的水平较低，协调发展指数值为0.46，相较于2012年下降了23.3个百分点。③在绿色发展分项维度中，总体上呈现持续增长的状态，在短期里也表现出波动行为，绿色发展在2004～2010年提高较快，2017年中国绿色发展指数达到18个年度里的最大值（为0.78）。④在开放发展维度中，2001～2006年，开放发展水平快速提高，然而在2006年以后，呈现出衰退的特征，尤其是2006～2009年，开放发展水平快速走低。⑤在共享发展的分项维度中，中国共享发展表现为典型的"V"字形增长，2000～2007年，共享发展水平持续下降，而2008年以后，共享发展开始明显提高。⑥从中国高质量发展的综合评价指数走势看，高质量发展呈现出持续性稳定增长的基本态势，2017年高质量发展综合评价指数值为0.71，较2000年增长了1.47倍。

方大春和马为彪（2019）采用熵值法确定指标权重，基于线性加权法构建经济高质量发展指数。基于2012～2016年省际面板数据，构建高质量发展综合评价体系，测度中国省际高质量发展水平，并采用地理信息系统与探索性空间数据分析相结合方法，考察其时空格局演变。结果表明：样本期间内中国省际高质量发展呈现不断上升趋势，但省际差异较大；从空间格局的演变过程看，省际高质量发展水平在空间上有明显的集聚效应，且有所加强；高质量发展水平呈现明显的空间分布差异，高水平的高质量发展集中分布在沿海地带，总体呈现"东高西低，南高北低"的布局；从五大发展维度看，五大发展维度之间存在差异，创新与开放对于经济高质量发展贡献率最高，而协调、绿色与共享的贡献率相对偏低；在样本期间内，五大维度发展都呈现上升趋势，在空间上呈现由东部沿海地区向内陆地区扩散的趋势。

华坚和胡金昕（2019）利用熵值法测度了2007～2016年中国30个省份经济高质量发展指数，并借助灰色关联分析，构建科技创新系统与经济高质量发展系统耦合协调度评价模型，对中国内地30个省级地区的耦合协调度进行评价。研究结果表明，在考察期内我国区域经济高质量发展水平持续提升，各省份经济发展质量均保持稳步增长的良好态势。但我国经济高质量发展的地区差异也十分显著：凭借较强的区位优势、发达的科技教育、丰富的人才资源等有利条件，东部地区经济高质量发展水平领跑全国。东北三省的经济高质量发展水平整体上仅次于东部，但地区内部存在较大差距，辽宁省经济发展质量优于吉林省和黑龙江省。中西部地区的经济高质量发展水平则相对落后，低于全国平均水平。中部地区六省一直以来都保持着紧密联系，致力于加强战略合作，实现"抱团"崛起，因此，这些省份的高质量发展水平相差无几，地区内部不存在太大差异。而与中部地区相比，西部地区各省份之间经济高质量发展的差别则非常明显。我国区域科技创新与经济高质量发展总体上已初步实现良好协调发展，但与优质协调发展仍有差距。同时，各地区之间也存在一定差异，且中西部省份差异有进一步加大的趋势。

张震和刘雪梦（2019）借助层次分析法与熵权法相结合计算指标的组合权重，从经济发展动力、新型产业结构、交通信息基础设施、经济发展开放性、经济发展协调性、绿色发展、经济发展共享性七个方面构建了15个副省级城市经济高质量发展综合指数及方面指数。结果表明：①整体来看，我国城市经济高质量发展水平仍待提升，城市之间发展差距较大。当前仅深圳经济高质量发展水平较高，广州、宁波、武汉、南京等城市发展水平次之，而大连、沈阳、长春、济南、哈尔滨等城市相对薄弱。就分维度而言，在经济高质量发展水平测度中，经济发展动力指数与绿色发展指数较高，经济发展协调性指数、新型产业结构指数与交通信息基础设施指数相差较小，基本处于中等水平，而经济发展开放性指数和共享性指数相对较低。②具体来看，全国15个副省级城市经济高质量发展水平可以划分为四个梯队，其中深圳属于第Ⅰ梯队，广州、宁波、武汉、南京、厦门属于第Ⅱ梯队，杭州、西安、青岛、成都属于第Ⅲ梯队，大连、沈阳、长春、济南、哈尔滨属于第Ⅳ梯队。③不同区位城市的高质量发展对比显示，东部沿海地区的副省级城市（如深圳、广州等）经济高质量发展水平远高于西部内陆地区（如西安、成都等），与中西部地区副省级城市（如武汉）经济高质量发展相比，东北地区城市（如大连、沈阳等）经济高质量发展仍相对较弱。同时，城市经济高质量发展与城市综合实力、城市经济规模联系紧密，但并非严格的正相关关系。相比经济综合实力和经济规模较小的城市（如长春、哈尔滨等），广州、深圳、成都、武汉等经济高质量发展水平相对较高。

周吉等（2019）从经济发展、结构协调、创新驱动、开放升级、生态文明、成果共享六个方面构建江西省经济高质量发展水平评价指标体系；然后运用主成分分析法对2010～2016年江西省经济高质量发展水平进行测算，结果表明，2010～2016年江西省经济高质量发展水平呈现平稳上升趋势，2013年综合得分转负为正，发展水平有了质的突破；接着分别计算了2010年和2016年28个省份的经济高质量发展水平得分，结果表明江西省在28个省份中排名有所上升，但水平仍有待提升。

师博和张冰瑶（2019）从发展的基本面、社会成果和生态成果三个维度，利用"最大一最小值法"对数据进行无量纲化处理，并采用均等权重法对指标赋权，测算全国283个地级以上城市经济高质量发展水平。实证研究得出以下结论：①2004～2015年，地级以上城市整体经济高质量发展水平提升空间较大，城市间的经济高质量发展水平相对较为接近；②在考察期内，经济发展基本面的分维度指数均高于经济高质量发展总指数，经济增长数量仍然是驱动高质量发展的核心力量，发展的社会成果和生态成果的贡献相对有限，进一步提升经济高质量发展水平，需要不断优化城市间在社会和生态层面的发展成果；③大城市的经济高质量发展情况明显优于小城市；④经济发展质量较高的城市大多集中分布在东部地区，尤其环渤海经济圈、泛长江经济圈和泛珠江三角圈的经济发展质量整体表现较好；⑤经济高质量发展和经济增长数量呈现倒"U"形变动特征，但绝大多数城市位于经济高质量发展与经济增长数量协同并进区域，未来继续推进经济高质量发展仍需要一定的经济增长速度的支撑。

李子联和王爱民（2019）基于"五大发展理念"构建江苏省高质量发展评价体系，从全国省域的视角利用2011～2016年的面板数据，借助主成分分析法测度了各省高质量发展指数及分项指数，分析了江苏省高质量发展水平的时序变化，并比较分析了江苏省与其他省份高质量发展水平的差异；最后，以新型城镇化为契机推进区域协调发展，以新兴产业为依托推进产业协调发展，以居民增收为根本推进需求协调发展；提升创新能力确保"源头"绿色，严守生态红线确保"过程"绿色，强化生态治理，确保"事后"绿色，给出了江苏省高质量发展路径选择的建议。

（二）评价模型及指标体系构建原则

对区域经济高质量发展进行综合评价是一项较为复杂的系统工程。高质量发展涉及生态环境、人文、企业发展、经济效率、开放创新、民生共享等多个方面，每个方面都需要从质和量两方面来反映其支撑经济高质量发展的可持续性、有效性、结构合理性和开放性。选取有信度效度的评价模型和科学合理的评价方法对丰富经济高质量发展理论研究、保障经济高质量发展评价结果的准确性和有效性都具有重要作用。

1. 评价模型构建原则

（1）客观性。经济高质量评价模型的客观性包括数据的有效性和各指标权重确定的客观性。经济高质量评价的前提是要有真实、客观、有效的数据，如果有不能获取的数据应该应用科学的统计学方法进行估计。同时，对经济高质量进行评价的关键是确定各评价指标的权重，这需要在确定各评价指标的权重时尽量选取客观的方法求权重，避免主观赋权法的随意性对评价结果的准确性造成影响。

（2）科学性。经济高质量评价模型要求采用的评价方法包括计算公式等是真实的，评价方法的理论根据是明确的。采用的评价模型中的所用相关公式应该是公认的并且经过检验的，涉及的理论应该是经过验证无误的，只有具备科学有效的评价方法才能保障评价结果的准确性。另外，评价方法还应该符合经济学领域中的相关理论和评价指标的特征，如一些理工科领域的评价方法不一定适合经济学领域的评价。

（3）可操作性。对经济高质量发展的评价应该在具体分析数据的性质和深入理解经济高质量内涵的基础上选择合理、可行的评价模型。选取评价模型不应只追求方法的复杂性，要以各指标的特性为前提，同时要考虑各指标之间的差异程度和不同量纲及数量级对数据处理过程和评价结果的影响。

2. 评价指标体系构建原则

如前所述，在选取经济高质量发展评价指标体系时，一定要在关注一般经济质量指标的同时，还要关注产业、企业发展的微观质量指标，这些指标选取的指导思想是习近平总书记提出的：要推动"中国制造向中国创造转变、中国速度向中国质量转变、中国产品向中国品牌转变"。

具体的原则有五个：

（1）全面性原则。为保证综合评价结果客观、准确，在建立经济高质量评价指标体系时应选取既能够反映经济高质量发展产业、企业各个层面的基本特征，又能够反映新时代我国经济高质量发展各个领域的基本特征，包括绿色生态、社会人文、企业发展、经济效率、开放创新和民生共享等方面的协调、稳步和持续的发展的指标。因此，在构建经济高质量评价体系时应该将生态、人文、企业、开放、创新、民生纳入进来，不但要包括经济增长的数量方面，而且更要包括质量方面。

（2）科学性原则。评价指标体系的设计要科学合理，能体现经济高质量发展的基本特征，而且指标体系内部的各指标之间应相互衔接、边界清楚，指标体系的层次清楚、合理，科学确定指标权重。

（3）实际性原则。反映经济高质量发展的指标体系应从经济高质量的内涵出发，反映经济高质量理论的基本要求，同时还要结合经济发展的实际情况，将理论分析与实践结合，以便全面深入地分析问题。

（4）可操作性原则。选取的评价指标不仅应符合综合评价的目的，更应有数据的支持。评价指标的数据应能在实际中取得，或利用现有资料加工后能够取得，否则建立的指标体系就只能束之高阁，无法实现综合评价的目的，也就不能对实际起到指导作用。

（5）可比性原则。不同时间和不同地域间的经济发展状况要能比较才能显示出各自的优劣，从而找出问题。选取评价基于经济高质量发展内涵的评价指标体系研究指标时应注意指标的口径范围和核算方法的纵向可比和横向可比原则。在对同一事物不同时期的评价中应注意纵向可比，而对同一时期不同事物之间的评价应注意横向可比。

（三）评价模型构建

本书采用变异系数—主成分分析复合评价模型。首先，分别应用变异系数法和主成分分析法客观确定评价体系中各基础指标的权重；其次，取两种方法得出的权重的算数平均值作为各指标的组合权重；最后，进行赋权加总求得各市域经济高质量发展总体指数和各维度指数并展开综合评价。

变异系数作为统计学中的一种统计量，通常用于衡量数据之间的变异程度。变异系数法是一种客观赋权方法，是直接利用评价体系中各评价指标原始数据所包含的信息，通过简单计算求得各评价指标的相对权重。该方法的基本思想是：在评价体系的同一指标下，评价对象的取值差异程度越大，表明该指标越难以实现，重要性也就越大，则对该指标赋予较大的权重，反之赋予较小的权重。

主成分分析法是研究如何将多变量简化为较少综合变量的多元统计分析方法，对多维变量进行降维，降维后的变量是原变量的线性组合，并能反映原变量的绝大部分信息，使信息的损失最小，对原变量的综合解释力强，对区域经济高质量测度的准确性有一定的改善。该方法通过特征向量的方差贡献率来表示变量的作用，可避免在系统分析中对权重的主观判断，使权重的分配更合理，尽可能地减少重叠信息的不良影响，克服变量之间的多重相关性，使系统分析简化。

设 m 为评价对象总数，n 为评价指标总数，第 i 个评价对象的第 j 个评价指

标的数值记为 x_{ij}，则原始数据构成了一个 m 行 n 列的矩阵 $X = (x_{ij})m \times n$。

1. 变异系数赋权法

（1）计算各评价指标的变异系数 V_j：$V_j = \dfrac{\sigma_j}{\bar{x}_j}$（$j = 1, 2, \cdots, n$）

式中，$\bar{x}_j$ 和 σ_j 分别表示第 j 个评价指标的均值和标准差。

（2）计算评价指标的权重 f_j：

$$f_j = \frac{V_j}{\sum\limits_{j=1}^{n} V_j} \ (j = 1, 2, \cdots, n)$$

2. 主成分分析赋权法

（1）对原始数据无量纲化处理：

正向指标：

$$y_{ij} = \frac{x_{ij} - \min\limits_{1 \leqslant i \leqslant m}(x_{ij})}{\max\limits_{1 \leqslant i \leqslant m}(x_{ij}) - \min\limits_{1 \leqslant i \leqslant m}(x_{ij})}$$

负向指标：

$$y_{ij} = \frac{\max\limits_{1 \leqslant i \leqslant m}(x_{ij}) - x_{ij}}{\max\limits_{1 \leqslant i \leqslant m}(x_{ij}) - \min\limits_{1 \leqslant i \leqslant m}(x_{ij})}$$

（2）求出各指标的协方差矩阵 $R_{n \times n}$。

（3）求协方差矩阵 $R_{n \times n}$ 的特征根 λ_j 及对应的单位特征向量 $b_j = (b_{1j}, b_{2j}, \cdots, b_{nj})^T$（$j = 1, 2, \cdots, n$）。

（4）计算前 k 个主成分的累计方差贡献率 $\alpha_{(k)}$：

$$\alpha_{(k)} = \frac{\sum\limits_{j=1}^{k} \lambda_j}{\sum\limits_{j=1}^{n} \lambda_j} \ (k = 1, 2, \cdots, n)$$

当前 k 个主成分累计方差贡献率 $\alpha_{(k)} \geqslant 80\%$ 时，说明前 k 个主成分包含了所有原始数据的大部分信息，可用前 k 个主成分代替所有原始数据，即确定 k 为提取主成分的个数。将前 k 个单位特征向量 $b_j = (b_{1j}, b_{2j}, \cdots, b_{nj})^T (j = 1, 2, \cdots, k)$ 的所有分量取绝对值得到向量 $c_j = (c_{1j}, c_{2j}, \cdots, c_{nj})^T (j = 1, 2, \cdots, k)$，以提

取出来的各主成分的方差占提取出 k 个主成分的累计方差的百分比为权重,对向量 $c_j = (c_{1j}, c_{2j}, \cdots, c_{nj})^T (j = 1, 2, \cdots, k)$ 赋权加总得到向量 $v = (h_1, h_2, \cdots, h_n)^T$,再将向量 v 的所有分量归一化得到各评价指标的权重:

$$g_j = \frac{h_j}{\sum_{j=1}^{n} h_j} (j = 1, 2, \cdots, n)$$

3. 高质量发展指数的计算

基于变异系数法和主成分分析法得出的各评价指标权重,取两者的算术平均值作为各评价指标的组合权重 ω_j:

$$\omega_j = \frac{f_j + g_j}{2} (j = 1, 2, \cdots, n)$$

基于各评价指标的权重 ω_j,对无量纲化处理后的数据 y_{ij} 进行线性加权得到各市高质量发展指数:

$$I_i = \sum_{j=1}^{n} \omega_i y_{ij} (i = 1, 2, \cdots, m)$$

三、中国市域经济高质量发展评价指标 2018 版和 2019 版比较

2019 版《中国市域经济高质量发展研究报告》与 2018 版《中国区域经济高质量发展研究报告》构建的指标总数分别为 46 个和 43 个,2018 版指标和 2019 版指标分别为 2016 年和 2017 年数据。其中有 28 个共有指标。

本书选取共有的 28 个指标中具有代表性和更具现实价值的 15 个指标进行分析(见表 3－25),以从更细分层面反映我国各市域高质量发展总体状况和区域差异特征。

(一)人口自然增长率

2016 年和 2017 年全国市域的人口自然增长率均值分别为 7.7% 和 2.23%,可以看出 2017 年的人口增长率明显比 2016 年有较大下降。2017 年有 236 个城市(占比 83%)的增长率低于 2016 年的增长率,其中有 60 个城市的增长率比 2016

年的增长率低 10% 以上，陕西榆林变化最大，其 2017 年增长率比 2016 年低 23.17%。

表 3 - 25　2018 版和 2019 版市域经济高质量发展 15 个共有指标

序号	共有指标
1	人口自然增长率（‰）
2	在岗职工平均工资（元）
3	单位工业产值污染物排放量（吨/万元）
4	GDP 增长率（%）
5	物价波动程度（%）
6	GDP 增长波动率（%）
7	公共财政收入增长率（%）
8	地方一般公共预算支出中科学技术支出占比（%）
9	进出口总额占 GDP 比重（%）
10	当年实际利用外资金额占 GDP 比重（%）
11	万人授权专利数
12	城镇居民人均可支配收入（元）
13	农村居民人均可支配收入（元）
14	城乡居民收入比
15	城镇登记失业率（%）

2016 年增长率居于前 30 的市域均值为 16.72%，这些城市主要居于广东、福建和山东。增长率居于前 10 的市域均值为 20.88%，其中居于前 5 的城市位于广东，增长率均在 20% 以上，清远的增长率最高，为 31.09%。2017 年增长率居于前 30 的市域均值为 14.14%，这些城市也主要位于广东、福建和山东。增长率居于前 10 的市域均值为 18.20%，其中深圳的增长率最高，为 25.18%。

2016 年增长率为负的城市为 13 个，其中有 10 个集中在东北三省，均值为 -1.88%，辽宁省本溪的增长率最低，为 -4.2%。2017 年增长率为负的城市为 99 个，是 2017 年的 7.6 倍，其中东北三省和湖南的全部城市均为负增长，湖北、四川和河北的大部分城市也为负增长。2017 年 99 个负增长城市中有 17 个城市的

增长率在 − 10% 以下，其中有 14 个位于东北三省，辽宁锦州增长率最低，为 − 16.64%。

（二）在岗职工平均工资

2016 年和 2017 年全国市域的在岗职工平均工资均值分别为 58349 元和 64484 元，2017 年比 2016 年增长 6134 元，增幅为 10.5%。考察的全部市域中，仅有张家界、达州和咸阳 3 个城市为负增长，2017 年的在岗职工平均工资分别比 2016 年减少 1479 元、2325 元和 5950 元，降幅分别为 2.3%、4.4% 和 10.2%。增加额在 10000 元以上的城市共有 21 个，平均增加额为 14392 元，其中牡丹江增长最多，增长了 55339 元，比 2016 年翻了一番。

2016 年在岗职工平均工资居于前 30 的市域均值为 80000 元，是全国均值的 1.4 倍，居于前 10 的市域均值为 89338 元，是全国均值的 1.5 倍。居于前 10 的城市中除了拉萨和克拉玛依外，其余 8 个城市均位于广东、浙江和江苏。拉萨的在岗职工平均工资最高，为 111009 元，是全国均值的近 2 倍。

居于后 30 的市域均值为 44063 元，大部分城市位于河南、湖北和东北三省。居于后 10 的市域均值为 41180 元，不到全国均值的 3/4 和前 10 均值的 1/2。伊春的在岗职工平均工资最低（36793 元），仅为拉萨和全国均值的 1/3 和 3/5。

2017 年在岗职工平均工资居于前 30 的市域均值为 88409 元，是全国均值的 1.4 倍，居于前 10 的市域均值为 99783 元，是全国均值的 1.6 倍。居于前 10 的城市中除了拉萨、牡丹江和克拉玛依外，其余 7 个城市均位于广东、浙江和江苏。拉萨的在岗职工平均工资最高，为 111092 元，是全国均值的近 1.7 倍，仅比 2016 年增长 83 元。

居于后 30 的市域均值为 48292 元，大部分城市位于河南、湖北和东北三省。居于后 10 的市域均值为 45109 元，不到全国均值的 3/4 和前 10 均值的 1/2。在岗职工平均工资最低的伊春（38713 元）仅为拉萨和全国均值的 1/3 和 3/5。

（三）单位工业产值污染物排放量

2016 年和 2017 年全国市域的单位工业产值污染物排放量（以下简称排放量）均值分别为 2.51 吨/万元和 1.77 吨/万元，2017 年比 2016 年降低 29.6%。

2017 年有 85 个城市（占比 29.7%）的排放量比 2016 年有所增加，其中增加最多的城市为拉萨，从 2016 年的 1.82 吨/万元增加到 2017 的 48.46 吨/万元，增加近 25 倍。201 个城市比 2016 年有所降低，其中降低最多的城市为嘉峪关，从 2016 年的 69.37 吨/万元下降到 2017 的 2.46 吨/万元，降低了 96.5%。

2016 年和 2017 年的排放量在 10 吨/万元以上的城市个数分别为 9 个和 3 个，排放量最多的分别为嘉峪关（69.37 吨/万元）和拉萨（48.46 吨/万元），均为全国市域均值的近 27 倍。排放量居于前 30 的市域均值分别为 11.87 吨/万元和 7.03 吨/万元，分别为全国市域均值的 4.7 倍和 4 倍，这些城市主要位于东北及西部地区。排放量居于前 10 的市域均值分别为 22.82 吨/万元和 12.97 吨/万元，降低了将近一半。

2016 年和 2017 年的排放量居于后 30 的市域均值分别为 0.37 吨/万元和 0.32 吨/万元，均不到全国市域均值的 1/5，这些城市的排放量均在 0.5 吨/万元以下。排放量居于后 10 的市域均值均为 0.22 吨/万元，均为全国市域均值的 1/10 左右。

（四）GDP 增长率

2016 年和 2017 年全国市域的 GDP 增长率均值分别为 6.97% 和 7.13%。两年分别有 14 个和 13 个城市的 GDP 增长率在 10% 以上，其中贵州省内 6 个市域均在 10% 以上，而且两年分别包揽前 5 和前 6，两年 GDP 增长率最高的城市分别为遵义（12.4%）和安顺（12.3%）。

2016 年有 15 个城市的 GDP 为负增长，均位于东北三省，其中 12 个位于辽宁，黑龙江和吉林分别占 1 个和 2 个。2017 年仅有吉林的通化为负增长（−5.7%）。从两年 GDP 增长率的变化看，2017 年有 122 个城市的 GDP 增长率高于 2016 年 GDP 增长率。辽宁省除了大连和葫芦岛外，其他省内城市的 GDP 增长率均由 2016 年的负增长转为 2017 年的正增长，而且变化值居于全国前列，其中有 10 个城市两年的变化值均居全国市域两年 GDP 增长率正向变化值前 10。

2017 年有 149 个城市的 GDP 增长率低于 2016 年 GDP 增长率。甘肃和内蒙古两省区大部分城市的 GDP 增长率负向减小的幅度较大，杭州的降低幅度最大，从 2016 年的 9.6% 降低到 2017 年的 0.1%。

2016 年和 2017 年全国市域分别有 221 个（占比 77.3%）和 176 个（占比 61.5%）城市的 GDP 增长率高于全国市域均值。两年居于前 30 的城市 GDP 增长率均在 9% 以上，均值分别为 10.2% 和 10.02%，分别是两年全国市域均值的 1.5 倍和 1.4 倍。

从地理分布看，2016 年居于前 30 的城市主要位于贵州、山西、云南、陕西、泛长三角区域及江西；2017 年居于前 30 的城市主要位于贵州、云南、广西、广东、陕西、安徽及四川。两年居于前 10 的城市 GDP 增长率均在 10% 以上，均值分别为 11.47% 和 11.22%，均是两年全国市域均值的 1.6 倍。从地理分布看，两年居于前 30 的城市主要集中在贵州和云南。

两年居于后 30 的城市 GDP 增长率均在 4% 以下，均值分别为 -1.62% 和 1.96%。从地理分布看，2016 年居于后 30 的城市主要位于东北三省和山西；2017 年居于后 30 的城市主要位于辽宁、吉林、甘肃和内蒙古，浙江的杭州（0.1%）和湖北的宜昌（2.4%）也位列其中。两年居于后 10 的城市 GDP 增长率均值分别为 -7.32% 和 -0.24%，2016 年居于后 10 的城市均位于辽宁，GDP 增长率均在 -4% 以下，其中阜新的 GDP 增长率最低（-12.3%）；2017 年居于后 10 的城市主要位于甘肃、吉林、辽宁和内蒙古。

（五）物价波动程度

2016 年和 2017 年全国市域的物价波动程度均值分别为 1.67% 和 1.43%。两年分别有 150 个（占比 52.4%）和 89 个（占比 31.1%）城市的物价波动程度高于相应年份全国市域均值。从两年物价波动程度的变化看，2017 年有 77 个城市的物价波动程度高于 2016 年物价波动程度，其中变化最大的前 10 个城市均比 2016 年高出 1.0% 以上，广西的北海变化最大，物价波动程度从 2016 年的 1.1% 上升到 2017 年的 2.9%。2017 年有 209 个城市的物价波动程度低于 2016 年物价波动程度，降低值在 1% 以上的城市共有 21 个，其中降低最多的儋州从 2016 年的 3.4% 降低为 2017 年的 0.7%。

2016 年和 2017 年居于前 30 的市域物价波动程度均在 2.0% 以上，均值分别为2.54%和2.36%，分别是两年全国市域均值的1.51倍和1.65倍。两年居于前10的城市物价波动程度均在2.5%以上，均值分别为2.81%和2.76%，分别是两年全国市域均值的1.68倍和1.92倍。两年物价波动程度最高的城市分别为儋州（3.4%）和海口（3.3%），海口和三亚两年的物价波动程度均位列全国前10。

2016年和2017年居于后30的市域物价波动程度分别在1.1%和0.8%以下，均值分别为0.87%和0.56%，均不到两年位列前30均值的1/3。2016年和2017年居于后10的城市物价波动程度分别在0.8%和0.5%以下，均值分别为0.66%和0.28%。另外，双鸭山、吕梁和临汾的物价波动程度两年都位列后10。两年中，仅有丽江2017年物价波动程度为负值（-0.2）。

（六）GDP增长波动率

2016年和2017年全国市域的GDP增长波动率均值分别为37.83%和36.68%。2017年全国有136个城市的GDP增长波动率高于2016年的GDP增长波动率，其中七台河2017年的GDP增长波动率（900%）比2016年（85.37%）高出814.63%，变化最大。其余150个城市的GDP增长波动率低于2016年的GDP增长波动率，其中临汾2017年的GDP增长波动率（61.76%）比2016年（1033.33%）低971.57%。全国有34个城市两年的GDP增长波动率均低于10%。

2016年和2017年分别有37个和58个城市的GDP增长波动率高于全国市域的均值。两年的GDP增长波动率居于前30的城市分别在75%和85%以上，均值分别为268.45%和233.1%，分别是全国市域均值的7.1倍和6.4倍，这些省份主要集中在辽宁、黑龙江和山西等。两年的GDP增长波动率居于前10的城市分别在265%和190%以上，均值分别为510.57%和461.41%，分别是全国市域均值的13.5倍和12.6倍。临汾和葫芦岛2016年GDP增长波动率超过了1000%，2017年GDP增长波动率最高的城市为七台河（900%）。

2016年和2017年的GDP增长波动率居于后30的城市分别在2.25%和1.25%以下，均值分别为1.19%和0.48%，均远低于全国市域均值。两年的

GDP 增长波动率分别有 5 个和 15 个城市为 0。

（七）公共财政收入增长率

2016 年和 2017 年全国市域的公共财政收入增长率均值分别为 3.22% 和 3.48%。2017 年有 155 个城市的公共财政收入增长率高于 2016 年的公共财政收入增长率，其中有 44 个城市比 2016 年高出 10%，5 个城市比 2016 年高出 50%，分别为朔州、七台河、吕梁、榆林和邢台，提高最多的是朔州，从 2016 年的 -9.53% 提高到 2017 年的 49.06%。2017 年有 131 个城市的公共财政收入增长率低于 2016 年的公共财政收入增长率，其中有 41 个城市比 2016 年低 10%，这些城市包括甘肃、内蒙古、湖南和宁夏的大部分城市，5 个城市比 2016 年低 50%，分别为通辽、吴忠、包头、陇南和固原，降低幅度最大的固原从 2016 的 41.44% 降低到 2017 年的 -25.87%。

2016 年和 2017 年分别有 174 个和 184 个城市的公共财政收入增长率高于全国市域的均值。两年的公共财政收入增长率居于前 30 的城市分别在 12.16% 和 13.45% 以上，均值分别为 17.18% 和 22.08%，分别是全国市域均值的 5.3 倍和 6.3 倍。两年的公共财政收入增长率居于前 10 的城市分别在 16.35% 和 21.12% 以上，均值分别为 24.42% 和 34.04%，分别是全国市域均值的 7.6 倍和 9.8 倍。两年的公共财政收入增长率最高的城市分别为固原（41.44%）和吕梁（54.89%）。

2016 年和 2017 年分别有 70 个和 72 个城市的公共财政收入为负增长。两年的公共财政收入增长率居于后 30 的城市分别在 -7.32% 和 -11.2% 以下，均值分别为 -17.87% 和 -23.64%。两年的公共财政收入增长率居于后 10 的城市分别在 -20.65% 和 -25.25% 以下，均值分别为 -27.91% 和 -35.26%，两年的公共财政收入增长率最低的城市分别为邢台（-36.84%）和陇南（-52.95%）。

（八）地方一般公共预算支出中科学技术支出占比

2016 年和 2017 年全国市域的地方一般公共预算支出中科学技术支出占比（以下简称科技支出占比）均值分别为 1.60% 和 1.75%。2017 年有 160 个城市的科技支出占比高于 2016 年的科技支出占比，其中孝感的科技支出占比提高最多，从 2016 年的 2.69% 提高到 2017 年的 29.21%。2017 年有 118 个城市的科技支出占比低于 2016 年，其中降低幅度最大的武威从 2016 年的 16.56% 降至 2017 年的 0.37%。

2016 年和 2017 均有 95 个城市的科技支出占比高于全国市域的均值，说明将近 2/3 的城市在科技方面的投入低于全国平均水平，科研投入需要进一步加大。两年的科技支出占比居于前 30 的城市分别在 12.16% 和 13.45% 以上，均值分别为 5.84% 和 6.41%，分别是全国市域均值的 3.6 倍和 3.7 倍，两年的前 30 城市均主要分布在广东、安徽、浙江和江苏，可以看出珠三角和长三角区域的科技支出明显高于其他地区，说明珠三角和长三角作为我国最重要的经济增长极，科技与创新是最重要的竞争力之一。两年的科技支出占比居于前 10 的城市分别在 5.5% 和 6% 以上，均值分别为 8.95% 和 10.27%，均是全国市域均值的近 6 倍。两年的前 10 均包括广州、深圳、珠海、中山、合肥、芜湖、苏州和武汉八个城市。两年的科技支出占比居于后 30 的城市均在 0.3% 以下，均值均为 0.22% 左右，远低于前 30 的水平，均主要集中在东北三省、甘肃、内蒙古等省份。

（九）进出口总额占 GDP 比重

2016 年和 2017 年全国市域的进出口总额占 GDP 比重均值分别为 14.37% 和 17.59%。2017 年有 173 个城市的进出口总额占 GDP 比重高于 2016 年，其中有 14 个城市比 2016 年高出 10%，提高最多的是惠州，从 2016 年的 89.23% 提高到 2017 年的 602.1%。2017 年有 112 个城市的进出口总额占 GDP 比重低于 2016 年，其中有 3 个城市比 2016 年低 10%，分别为深圳、百色、崇左，降低幅度最大的崇左从 2016 年的 161.02% 降低到 2017 年的 147.68%。

2016 年和 2017 年分别有 76 个和 68 个城市的进出口总额占 GDP 比重高于全国市域的均值，说明我国大部分城市进出口总额占 GDP 比重低于全国平均水平。进一步分析，两年的进出口总额占 GDP 比重居于前 30 的城市分别在 31% 和 36% 以上，均值分别为 68.54% 和 91.81%，分别是全国市域均值的 4.8 倍和 5.2 倍，这些城市主要集中在广东、浙江、江苏和山东等东部沿海地区，甘肃的金昌两年均位列前 30。两年的进出口总额占 GDP 比重居于前 10 的城市分别在 72% 和

84% 以上，均值分别为 117.27% 和 175.73%，分别是全国市域均值的 8 倍和 10 倍。

2016 年和 2017 年分别有 210 个和 218 个城市（占比均超过 70%）的进出口总额占 GDP 比重低于全国市域的均值。两年居于后 30 的城市均不到 1%，均值都不到 0.5%，这些城市主要集中在西北和西南地区。

（十）当年实际利用外资金额占 GDP 比重

2016 年和 2017 年全国市域的实际利用外资金额占 GDP 比重均值分别为 1.58% 和 1.59%。从两年的变化看，除少数城市两年的变化幅度较大外，其余城市两年的实际利用外资金额占 GDP 比重差值均在 2% 以内。变化较大的城市中，白城、儋州和阜新相比 2016 年提高幅度最大，三亚、阳泉和东莞相比 2016 年减少幅度最大。

2016 年和 2017 年分别有 107 个和 105 个城市的实际利用外资金额占 GDP 比重高于全国市域的均值，说明我国大部分城市实际利用外资金额占 GDP 比重低于全国平均水平。进一步分析，两年的实际利用外资金额占 GDP 比重居于前 30 的城市分别在 3.8% 和 4% 以上，均值分别为 5.2% 和 5.8%，分别是全国市域均值的 3.3 倍和 3.6 倍，这些城市主要集中在中东部地区。两年的实际利用外资金额占 GDP 比重居于前 10 的城市分别均在 5.4% 和 5.5% 以上，均值分别为 6.6% 和 8%，分别是全国市域均值的 4.2 倍和 5 倍。马鞍山、蚌埠、长春、鹤壁、珠海、芜湖、九江和乌兰察布八个城市两年均位列前 10。

2016 年和 2017 年分别有 132 个和 136 个城市的实际利用外资金额占 GDP 比重在 1% 以下。两年的实际利用外资金额占 GDP 比重位于后 30 的城市分别均在 0.12% 和 0.11% 以下，均值都在 0.05% 左右，均不到全国平均水平的 1/10，这些城市主要集中在西南、西北和东北地区。

（十一）万人授权专利数

2016 年和 2017 年全国市域的万人授权专利数均值分别为 8.19 件和 11.13 件，2017 年比 2016 年增加了 36%。2017 年有 154 个城市的万人授权专利数比 2016 年有所增加，其中有 16 个城市比 2016 年增加 10 件以上，有 5 个城市增加数超过 50 件，东莞增加数最多，从 2016 年的 34.57 件增加到 2017 年的 219.44 件，增加了 4 倍以上。2017 年有 130 个城市的万人授权专利数比 2016 年有所减少，其中西安减少数最多，从 2016 年的 43.34 件减少到 2017 年的 28 件，减少了 1/3 以上。

2016 年和 2017 年分别有 76 个和 61 个城市的万人授权专利数高于全国市域的均值，说明我国大部分城市万人授权专利数低于全国平均水平。进一步分析，两年的万人授权专利数居于前 30 的城市分别在 21 件和 25 件以上，均值分别为 38.29 件和 63.36 件，分别是全国市域均值的 4.7 倍和 5.7 倍，这些城市主要集中在广东、浙江、福建和江苏等地区。两年的万人授权专利数居于前 10 的城市分别在 43 件和 59 件以上，均值分别为 52.58 件和 114.36 件，分别是全国市域均值的 6.4 倍和 10.3 倍。中山、深圳、珠海、宁波、苏州五个城市两年均位列前 10，两年的万人授权专利数最多的城市分别为中山（68.5 件）和深圳（229.88 件）。

2016 年和 2017 年分别有 176 个（占比 61.5%）和 166 个（占比 58%）城市的万人授权专利数低于 5 件。进一步分析，两年的万人授权专利数居于后 30 的城市均在 1 件以下，均值都为 0.5 件，分别是全国市域均值的 4.7 倍和 5.7 倍，这些城市主要集中在东北、西北和西南等内陆地区。另外，山东的泰安、广东的茂名和阳江 3 个东部沿海城市 2016 年也位列后 30，分别为 0.68 件、0.24 件和 0.2 件。

（十二）城镇居民人均可支配收入

2016 年和 2017 年全国市域的城镇居民人均可支配收入均值分别为 29809 元和 32198 元，2017 年比 2016 年增加了 8%。2017 年全部市域的城镇居民人均可支配收入比 2016 年平均增加 2389 元，将近一半的城市平均增加额超过全国市域平均增加额。2017 年有 17 个城市比 2016 年增加 4000 元以上，广西的梧州增加额最多（12099 元），是增加额位列第二（南京增加 4541 元）的 2.7 倍，其余 16 个城市除了辽宁的盘锦外均位于浙江、江苏和广东三省。2017 年有 3 个城市的城镇居民人均可支配收入比 2016 年有所减少，分别为惠州、三明、安庆，减少额分别为 2122 元、5527 元、7827 元，减少幅度分别为 6.4%、18.6% 和 21.4%。

2016 年和 2017 年分别有 100 个和 102 个市域的城镇居民人均可支配收入高于全国市域的均值，说明我国大部分市域城镇居民人均可支配收入低于全国平均水平。进一步分析，两年的城镇居民人均可支配收入居于前 30 的城市分别在 39656 元和 42756 元以上，均值分别为 45603 元和 49473 元，均是全国市域均值的 1.5 倍，这些城市主要集中在广东、浙江和江苏等地区，内蒙古的包头、鄂尔多斯和呼和浩特两年也都位列前 30。两年的城镇居民人均可支配收入居于前 10 的城市分别在 48423 元和 52516 元以上，均值分别为 50400 元和 54629 元，均是全国市域均值的 1.7 倍。

2016 年和 2017 年的城镇居民人均可支配收入居于后 30 的市域分别于 23352 元和 25267 元以下，均值分别为 22106 元和 23739 元，均不到全国市域均值的 3/4。两年的城镇居民人均可支配收入居于后 10 的城市分别在 21788 元和 23337 元以下，均值分别为 21110 元和 22683 元。

（十三）农村居民人均可支配收入

2016 年和 2017 年全国市域的农村居民人均可支配收入均值分别为 13334 元和 14441 元，2017 年比 2016 年增加了 8.3%。2017 年全部市域的农村居民人均可支配收入比 2016 年平均增加 1217 元，仅不到 1/3 的城市平均增加额超过全国市域平均增加额。2017 年的农村居民人均可支配收入增加额最多的三个城市分别为百色（7493 元）、上饶（4402 元）和绍兴（2587 元）。2017 年有四个城市的农村居民人均可支配收入比 2016 年有所减少，分别为拉萨、潍坊、钦州和中山，减少额分别为 1118 元、4973 元、5372 元和 6696 元，减少幅度分别为 9.8%、30.9%、31.3% 和 24.3%。

2016 年和 2017 年均有 116 个城市的农村居民人均可支配收入高于全国市域的均值，说明我国大部分城市农村居民人均可支配收入低于全国平均水平。进一步分析，两年的农村居民人均可支配收入居于前 30 的城市分别在 17861 元和 19364 元以上，均值分别为 23020 元和 24717 元，均是全国市域均值的 1.7 倍，这些城市主要集中在广东、浙江和江苏等地区，内蒙古的克拉玛依两年也都位列前30。两年的农村居民人均可支配收入居于前10的城市分别在26158元和27360元以上，均值分别为27594元和29760元，均是全国市域均值的2.1倍。

2016年和2017年的农村居民人均可支配收入居于后30的城市分别在8855元和9814元以下，均值分别为7885元和8694元，均不到全国市域均值的3/5。两年的农村居民人均可支配收入居于后10的城市分别在21788元和23337元以下，均值分别为7113元和7680元，均不到全国市域均值的1/2。

（十四）城乡居民收入比

2016年和2017年全国市域的城乡居民收入比均值分别为1.32和1.3，两年基本持平。两年的城乡居民收入比变化值超过1的城市分别为潍坊、上饶和百色，其余城市的变化值均在1以内，其中276个城市的变化值均在0.5以内。

2016年和2017年分别有123个和122个城市的城乡居民收入比高于全国市域的均值，说明我国大部分城市城乡居民收入比低于全国平均水平。进一步分析，两年的城乡居民收入比居于前30的城市均在2.9以上，均值都为3.2，均是全国市域均值的1.4倍，这些城市主要集中在甘肃、陕西、贵州和云南等地区。两年的城乡居民收入比居于前10的城市分别在3.3和3.2以上，均值都为3.4，均是全国市域均值的1.5倍。两年的城乡居民收入比居于后30的城市均在1.8以下，均值都为1.7，这些城市主要集中在黑龙江、广东和浙江等地区。

（十五）城镇登记失业率

2016年和2017年全国市域的城镇登记失业率均值分别为3.06和2.99，两年基本持平。两年的城镇登记失业率变化值超过1的城市分别为开封、儋州、朔州、洛阳、四平、随州、唐山、桂林、张家口、柳州、六安、防城港、淮北、玉林和兰州15个城市，其余城市的变化值均在1以内，其中有250个城市的变化值均在0.5以内。

2016年和2017年分别有150个和153个城市的城镇登记失业率高于全国市域的均值。进一步分析，两年的城镇登记失业率居于前30的城市均在4以上，均值都为4.2，均是全国市域均值的1.4倍，这些城市主要集中在四川、辽宁、湖南和黑龙江等地区。两年的城镇登记失业率居于前10的城市分别在4.2和4.3

以上，均值分别为 4.4 和 4.5，均是全国市域均值的 1.5 倍，两年的城镇登记失业率最高的城市分别为葫芦岛（4.7）和铁岭（4.9）。两年的城镇登记失业率居于后 30 的城市均在 2 以下，均值都为 1.7，均略高于全国市域均值的 1/2，江苏的大部分城市均位列其中。

第四章 中国市域经济高质量发展整体分析

一、中国市域经济高质量发展测度

（一）数据来源

本书对区域经济高质量发展测度的对象为全国的地级城市区域。考虑到评价结果的可比性，所以测评对象并未包含四个直辖市。在数据收集整理的过程中，海南省的三沙市，西藏的日喀则市、昌都市、林芝市、山南市，新疆的吐鲁番市、哈密市等城市的相关数据未能收集完整，为保正本次研究结果的准确性，此次区域经济高质量发展评价未包含上述地级市，仅对全国其他 286 个地级市经济高质量发展展开评价。

根据前文阐述，测度指标体系包括六个维度（一级指标）及下属的共计 46 个二级评价指标，其中大多数指标是直接协作输入模型运算，少量指标要经过换算处理，比如前文所说城市认可度，需要经过换算处理的指标在下文相应地方会作说明。

指标数据的具体来源详述如下：

绿色生态高质量发展评价维度共计七个评价指示，其中一般工业固体废物综合利用率、生活垃圾无害化处理率、污水处理厂集中处理率、PM2.5 年均浓度数据均来源于《中国城市统计年鉴2018》；人均水资源量的数据来源于《中国城市统计年鉴 2018》（水资源总量）和《中国城市统计年鉴 2018》（年平均人口）。每平方公里废水数据来源于《中国城市统计年鉴 2018》（工业废水排放量）和《中国城市统计年鉴 2018》（行政区域土地面积）；每平方公里废气数据来源于《中国城市统计年鉴 2018》［工业二氧化硫排放量、工业氮氧化物排放量、工业烟（粉）尘排放量］和《中国城市统计年鉴 2018》（行政区域土地面积）。

社会人文高质量评价维度共计五个指标，其中人口自然增长率、建成区绿化覆盖率、万人拥有公共图书馆藏书量数据来源于《中国城市统计年鉴 2018》；城市认可度包含政府官方城市认可度和社会非官方城市认可度，具体测算详见第 3章；名村名镇传统村落数数据来源于建设部和国家文物局评选的前五批中国历史文化名镇名村。

企业发展高质量评价维度共计九个指标，其中规模以上工业企业企均主营业务税金及附加和增值税、规模以上工业企业企均利润额、规模以上工业企业投入产出率、在岗职工平均工资数据来源于《中国城市统计年鉴 2018》。单位工业产值污染物排放量数据来源于《中国城市统计年鉴 2018》中的工业废水排放量、工业二氧化硫排放量、工业烟粉尘排放量和各省市 2018 统计年鉴中汇总的工业总产值；万元工业产值电耗数据来源于《中国城市统计年鉴 2018》中的全社会工业用电量和各省市 2018 统计年鉴中汇总的工业总产值；企业产品质量抽检合格率数据来源于 2017 年和 2018 年国家质量监督检验检疫总局网站（http：//samr. aqsiq. gov. cn/#）。具体而言，将 2017 年和 2018 年产品质量国家监督抽查结果进行汇总并查找被抽查企业所在地级市域及抽查结果，然后统计出各地级市域被抽查企业的总数（重数的按重数算）及抽查结果合格数，最后计算企业产品质量监督检查合格率。地理标志及驰名商标数数据来源于中国驰名商标网（ht-tp：//www. wellknown － mark. cn/）和国家工商行政管理总局商标局—中国商标网（http：//sbj. saic. gov. cn/）。具体而言，对于中国驰名商标数，在中国驰名商标网按省份查找出所有驰名商标及所属企业具体地址，然后找出每个驰名商标所在的地级市并统计各地级市拥有中国驰名商标总数。对于地理标志数，在国家工商行政管理总局商标局—中国商标网的《中国商标品牌战略年度发展报告2018》中获得。高竞争力企业数包含了中国企业 500 强数量、中国民营企业 500强数量、中国最具价值 500 品牌数、制造业单项冠军企业和单项冠军产品企业数及中国质量奖企业数（包括提名奖）。中国质量奖企业数包括了中国质量奖及提名奖的制造业和服务业企业数，数据来源于第一、第二、第三届中国质量奖及提名奖获奖名单；制造业单项冠军企业和单项冠军产品企业数来源于工业和信息化部前三批制造业单项冠军企业和单项冠军产品名单；500 强企业数及中国 500 最具价值品牌数数据包括 2018 年中国企业 500 强、2018 年中国民营企业 500 强及中国 500 最具价值品牌，分别来源于中国企业联合会—中国企业家协会（http：//www.cec1979.org.cn/）、中华全国工商业联合会（http：//www.acfic.org.cn/）、世界品牌实验室（http：//www.worldbrandlab.com/）。中国驰名商标数与地理标志数、高竞争力企业等的指标数值处理步骤相同，首先收集所有的相关数据，然后把所有的数据落到对应的城市，接着把每个城市的同类数值相加合并，最终得到每个城市相应评价指标的数值。

　　经济效率高质量评价维度共计六个指标，其中 GDP 增长率数据来源于《中国城市统计年鉴 2018》中的地区生产总值增长率；GDP 增长波动率数据由《中国城市统计年鉴 2018》的 2017 年 GDP 增长率和《中国城市统计年鉴 2017》的 2016 年 GDP 增长率经公式计算获得；通货膨胀率数据来源于《2017 年各地级市国民经济和社会发展统计公报》；公共财政收入增长率数据由《中国城市统计年鉴 2018》的 2017 年公共财政收入和《中国城市统计年鉴 2017》的 2016 年公共财政收入经公式计算获得；人均 GDP 数据来源于《中国城市统计年鉴 2018》的市辖区人均地区生产总值；GDP 密度由《中国城市统计年鉴 2018》行政区域土地面积和各地级市《2017 年国民经济和社会发展统计公报》地区生产总值计算获得。

　　开放创新高质量评价维度共计九个指标，其中地方科学技术支出占地方公共财政支出比重、货物进出口总额占 GDP 比重、当年实际利用外资占 GDP 比重数据来源于《中国城市统计年鉴 2018》的地方科学技术支出、地方公共财政支出、货物进口额、货物出口额、当年实际利用外资总额和 GDP 并经公式计算获得；R&D 人员数数据来源于《中国城市统计年鉴 2018》；万人专利申请数、万人授权专利数、万人拥有高等学校和中等职业学校教师数、万人拥有高等学校和中等职业学校学生数由《中国城市统计年鉴 2018》的专利申请数、专利授权数、普通高等学校专任教师数、中等职业教育学校专任教师数、普通中学专任教师数、普通中学在校学生数和年平均人口进行计算获得。

民生共享高质量评价维度共计 10 个指标，其中地方一般公共预算支出中教育支出占比、人均公共财政收入来源于《中国城市统计年鉴 2018》；城镇居民人均可支配收入、农村居民人均可支配收入、城镇登记失业率数据来源于《2017年各地级市国民经济和社会发展统计公报》；城乡居民收入比由城镇居民人均可支配收入和农村居民人均可支配收入经公式计算获得；万人拥有中小学教师数、万人拥有体育馆与博物馆数、万人拥有医院床位数、万人拥有执业医师（助理）数、万人拥有床位数、万人拥有医生数由《中国城市统计年鉴 2018》的普通中学专任教师数、普通小学专任教师数、体育场馆数、医院床位数、执业（助理）医师数和年平均人口数经公式计算获得；人均道路面积来源于《中国城市建设统计年鉴 2017》。

整个数据采集经过了四个阶段：

上述是在数据收集的第一阶段各数据对应的主要来源，第一阶段的收集完成了总数据的 80% 以上。

在数据收集的第二阶段，对第一阶段未收集到的数据从各地级市《2017年国民经济和社会发展统计公报》、各省知识产权局、各省和地级市的《统计年鉴 2018》收集，同时通过各地级市发展和改革委员会和工商局等相关政府部门网站并通过政府部门网上办公的形式向相关政府部门寄送相关材料获取数据。

在数据收集的第三阶段，对经过前两个阶段的数据收集后还有未收集到的极少数据通过取对应地级市所在省份除省会城市之外的各地级市数据的算术平均值后得到。

在数据收集的第四阶段，对通过以上收集过程后仍有未收集到的个别数据根据其他地级市相应数据及本地级市其他数据进行主观估值得到。

数据采集的两点说明如下：

（1）各地区总人口以年平均人口表示，各指标数据为全市数据，部分指标（建成区绿化覆盖率等）为市辖区数据。

（2）部分评价指标数据需要使用的公式已在本报告的第三章中列出。

（二）总体测度分析

利用变异系数法和主成分分析法相结合构成变异系数—主成分评价模型，对中国 286 个地级市经济高质量发展展开综合评价，综合评价结果，根据第三章对变异系数—主成分评价模型步骤的详细说明，对区域经济高质量发展进行整体测度过程如下：首先，将原始数据构成一个 286 行 46 列的矩阵 $R_{286 \times 46}$，根据变异系数法求出各评价指标的权重；其次，将原始数据构成的一个 286 行 46 列的矩阵 $R_{286 \times 46}$ 进行规范化处理得到矩阵 $Z_{286 \times 46}$，利用主成分分析法求出各评价指标的权重；再次，基于以上两种方法求出的权重，取两者的平均值作为各评价指标的最终权重；最后，利用得到的各指标最终权重对规范化处理后的矩阵 $Z_{286 \times 46}$ 各行数据赋权加总得到各地级市的最终得分。

同理，可根据第三章对变异系数—主成分评价模型步骤的详细说明，对区域经济高质量发展各维度进行测度，对各维度进行测度时只考虑本维度下的指标数据。现以绿色生态高质量为例：首先，将本维度下的七个原始数据构成一个 286 行 7 列的矩阵 $R_{286 \times 7}$，根据变异系数法求出各评价指标的权重；其次，将原始数据构成的一个 286 行 7 列的矩阵 $R_{286 \times 7}$ 进行规范化处理得到矩阵 $Z_{286 \times 7}$，利用主成分分析法求出各评价指标的权重；再次，基于以上两种方法求出的权重，取两者的平均值作为本维度下各评价指标的最终权重；最后，利用得到的各指标最终权重对规范化处理后的矩阵 $Z_{286 \times 7}$ 各行数据赋权加总得到各地级市在绿色生态高质量的最终得分。同理，用相同的方法可得出各地级市分别在社会人文、企业发展、经济效率、开放创新和民生共享高质量的最终得分。具体如表 4-1 和表 4-2 所示。

表4-1　区域经济高质量发展总体测度各评价指标权重

维度	指标层	维度指数测度权重	总指数测度权重	
绿色生态高质量	每平方公里废水	0.2163	0.0279	
	每平方公里废气	0.1729	0.0206	
	一般工业固体废物综合利用率	0.1728	0.0243	
	PM2.5浓度	0.1588	0.0189	0.1301
	污水处理厂集中处理率	0.0770	0.0105	
	生活垃圾无害化处理率	0.0401	0.0077	
	人均水资源量	0.1621	0.0202	
社会人文高质量	人口自然增长率	0.3553	0.0479	
	城市认可度	0.2639	0.0315	
	名村名镇传统村落数	0.1814	0.0235	0.1336
	建成区绿化覆盖率	0.0480	0.0065	
	人均公共图书馆图书藏量	0.1513	0.0241	
企业发展高质量	高竞争力企业数	0.1790	0.0329	
	地理标志及驰名商标数	0.1676	0.0281	
	规模以上工业企业企均主营业务税金及附加和增值税	0.0971	0.0194	
	规模以上工业企业企均利润额	0.0791	0.0143	
	规模以上工业企业投入产出率	0.0994	0.0164	0.1753
	在岗职工平均工资	0.1167	0.0172	
	企业产品质量抽检合格率	0.0422	0.0063	
	单位工业产值污染物排放量	0.1157	0.0217	
	万元工业产值电耗	0.1031	0.0191	
经济效率高质量	GDP增长率	0.1037	0.0129	
	通货膨胀率	0.1276	0.0164	
	GDP增长波动率	0.2071	0.0318	
	GDP密度	0.1653	0.0289	0.1515
	人均GDP	0.1239	0.0192	
	公共财政收入增长率	0.2724	0.0424	
开放创新高质量	地方一般公共预算支出中科学技术支出占比	0.0705	0.0176	
	货物进出口总额占GDP比重	0.1100	0.0282	0.2431
	当年实际利用外资金额占GDP比重	0.0550	0.0171	
	规模以上工业企业数量中港澳台和外资企业占比	0.1328	0.0302	

续表

维度	指标层	维度指数测度权重	总指数测度权重	
开放创新高质量	万人拥有 R&D 人员数	0.1022	0.0254	
	万人专利申请数	0.1218	0.0301	
	万人授权专利数	0.1299	0.0325	0.2431
	万人拥有高等和中等职业学校教师数	0.1403	0.0313	
	万人拥有高等和中等职业学校学生数	0.1375	0.0306	
民生共享高质量	城镇居民人均可支配收入	0.1089	0.0197	
	农村居民人均可支配收入	0.0800	0.0142	
	城乡居民收入比	0.0785	0.0162	
	万人拥有中、小学教师数	0.0498	0.0082	
	万人拥有体育馆及博物馆数	0.1466	0.0183	
	万人拥有医院床位数	0.1078	0.0179	0.1665
	万人拥有执业医师（助理）数	0.1128	0.0182	
	城镇登记失业率	0.1014	0.0227	
	地方一般公共预算支出中教育支出占比	0.0564	0.0101	
	人均公共财政收入	0.1577	0.0211	

表4-2 区域经济高质量发展整体及各维度测度得分值

市域	总指数	绿色生态	社会人文	企业发展	经济效率	开放创新	民生共享
贵阳	0.4090	0.6574	0.4672	0.3969	0.5536	0.2669	0.2887
六盘水	0.3055	0.6391	0.3415	0.3813	0.5185	0.0298	0.1464
遵义	0.3476	0.7179	0.4487	0.4392	0.5559	0.0383	0.1647
安顺	0.3268	0.8129	0.3287	0.3382	0.5672	0.0336	0.1443
毕节	0.3143	0.7094	0.3839	0.3473	0.5360	0.0214	0.1434
铜仁	0.3208	0.7412	0.3337	0.3902	0.5428	0.0369	0.1389
武汉	0.4774	0.6981	0.4587	0.5240	0.5442	0.3717	0.3821
黄石	0.3257	0.6883	0.3199	0.3265	0.5122	0.0709	0.2254
十堰	0.3139	0.7361	0.2360	0.3420	0.5132	0.0595	0.1986
宜昌	0.3261	0.6206	0.3081	0.4183	0.4266	0.0827	0.2658
襄阳	0.3090	0.6181	0.2283	0.4037	0.4943	0.0591	0.2162
鄂州	0.3305	0.6485	0.2756	0.3536	0.5546	0.0691	0.2461

续表

市域	总指数	绿色生态	社会人文	企业发展	经济效率	开放创新	民生共享
荆门	0.3124	0.6413	0.2821	0.3439	0.5188	0.0450	0.2258
孝感	0.3117	0.6851	0.2106	0.3426	0.4924	0.1129	0.1744
荆州	0.3107	0.6117	0.2927	0.3763	0.4909	0.0491	0.2224
黄冈	0.3168	0.7028	0.3052	0.3228	0.5410	0.0344	0.2076
咸宁	0.3333	0.7508	0.3415	0.3486	0.5082	0.0481	0.2183
随州	0.3022	0.7218	0.2173	0.3338	0.5012	0.0262	0.2000
成都	0.4374	0.6824	0.4541	0.5485	0.5240	0.2415	0.3294
自贡	0.2936	0.6372	0.1813	0.3689	0.5288	0.0434	0.1793
攀枝花	0.3408	0.7366	0.2661	0.3632	0.5336	0.0804	0.2700
泸州	0.3330	0.7243	0.3854	0.3719	0.5017	0.0488	0.2002
德阳	0.3218	0.6477	0.2781	0.3850	0.5462	0.0821	0.1909
绵阳	0.3345	0.7307	0.3278	0.3756	0.4915	0.0912	0.1980
广元	0.3166	0.8273	0.2344	0.3796	0.5089	0.0242	0.1693
遂宁	0.2994	0.7583	0.1162	0.3958	0.5242	0.0326	0.1660
内江	0.2879	0.7157	0.1723	0.3172	0.4931	0.0371	0.1713
乐山	0.3050	0.7006	0.2334	0.3563	0.5067	0.0495	0.1859
南充	0.3085	0.7384	0.2531	0.3656	0.5043	0.0362	0.1650
眉山	0.2845	0.7336	0.1071	0.3521	0.4753	0.0378	0.1787
宜宾	0.3196	0.6632	0.3252	0.3950	0.5349	0.0351	0.1852
广安	0.3191	0.7494	0.3019	0.3887	0.5246	0.0218	0.1660
达州	0.2902	0.7252	0.1897	0.3245	0.5123	0.0259	0.1624
雅安	0.3096	0.7499	0.1806	0.3089	0.5149	0.0900	0.2051
巴中	0.3078	0.7727	0.2668	0.3577	0.5469	0.0142	0.1390
资阳	0.2834	0.7617	0.0878	0.3490	0.4978	0.0229	0.1674
南昌	0.4124	0.7515	0.3876	0.4053	0.5097	0.3126	0.2470
景德镇	0.3504	0.7400	0.3916	0.3297	0.4685	0.0732	0.3551
萍乡	0.3065	0.6081	0.2529	0.3599	0.4846	0.0725	0.2229
九江	0.3279	0.6900	0.3216	0.3885	0.4757	0.0872	0.1946
新余	0.3376	0.6805	0.3009	0.3321	0.4874	0.1328	0.2535
鹰潭	0.3229	0.7622	0.2260	0.3614	0.4783	0.0677	0.2328
赣州	0.3433	0.7244	0.4403	0.3700	0.4815	0.0964	0.1778
吉安	0.3402	0.7339	0.4055	0.3765	0.4972	0.0647	0.1891

续表

市域	总指数	绿色生态	社会人文	企业发展	经济效率	开放创新	民生共享
宜春	0.3247	0.7357	0.2981	0.3793	0.4949	0.0541	0.1898
抚州	0.3244	0.7899	0.3057	0.3485	0.4882	0.0497	0.1863
上饶	0.2990	0.6189	0.3488	0.3493	0.4593	0.0378	0.1832
南京	0.4991	0.6594	0.4905	0.5435	0.5649	0.4142	0.4180
无锡	0.4583	0.5901	0.4574	0.5369	0.5646	0.2661	0.4417
徐州	0.3587	0.6758	0.3822	0.4327	0.4900	0.0831	0.2697
常州	0.4207	0.6394	0.3422	0.4888	0.5522	0.2206	0.3929
苏州	0.5086	0.6125	0.4555	0.5718	0.5839	0.3891	0.4927
南通	0.4021	0.7350	0.3786	0.4790	0.5066	0.1684	0.3131
连云港	0.3462	0.7276	0.2825	0.4102	0.4896	0.0918	0.2465
淮安	0.3457	0.7127	0.2325	0.5176	0.4133	0.0989	0.2524
盐城	0.3535	0.7263	0.3507	0.4099	0.4500	0.0985	0.2713
扬州	0.3690	0.6999	0.3203	0.4169	0.4920	0.1501	0.2863
镇江	0.4083	0.6845	0.3534	0.4309	0.4995	0.2373	0.3694
泰州	0.3619	0.7037	0.3012	0.4108	0.5195	0.1154	0.2820
宿迁	0.3225	0.6802	0.3552	0.3540	0.4381	0.0556	0.2420
长沙	0.4579	0.7208	0.3884	0.5610	0.5634	0.2663	0.3955
株洲	0.3432	0.7456	0.3692	0.3872	0.4201	0.0877	0.2610
湘潭	0.3500	0.7114	0.3168	0.3711	0.5252	0.1421	0.2187
衡阳	0.3006	0.7006	0.2215	0.3410	0.4493	0.0684	0.2051
邵阳	0.2695	0.6880	0.1736	0.3668	0.4274	0.0295	0.1226
岳阳	0.3240	0.7121	0.3150	0.3877	0.4906	0.0489	0.2139
常德	0.3291	0.7653	0.2425	0.4169	0.5039	0.0495	0.2025
张家界	0.3012	0.8095	0.2036	0.3102	0.5387	0.0397	0.1351
益阳	0.3030	0.7524	0.1614	0.3612	0.5012	0.0420	0.1936
郴州	0.3161	0.7592	0.2964	0.3557	0.4348	0.0542	0.2045
永州	0.3096	0.7807	0.2426	0.3343	0.4986	0.0571	0.1574
怀化	0.3087	0.7871	0.2745	0.3483	0.5134	0.0337	0.1373
娄底	0.2941	0.7426	0.2117	0.3386	0.5031	0.0344	0.1428
杭州	0.5130	0.7075	0.5218	0.6821	0.4591	0.3076	0.5102
宁波	0.4831	0.7277	0.4797	0.5909	0.5525	0.2491	0.4570
温州	0.4087	0.7739	0.4790	0.4584	0.4907	0.0999	0.3659

续表

市域	总指数	绿色生态	社会人文	企业发展	经济效率	开放创新	民生共享
嘉兴	0.4189	0.6633	0.4123	0.4093	0.5352	0.2225	0.4046
湖州	0.4003	0.7263	0.3422	0.4000	0.5331	0.1708	0.3813
绍兴	0.4222	0.6957	0.3963	0.4693	0.5238	0.2012	0.3868
金华	0.4066	0.7598	0.4556	0.4347	0.4939	0.1445	0.3504
衢州	0.3754	0.7490	0.4491	0.3958	0.5055	0.0790	0.2830
舟山	0.3861	0.7719	0.2837	0.3909	0.5293	0.1301	0.3949
台州	0.4013	0.7675	0.4568	0.4305	0.5147	0.0984	0.3564
丽水	0.3884	0.8024	0.5136	0.4126	0.5117	0.0806	0.2749
昆明	0.4123	0.6885	0.3713	0.4311	0.5656	0.2703	0.3176
曲靖	0.3331	0.7170	0.3806	0.3663	0.5529	0.0293	0.2060
玉溪	0.3376	0.7296	0.3242	0.4249	0.4901	0.0556	0.2292
保山	0.3220	0.8066	0.2948	0.3468	0.5367	0.0353	0.1651
昭通	0.3193	0.7082	0.3270	0.3864	0.5695	0.0186	0.1523
丽江	0.3199	0.7807	0.3529	0.3348	0.5107	0.0553	0.1571
普洱	0.3086	0.7487	0.2920	0.3419	0.5276	0.0374	0.1526
临沧	0.3152	0.8292	0.2966	0.3330	0.5319	0.0216	0.1412
合肥	0.4178	0.7003	0.4339	0.4380	0.5367	0.2545	0.2990
芜湖	0.3657	0.6831	0.2667	0.3783	0.5314	0.2006	0.2595
蚌埠	0.3412	0.7151	0.3336	0.3490	0.5353	0.1015	0.2019
淮南	0.3061	0.6604	0.2529	0.3391	0.5152	0.0672	0.1818
马鞍山	0.3472	0.6433	0.2913	0.3650	0.5191	0.1503	0.2491
淮北	0.3190	0.6656	0.2814	0.3450	0.5090	0.0803	0.2018
铜陵	0.3379	0.6633	0.4157	0.3380	0.5163	0.0940	0.2052
安庆	0.3259	0.7265	0.3419	0.3886	0.4699	0.0485	0.1910
黄山	0.3660	0.8421	0.5039	0.3570	0.4961	0.0697	0.2192
滁州	0.3305	0.7296	0.2740	0.3728	0.5338	0.0873	0.1741
阜阳	0.3230	0.6910	0.3454	0.3553	0.5456	0.0294	0.1831
宿州	0.3034	0.6941	0.2725	0.3315	0.5204	0.0372	0.1591
六安	0.3263	0.7623	0.2742	0.3812	0.5252	0.0542	0.1667
亳州	0.3079	0.7101	0.2936	0.3294	0.5190	0.0401	0.1542
池州	0.3131	0.7557	0.2496	0.3329	0.4584	0.0769	0.1877
宣城	0.3418	0.7518	0.3283	0.3826	0.5194	0.0687	0.2155

市域	总指数	绿色生态	社会人文	企业发展	经济效率	开放创新	民生共享
石家庄	0.3667	0.6449	0.3565	0.4397	0.5354	0.1546	0.2375
唐山	0.3246	0.5896	0.2569	0.3915	0.5182	0.0848	0.2551
秦皇岛	0.3616	0.7159	0.3087	0.3627	0.4924	0.2060	0.2356
邯郸	0.3245	0.6274	0.3933	0.3901	0.5111	0.0423	0.1869
邢台	0.3088	0.6583	0.2972	0.3600	0.5041	0.0438	0.1748
保定	0.2998	0.5704	0.3237	0.3781	0.4459	0.0683	0.1817
张家口	0.2984	0.7161	0.2231	0.3393	0.4603	0.0686	0.1735
承德	0.2895	0.6621	0.1994	0.3381	0.4929	0.0497	0.1887
沧州	0.3126	0.7112	0.2177	0.3651	0.4989	0.0517	0.2114
廊坊	0.3506	0.6921	0.3452	0.3798	0.4676	0.1247	0.2617
衡水	0.2912	0.6836	0.1722	0.3312	0.5056	0.0432	0.1799
太原	0.4004	0.5916	0.3373	0.3850	0.5250	0.3297	0.3327
大同	0.2860	0.6204	0.2730	0.3332	0.4210	0.0710	0.1827
阳泉	0.2926	0.5285	0.2727	0.3049	0.5260	0.0614	0.2224
长治	0.3357	0.5959	0.3420	0.4034	0.5651	0.0572	0.2378
晋城	0.3327	0.6344	0.3807	0.3402	0.5414	0.0535	0.2486
朔州	0.3069	0.6377	0.2421	0.3398	0.6162	0.0452	0.1623
晋中	0.3383	0.7142	0.2495	0.3377	0.5151	0.1472	0.2170
运城	0.2895	0.6067	0.1867	0.3190	0.5358	0.0469	0.2023
忻州	0.2768	0.6673	0.2124	0.3068	0.5183	0.0356	0.1212
临汾	0.2876	0.5890	0.2172	0.3067	0.5368	0.0486	0.1918
吕梁	0.3131	0.6058	0.2722	0.3571	0.6577	0.0318	0.1604
呼和浩特	0.3760	0.6435	0.3419	0.4300	0.4333	0.2529	0.2859
包头	0.3319	0.6574	0.3885	0.3674	0.3796	0.1218	0.2779
乌海	0.2970	0.5793	0.2661	0.3464	0.4691	0.0309	0.2617
赤峰	0.2773	0.6790	0.1744	0.3639	0.4299	0.0349	0.1708
通辽	0.2796	0.7074	0.2049	0.3586	0.3244	0.0335	0.2361
鄂尔多斯	0.3653	0.7074	0.3579	0.4902	0.4662	0.0558	0.3232
呼伦贝尔	0.3015	0.7885	0.2427	0.3370	0.3776	0.0502	0.2315
巴彦淖尔	0.2834	0.6924	0.1690	0.3279	0.4203	0.0527	0.2204
乌兰察布	0.2739	0.7032	0.2078	0.3408	0.4049	0.0526	0.1289
沈阳	0.3940	0.7186	0.3655	0.4426	0.4643	0.2337	0.2936

续表

市域	总指数	绿色生态	社会人文	企业发展	经济效率	开放创新	民生共享
大连	0.4298	0.7288	0.4336	0.4744	0.5113	0.2747	0.3048
鞍山	0.3013	0.6192	0.2793	0.3201	0.4914	0.0629	0.2190
抚顺	0.2809	0.5999	0.0942	0.3537	0.4641	0.0859	0.2115
本溪	0.3038	0.6445	0.1311	0.3182	0.5002	0.1316	0.2311
丹东	0.2780	0.7128	0.1142	0.2850	0.4248	0.0809	0.1984
锦州	0.2893	0.7157	0.0428	0.3401	0.4628	0.1251	0.1796
营口	0.3093	0.6760	0.2126	0.3248	0.4766	0.0932	0.2345
阜新	0.2817	0.7499	0.0786	0.2988	0.4617	0.0849	0.1723
辽阳	0.2834	0.5959	0.1128	0.3571	0.4836	0.0615	0.2276
盘锦	0.3211	0.7255	0.2376	0.3126	0.4916	0.0641	0.2784
铁岭	0.2488	0.6839	0.0446	0.3055	0.4061	0.0519	0.1501
朝阳	0.2755	0.7423	0.0906	0.3142	0.4779	0.0375	0.1658
葫芦岛	0.2690	0.7132	0.1314	0.3464	0.4534	0.0281	0.1341
长春	0.3871	0.7415	0.3151	0.4588	0.5367	0.2101	0.2263
吉林	0.2852	0.6241	0.1710	0.3521	0.4139	0.0860	0.2195
四平	0.2463	0.6773	0.1494	0.3340	0.2983	0.0426	0.1510
辽源	0.2725	0.7639	0.1014	0.2944	0.4129	0.0314	0.1954
通化	0.2761	0.7498	0.1548	0.3654	0.3009	0.0490	0.1892
白山	0.2590	0.7271	0.0987	0.3161	0.3584	0.0357	0.1871
松原	0.2667	0.7461	0.1251	0.3067	0.4191	0.0182	0.1613
白城	0.2921	0.7579	0.0915	0.3209	0.4883	0.0974	0.1463
哈尔滨	0.3633	0.7265	0.3367	0.4020	0.4832	0.1763	0.2378
齐齐哈尔	0.2764	0.6957	0.1390	0.3312	0.4598	0.0485	0.1657
鸡西	0.2766	0.6387	0.1692	0.3016	0.5016	0.0263	0.2060
鹤岗	0.2618	0.7382	0.0993	0.2634	0.4215	0.0307	0.2110
双鸭山	0.2722	0.7203	0.0768	0.2999	0.5211	0.0358	0.1665
大庆	0.3245	0.6537	0.2329	0.4004	0.5348	0.0737	0.2458
伊春	0.2712	0.6817	0.1714	0.2654	0.5174	0.0328	0.1728
佳木斯	0.2859	0.7080	0.1498	0.3151	0.5014	0.0388	0.1919
七台河	0.2577	0.7234	0.1070	0.3035	0.4399	0.0092	0.1557
牡丹江	0.3340	0.6985	0.1574	0.5093	0.5099	0.0715	0.2407
黑河	0.2790	0.6636	0.1377	0.3064	0.5227	0.0409	0.1919

续表

市域	总指数	绿色生态	社会人文	企业发展	经济效率	开放创新	民生共享
绥化	0.2748	0.7655	0.0979	0.3223	0.4767	0.0150	0.1589
福州	0.4438	0.7727	0.4678	0.5243	0.5497	0.2386	0.2941
厦门	0.4830	0.5706	0.5691	0.4577	0.5639	0.4209	0.4105
莆田	0.3728	0.7525	0.4164	0.3958	0.5731	0.0836	0.2489
三明	0.3677	0.8265	0.3903	0.4026	0.5476	0.0597	0.2321
泉州	0.4455	0.7657	0.5287	0.5285	0.5448	0.1957	0.3099
漳州	0.4008	0.7625	0.4395	0.5000	0.5472	0.1267	0.2457
南平	0.3473	0.8595	0.2612	0.4085	0.5376	0.0479	0.2116
龙岩	0.3722	0.8208	0.3951	0.3903	0.5355	0.0725	0.2607
宁德	0.3477	0.7679	0.3532	0.4362	0.5289	0.0343	0.2085
济南	0.4408	0.6745	0.4609	0.4935	0.5190	0.2804	0.3561
青岛	0.4492	0.7556	0.4289	0.5330	0.5213	0.2798	0.3317
淄博	0.3741	0.6012	0.3671	0.4989	0.5402	0.1090	0.2966
枣庄	0.3292	0.6882	0.3288	0.3432	0.5105	0.0545	0.2432
东营	0.3848	0.6721	0.3891	0.4651	0.5412	0.1039	0.3259
烟台	0.4067	0.7140	0.4516	0.4973	0.5115	0.1899	0.2731
潍坊	0.3768	0.6735	0.3884	0.5580	0.5079	0.1047	0.2244
济宁	0.3639	0.6996	0.3903	0.5034	0.5061	0.0614	0.2365
泰安	0.3514	0.7015	0.3412	0.4222	0.4873	0.0808	0.2553
威海	0.4080	0.7542	0.3298	0.4387	0.5443	0.1998	0.3381
日照	0.3528	0.6591	0.4070	0.3708	0.5479	0.0898	0.2410
莱芜	0.3191	0.6020	0.2904	0.3170	0.5185	0.0718	0.2656
临沂	0.3587	0.6919	0.5105	0.4309	0.4919	0.0461	0.2218
德州	0.3220	0.6681	0.2654	0.3941	0.5132	0.0533	0.2116
聊城	0.3221	0.6142	0.3532	0.4089	0.4959	0.0473	0.1989
滨州	0.3246	0.6068	0.2535	0.3851	0.5195	0.0765	0.2514
菏泽	0.3166	0.6814	0.3100	0.3871	0.5141	0.0274	0.1860
郑州	0.4479	0.6354	0.5162	0.4260	0.5286	0.3394	0.3621
开封	0.3088	0.6976	0.2843	0.3216	0.5371	0.0629	0.1604
洛阳	0.3341	0.6477	0.3685	0.3606	0.5438	0.0900	0.1991
平顶山	0.3134	0.6785	0.2539	0.3255	0.5444	0.0558	0.2047
安阳	0.2975	0.5729	0.2474	0.3292	0.5422	0.0500	0.2065

续表

市域	总指数	绿色生态	社会人文	企业发展	经济效率	开放创新	民生共享
鹤壁	0.3372	0.6861	0.3168	0.3184	0.5500	0.0775	0.2515
新乡	0.3298	0.6730	0.3478	0.3353	0.5233	0.1013	0.1915
焦作	0.3156	0.6051	0.2833	0.3418	0.5321	0.0867	0.2032
濮阳	0.3223	0.6829	0.3168	0.3391	0.5512	0.0392	0.2080
许昌	0.3299	0.6956	0.3130	0.3618	0.5372	0.0538	0.2170
漯河	0.3372	0.6886	0.3146	0.3628	0.5461	0.0705	0.2260
三门峡	0.3106	0.6083	0.2729	0.3176	0.5506	0.0574	0.2284
南阳	0.3083	0.6962	0.3527	0.3332	0.4936	0.0385	0.1620
商丘	0.3143	0.7020	0.3545	0.3321	0.5544	0.0364	0.1426
信阳	0.3142	0.7200	0.3220	0.3220	0.5211	0.0369	0.1825
周口	0.2995	0.7187	0.2304	0.3816	0.5206	0.0221	0.1287
驻马店	0.3042	0.7194	0.2559	0.3262	0.5362	0.0234	0.1734
广州	0.5554	0.7236	0.5769	0.6017	0.5703	0.4897	0.4564
韶关	0.3230	0.7406	0.2673	0.3280	0.4886	0.0855	0.2178
深圳	0.6934	0.6857	0.7559	0.6865	0.7981	0.5546	0.7358
珠海	0.5234	0.7375	0.4272	0.3920	0.6060	0.5725	0.4421
汕头	0.3483	0.7106	0.3677	0.3650	0.5396	0.0812	0.2242
佛山	0.4840	0.6437	0.5380	0.5402	0.5864	0.2956	0.4260
江门	0.3837	0.7641	0.3529	0.3659	0.5217	0.1955	0.2653
湛江	0.3538	0.7750	0.4004	0.3515	0.5421	0.0722	0.2138
茂名	0.3540	0.7843	0.3351	0.4270	0.5291	0.0402	0.2329
肇庆	0.3483	0.7008	0.3651	0.3550	0.4864	0.1323	0.2318
惠州	0.4411	0.7930	0.4083	0.3695	0.5180	0.3573	0.3056
梅州	0.3323	0.8021	0.3255	0.3382	0.4888	0.0561	0.2052
汕尾	0.3406	0.7989	0.2452	0.3405	0.5681	0.0974	0.1846
河源	0.3398	0.7815	0.2939	0.3292	0.4896	0.1209	0.2083
阳江	0.3261	0.7711	0.2501	0.3472	0.4987	0.0653	0.2146
清远	0.3426	0.7769	0.3052	0.3608	0.4732	0.1085	0.2157
东莞	0.5676	0.4245	0.6451	0.3727	0.6402	0.6301	0.6659
中山	0.4776	0.6447	0.5548	0.3812	0.5605	0.4117	0.4168
潮州	0.3372	0.7509	0.3432	0.3566	0.5001	0.0815	0.1996
揭阳	0.3256	0.7395	0.3420	0.3529	0.4729	0.0526	0.1949

续表

市域	总指数	绿色生态	社会人文	企业发展	经济效率	开放创新	民生共享
云浮	0.3148	0.7167	0.3072	0.3222	0.4871	0.0560	0.1962
南宁	0.3790	0.7488	0.4284	0.3821	0.4782	0.1947	0.2373
柳州	0.3592	0.7404	0.3986	0.3574	0.5374	0.1048	0.2402
桂林	0.3563	0.7995	0.4440	0.3670	0.4553	0.0954	0.2169
梧州	0.3202	0.7183	0.2793	0.4277	0.4265	0.0657	0.1906
北海	0.3766	0.7959	0.2977	0.4636	0.5297	0.1251	0.2258
防城港	0.3224	0.7831	0.2366	0.3637	0.4102	0.0705	0.2380
钦州	0.3279	0.7851	0.2671	0.3784	0.4927	0.0513	0.1931
贵港	0.3068	0.7138	0.2184	0.3305	0.5045	0.0331	0.2176
玉林	0.3330	0.7806	0.3448	0.3533	0.4649	0.0400	0.2251
百色	0.2999	0.6535	0.2492	0.3293	0.5105	0.0405	0.2105
贺州	0.3069	0.7604	0.2829	0.3265	0.4589	0.0503	0.1702
河池	0.2875	0.7040	0.2114	0.3467	0.5032	0.0242	0.1452
来宾	0.2840	0.7410	0.2254	0.2957	0.4483	0.0322	0.1659
崇左	0.3028	0.6961	0.1864	0.3796	0.4531	0.0890	0.1732
海口	0.4383	0.8048	0.4525	0.3853	0.4648	0.3031	0.3772
三亚	0.4036	0.8380	0.3733	0.3523	0.4649	0.2540	0.3051
儋州	0.3422	0.7612	0.2824	0.3469	0.5548	0.1050	0.1941
拉萨	0.3723	0.9651	0.4010	0.1942	0.5409	0.1484	0.2924
西安	0.4182	0.6657	0.4623	0.4141	0.4972	0.3228	0.2714
铜川	0.2953	0.7073	0.2236	0.3205	0.4889	0.0170	0.2238
宝鸡	0.3358	0.6602	0.2776	0.4558	0.5329	0.0470	0.2505
咸阳	0.3137	0.6266	0.3203	0.3735	0.4683	0.0765	0.1982
渭南	0.2976	0.6771	0.2667	0.3247	0.5302	0.0241	0.1664
延安	0.3117	0.6840	0.3512	0.3888	0.4355	0.0383	0.2077
汉中	0.2953	0.6385	0.2834	0.3540	0.5000	0.0349	0.1724
榆林	0.3047	0.6537	0.1189	0.4164	0.6020	0.0266	0.2015
安康	0.3030	0.7461	0.3032	0.3413	0.4557	0.0206	0.1762
商洛	0.2676	0.6081	0.2193	0.3332	0.4528	0.0251	0.1563
兰州	0.4000	0.7265	0.3220	0.4100	0.5068	0.2707	0.3013
嘉峪关	0.3366	0.6840	0.2781	0.3128	0.5278	0.0642	0.3521
金昌	0.2913	0.6459	0.1932	0.3149	0.4845	0.0447	0.2372

市域	总指数	绿色生态	社会人文	企业发展	经济效率	开放创新	民生共享
白银	0.2888	0.7424	0.2049	0.3214	0.4323	0.0372	0.1810
天水	0.2917	0.7386	0.2687	0.3314	0.4728	0.0355	0.1227
武威	0.2802	0.7424	0.1836	0.3035	0.4466	0.0342	0.1694
张掖	0.3172	0.7740	0.3019	0.3171	0.4432	0.0572	0.2223
平凉	0.2785	0.7019	0.1952	0.3256	0.4789	0.0238	0.1499
酒泉	0.3041	0.7081	0.1832	0.3115	0.4455	0.0581	0.2928
庆阳	0.3047	0.7360	0.2328	0.4139	0.4640	0.0325	0.1515
定西	0.2744	0.7413	0.2473	0.2930	0.4300	0.0206	0.1326
陇南	0.2380	0.5952	0.1998	0.3152	0.3409	0.0167	0.1385
西宁	0.3441	0.7010	0.3994	0.3152	0.5100	0.1067	0.2518
海东	0.2823	0.7496	0.2439	0.2861	0.4735	0.0227	0.1386
银川	0.3721	0.6296	0.4160	0.3886	0.5084	0.1885	0.2845
石嘴山	0.2830	0.5680	0.2808	0.3112	0.4408	0.0651	0.2011
吴忠	0.2921	0.6958	0.3169	0.3240	0.4399	0.0225	0.1762
固原	0.2771	0.7381	0.2594	0.3284	0.4053	0.0219	0.1365
中卫	0.2866	0.6586	0.2779	0.3202	0.4857	0.0392	0.1445
乌鲁木齐	0.3873	0.6561	0.2936	0.3913	0.4861	0.2350	0.3819
克拉玛依	0.4441	0.7784	0.4257	0.4965	0.5436	0.1067	0.5055

二、中国市域经济高质量发展聚类分析

从前述研究可以看出，无论是高质量发展的总体状况还是各细分维度状况，全国各市域间是不平衡、有差距的。接着我们将对我国市域经济高质量发展的差异进行聚类分析，并对若干典型市域进行全面剖析。

（一）市域经济高质量发展指数聚类

1. 总指数聚类

中国 286 个市域经济高质量发展评价平均得分为 0.3386，184 个城市得分低于平均水平，其中 135 个城市（占比约 47.20%）得分集中在 0.3000 ~ 0.3499，这表明总体经济高质量发展整体水平一般，有待改善；最高得分为深圳 0.6934 分，第二名东莞得分为 0.5676，第三名广州得分为 0.5554。另有 8 个城市得分超过 0.4500 分，得分排在前 10 位的依次是深圳、东莞、广州、珠海、杭州、苏州、南京、佛山、宁波、厦门，平均得分为 0.5310，明显高于全国平均水平，这十个市域经济相对发达，属于东部地区，其中 5 市属于广东省、2 市属于江苏省、2 市属于浙江省、福建省 1 市入列。排在第一位的得分是排在最后一位的 2.91 倍；前 10 位平均得分为 0.5310 分，后 10 位平均得分为 0.2584 分，前 10 位平均分是后 10 位的 2.05 倍；前 50 位平均得分为 0.4421 分，后 50 位平均得分为 0.2769 分，前 50 位市域平均分是后 50 位市域的 1.6 倍，这表明本书分析的中国 286 个市域经济高质量发展水平存在较大差异（见图 4 - 1）。

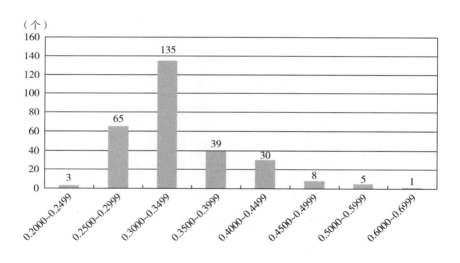

图 4 - 1　中国市域经济高质量发展总得分区间分布情况

经济高质量发展总得分位于 0.6000 ~ 0.6999 的仅有深圳市，具体情况如表 4 - 3 所示。

表 4 - 3　深圳市经济高质量发展总指数及各维度得分排名情况

市域		总指数	绿色生态	社会人文	企业发展	经济效率	开放创新	民生共享
深圳	得分	0.6934	0.6857	0.7559	0.6865	0.7981	0.5546	0.7358
	排名	1	187	1	1	1	3	1

经济高质量发展总得分位于 0.5000 ~ 0.5999 的共有五个市域，分别是东莞 0.5676 分、广州 0.5554 分、珠海 0.5234 分、杭州 0.5130 分、苏州 0.5086 分，与排名第一的深圳还有一定的差距。5 个市域有 3 个属于广东省、浙江省和江苏省各 1 个。经济高质量发展全国排名前四的城市均属于广东省。这五个市域的经济高质量发展情况如表 4 - 4 所示。

表 4 - 4　经济高质量发展总得分位于区间 0.5000 ~ 0.5999 的城市得分排名情况

市域		总指数	绿色生态	社会人文	企业发展	经济效率	开放创新	民生共享
东莞	得分	0.5676	0.4245	0.6451	0.3727	0.6402	0.6301	0.6659
	排名	2	286	2	118	3	1	2
广州	得分	0.5554	0.7236	0.5769	0.6017	0.5703	0.4897	0.4564
	排名	3	115	3	3	10	4	7
珠海	得分	0.5234	0.7375	0.4272	0.3920	0.6060	0.5725	0.4421
	排名	4	91	37	80	5	2	8
杭州	得分	0.5130	0.7075	0.5218	0.6821	0.4591	0.3076	0.5102
	排名	5	148	8	2	239	15	3
苏州	得分	0.5086	0.6125	0.4555	0.5718	0.5839	0.3891	0.4927
	排名	6	261	24	5	8	8	5

经济高质量发展总得分位于 0.4500 ~ 0.4999 的共八个城市，分别是南京 0.4991 分、佛山 0.4840 分、宁波 0.4831 分、厦门 0.4830 分、中山 0.4776 分、武汉 0.4774 分、无锡 0.4583 分、长沙 0.4579 分，平均得分为 0.4775 分。其中 6 市属于东部地区、2 市属于中部地区。八市的经济高质量发展情况如表4 - 5 所示。

表 4 - 5 经济高质量发展总得分位于区间 0. 4500 ~ 0. 4999 的城市得分排名情况

市域		总指数	绿色生态	社会人文	企业发展	经济效率	开放创新	民生共享
南京	得分	0.4991	0.6594	0.4905	0.5435	0.5649	0.4142	0.4180
	排名	7	222	13	9	16	6	11
佛山	得分	0.4840	0.6437	0.5380	0.5402	0.5864	0.2956	0.4260
	排名	8	239	6	10	7	17	10
宁波	得分	0.4831	0.7277	0.4797	0.5909	0.5525	0.2491	0.4570
	排名	9	103	14	4	27	29	6
厦门	得分	0.4830	0.5706	0.5691	0.4577	0.5639	0.4209	0.4105
	排名	10	282	4	33	18	5	13
中山	得分	0.4776	0.6447	0.5548	0.3812	0.5605	0.4117	0.4168
	排名	11	237	5	105	20	7	12
武汉	得分	0.4774	0.6981	0.4587	0.5240	0.5442	0.3717	0.3821
	排名	12	167	20	15	43	9	19
无锡	得分	0.4583	0.5901	0.4574	0.5369	0.5646	0.2661	0.4417
	排名	13	277	21	11	17	25	9
长沙	得分	0.4579	0.7208	0.3884	0.5610	0.5634	0.2663	0.3955
	排名	14	118	59	6	19	24	15

经济高质量发展得分位于 0. 4000 ~ 0. 4499 的共 30 个城市，平均得分为 0. 4199 分。其中 19 个属于东部、7 个属于西部、3 个属于中部、1 个属于东北部。

经济高质量发展得分位于 0. 3500 ~ 0. 3999 的共 39 个城市，平均得分为 0. 3682 分。其中 23 个属于东部、9 个属于西部、4 个属于中部、3 个属于东北部。

经济高质量发展得分位于 0. 3000 ~ 0. 3499 的共 135 个城市，平均得分为 0. 3224 分。其中 55 个属于中部、47 个属于西部、27 个属于东部、6 个属于东北部。

经济高质量发展得分位于 0. 2500 ~ 0. 2999 的共 65 个城市，平均得分为 0. 2837 分。其中 34 个属于西部、22 个属于东北、5 个属于中部、4 个属于东部。

经济高质量发展得分位于 0.2000～0.2499 的共三个城市,平均得分为 0.2443 分。其中 2 个属于东北部、1 个属于西部。

2. 绿色生态指数聚类

如图 4-2 所示,绿色生态高质量发展得分位于 0.9000～0.9999 的仅有拉萨市,得分为 0.9651 分,在绿色生态高质量发展中领先于其他市域。

绿色生态高质量发展得分位于 0.8000～0.8999 的有 13 个城市,平均得分为 0.8217 分,其中东部 7 个、西部 4 个、中部 2 个。

绿色生态高质量发展得分位于 0.7000～0.7999 的有 149 个城市,平均得分为 0.7395 分,其中西部 52 个、东部 42 个、中部 35 个、东北部 20 个。

绿色生态高质量发展得分位于 0.6000～0.6999 的有 108 个城市,平均得分为 0.6595 分,其中中部 38 个、东部 31 个、西部 27 个、东北部 12 个。

绿色生态高质量发展得分位于 0.5000～0.5999 的有 16 个城市,平均得分为 0.5812 分,其中中部 5 个、东部 4 个、西部 4 个、东北部 3 个。

绿色生态高质量发展得分位于 0.4000～0.4999 的仅有东莞市,得分为 0.4245 分。

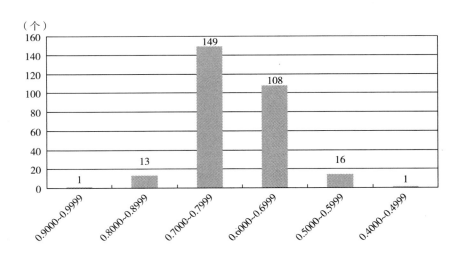

图 4-2 中国市域经济绿色生态高质量发展得分区间分布情况

3. 社会人文指数聚类

如图 4-3 所示，社会人文高质量发展得分位于 0.7000 ~ 0.7999 的仅有深圳市，为 0.7559 分，为全国最高。得分位于 0.6000 ~ 0.6999 的为东莞市，为 0.6451 分，位列第二。

社会人文高质量发展得分位于 0.5000 ~ 0.5999 的有 10 个城市，平均得分为 0.5334 分，其中东部 8 个、中部 2 个。

社会人文高质量发展得分位于 0.4000 ~ 0.4999 的有 35 个城市，平均得分为 0.4409 分，其中东部 20 个、西部 9 个、中部 5 个、东北部 1 个。

社会人文高质量发展得分位于 0.3000 ~ 0.3999 的有 95 个城市，平均得分为 0.3451 分，其中东部 37 个、中部 30 个、西部 25 个、东北部 3 个。

社会人文高质量发展得分位于 0.2000 ~ 0.2999 的有 97 个城市，平均得分为 0.2563 分，其中中部 40 个、西部 37 个、东部 16 个、东北部 4 个。

社会人文高质量发展得分位于 0.1000 ~ 0.1999 的有 36 个城市，平均得分为 0.1576 分，其中东北部 16 个、西部 15 个、中部 3 个、东部 2 个。

社会人文高质量发展得分位于 0.0000 ~ 0.0999 的有 11 个城市，平均得分为 0.0821 分，其中东北部 10 个、西部 1 个。

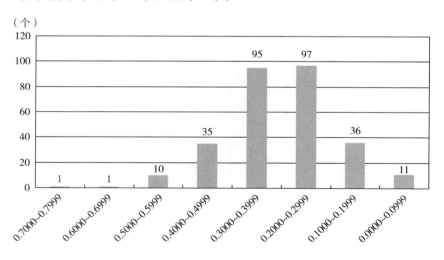

图 4-3　中国市域经济社会人文高质量发展得分区间分布情况

4. 企业发展指数聚类

如图 4 - 4 所示，企业发展高质量得分位于 0.6000 ~ 0.6999 的有深圳市、杭州市、广州市，平均得分为 0.6568 分，均为东部城市。

企业发展高质量得分位于 0.5000 ~ 0.5999 的有 16 个城市，平均得分为 0.5369 分，其中东部 12 个、中部 2 个、西部和东北部各 1 个。

企业发展高质量得分位于 0.4000 ~ 0.4999 的有 54 个城市，平均得分为 0.4356 分，其中东部 29 个，西部 13 个、中部 7 个、东北部 5 个。

企业发展高质量得分位于 0.3000 ~ 0.3999 的有 203 个城市，平均得分为 0.3490 分，其中中部 71 个，西部 69 个、东部 41 个、东北部 22 个。

企业发展高质量得分位于 0.2000 ~ 0.2999 的有 9 个城市，平均得分为 0.2869 分，其中东北部 6 个、西部 3 个。

企业发展高质量得分位于 0.1000 ~ 0.1999 的为拉萨市，得分为 0.1942 分。

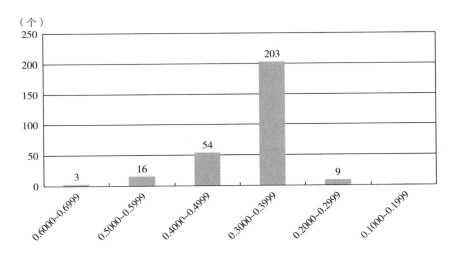

图 4 - 4 中国市域经济企业发展高质量得分区间分布情况

5. 经济效率指数聚类

如图 4 - 5 所示，经济效率高质量发展得分位于 0.7000 ~ 0.7999 的仅有深圳市，得分为 0.7981 分，居全国第一。

经济效率高质量发展得分位于 0.6000～0.6999 的有 5 个城市，平均得分为 0.6244 分，其中东部和中部各 2 个、西部 1 个。

经济效率高质量发展得分位于 0.5000～0.5999 的有 157 个城市，平均得分为 0.5299 分，其中东部和中部各 53 个、西部 41 个、东北部 10 个。

经济效率高质量发展得分位于 0.4000～0.4999 的有 116 个城市，平均得分为 0.4656 分，其中西部 41 个、东部 29 个、中部 25 个、东北部 21 个。

经济效率高质量发展得分位于 0.3000～0.3999 的有 6 个城市，平均得分为 0.3470 分，其中西部 4 个、东北部 2 个。

经济效率高质量发展得分位于 0.2000～0.2999 的为四平市，得分为 0.2983 分。

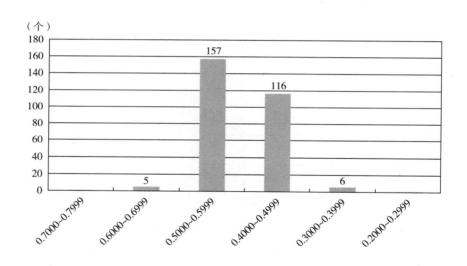

图 4 - 5 中国市域经济效率高质量发展得分区间分布情况

6. 开放创新指数聚类

如图 4 - 6 所示，开放创新高质量发展得分位于 0.6000～0.6999 的仅有东莞市，得分为 0.6301 分，居全国第一。

开放创新高质量发展得分位于 0.5000～0.5999 的有珠海市和深圳市，平均得分为 0.5636 分。

开放创新高质量发展得分位于 0.4000~0.4999 的有 4 个城市，平均得分为 0.4341 分，均属于东部。

开放创新高质量发展得分位于 0.3000~0.3999 的有 9 个城市，平均得分为 0.3370 分，其中东部和中部各 4 个、西部 1 个。

开放创新高质量发展得分位于 0.2000~0.2999 的有 24 个城市，平均得分为 0.2470 分，其中东部 12 个、西部 6 个、中部和东北部各 3 个。

开放创新高质量发展得分位于 0.1000~0.1999 的有 38 个城市，平均得分为 0.1387 分，其中东部 20 个、西部 8 个、中部 7 个、东部 3 个。

开放创新高质量发展得分位于 0.0000~0.0999 的有 208 个城市，平均得分为 0.0527 分，其中西部 72 个、中部 66 个、东部 42 个、东北部 28 个。

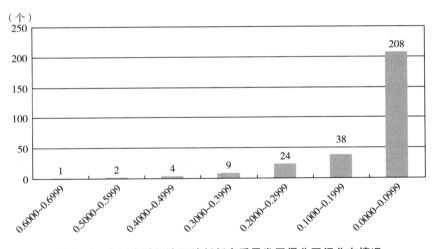

图 4-6　中国市域经济开放创新高质量发展得分区间分布情况

7. 民生共享指数聚类

如图 4-7 所示，民生共享高质量发展得分位于 0.7000~0.7999 的仅有深圳市，得分为 0.7358 分，居全国第一。

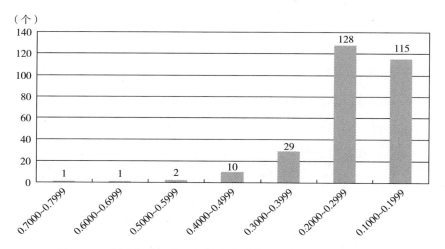

图4-7 中国市域经济民生共享高质量发展得分区间分布情况

民生共享高质量发展得分位于 0.6000~0.6999 的为东莞市，得分为 0.6659 分，位列第二。

民生共享高质量发展得分位于 0.5000~0.5999 的是杭州和克拉玛依，平均得分为 0.5078 分。

民生共享高质量发展得分位于 0.4000~0.4999 的有 10 个城市，平均得分为 0.4366 分，均属于东部。

民生共享高质量发展得分位于 0.3000~0.3999 的有 29 个城市，平均得分为 0.3482 分，其中东部 17 个、西部 6 个、中部 5 个、东北部 1 个。

民生共享高质量发展得分位于 0.2000~0.2999 的有 128 个城市，平均得分为 0.2361 分，其中东部 42 个、中部 40 个、西部 32 个、东北部 14 个。

民生共享高质量发展得分位于 0.1000~0.1999 的有 115 个城市，平均得分为 0.1686 分，其中西部 48 个、中部 35 个、东北部 19 个、东部 13 个。

（二）市域经济高质量发展 TOP5 市域剖析

由图 4-8 可知，深圳市之所以经济高质量发展水平名列第一且遥遥领先于其他市域，得益于其在社会人文、企业发展、经济效率、民生共享四个维度中均名列第一，开放创新维度名列第三，遗憾的是绿色生态维度排名靠后，且低于全

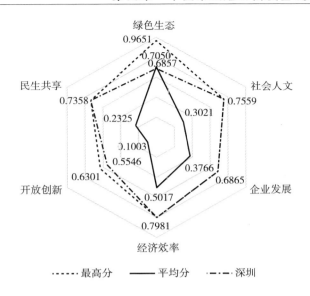

图 4 – 8 深圳市经济高质量发展六维度得分雷达图

国平均水平。

深圳市在绿色生态高质量发展中以 0.6857 分仅排名第 187 位，低于全国平均值 0.7050，落后第一位的拉萨 0.2794 分。在绿色生态高质量评价的七个评价指标中，深圳生活垃圾无害优化处理率达到 100%，与其他 152 个城市并列第一，PM2.5 年平均浓度 28.49μg/m³，排名全国第 30 位，污水处理厂集中处理率 96.81%，排名全国第 48 位，这三个指标深圳市做得比较好；但是废气排放量 4.44t/km²，排名全国第 170 位，一般工业固体废物综合利用率 74.72%，排名全国第 189 位，人均水资源量 477.56m³/人，排名全国第 197 位，废水排放量 39829.74t/km²，排名全国第 281 位，这四个指标排名靠后，表明深圳要高度重视环境生态，淘汰高污染企业和产能，严格控制废水废气的排放，建设一个绿色生态能同其社会人文、企业发展、经济效率、民生共享高质量发展相匹配的高质量发展全国甚至全球标杆市域。

深圳市在社会人文高质量发展中以 0.7559 分排名第一，为全国平均值 0.3021 分的 2.5 倍，发展水平较高，优势明显。在社会人文高质量评价的五个评价指标中，深圳市人口自然增长率 25.18‰，排名全国第一位；城市认可度得分 7.59，排名全国第 10 位；建成区绿化覆盖率 45.10%，排名全国第 28 位；名村名镇传统村落数 2 个，排名全国第 205 位；人均公共图书馆图书藏量 9.9390 册/万人，排名全国第二位。

深圳市在企业发展高质量发展维度以 0.6865 分排名第一，为全国平均值 0.3766 的 1.82 倍。在企业发展高质量评价的九个评价指标中，高竞争力企业数 87 个，排名全国第一位；在岗职工平均工资 100173 元，排名全国第四位；单位工业产值污染物排放量 0.2477 吨/万元，排名全国第六位；地理标志及驰名商标数 101 个，排名全国第八位；万元工业产值电耗 151.69 千瓦时/万元，排名全国第 24 位；规模以上工业企业企均利润额 2645.51 万元，排名全国第 57 位；规模以上工业企业企均主营业务税金及附加和增值税 1258.97 万元，排名全国第 108 位；规模以上工业企业投入产出率 11.47%，排名全国第 162 位；企业产品质量抽检合格率 90.46%，排名全国第 233 位。

虽然深圳市企业发展高质量整体水平较高，但个别指标仍然有提升的空间。比如，打造更强的制造业，尤其是提升产品合格率，才能更体现其高水平的高质量发展。

深圳市在经济效率高质量发展维度以 0.7981 分排名第一位，为全国平均值 0.5017 的 1.59 倍。在经济效率高质量评价的六个评价指标中，深圳市 GDP 密度 112360.5 万元/平方公里，排名全国第一位；人均 GDP 547277.8 元/人，排名全国第一位；GDP 增长率 8.8%，排名全国第 45 位；GDP 增长波动率 2.22%，排名全国第 47 位；物价波动程度 1.4%，排名全国第 118 位；公共财政收入增长率 6.24%，排名全国第 131 位。

深圳市在开放创新高质量发展维度以 0.5546 分排名第三，为全国平均值 0.1003 的 5.53 倍，落后第一的东莞 0.0755 分。在开放创新维度，遥遥领先于大多数市域，处于较高的水平。在开放创新高质量评价的九个评价指标中，深圳市万人拥有 R&D 人员数 686.27 人，排名全国第一位；万人专利申请数 431.96 项，排名全国第一位；万人授权专利数 229.88 件，排名全国第一位；地方一般公共

预算支出中科学技术支出占比 7.66%，排名全国第六位；货物进出口总额占
GDP 比重 124.62%，排名全国第六位；万人拥有高等学校和中等职业学校教师
数 20.02 人，排名全国第 56 位；当年实际利用外资金额占 GDP 比重 2.23%，排
名全国第 71 位；万人拥有高等学校和中等职业学校学生数 292.31 人，排名全国
第 77 位。

深圳市在民生共享高质量发展维度以 0.7358 分排名第一，为全国平均值
0.2325 的 3.16 倍。在民生共享高质量评价的 10 个评价指标中，深圳市农村居民
人均可支配收入 52938 元，排名全国第一位；城乡居民收入比为 1，排名全国第
一位；人均公共财政收入 81271.47 元，排名全国第一位；万人拥有执业医师
（助理）数 81.22 人，排名全国第二位；万人拥有中、小学教师数 203.40 人，排
名全国第三位；体育场馆数 194 个，排名全国第四位；万人拥有医院床位数
97.31 个，排名全国第四位；城镇居民人均可支配收入 52938 元，排名全国第八
位；城镇登记失业率 2.2%，排名全国第 43 位；地方一般公共预算支出中教育支
出占比 11.08%，排名全国第 274 位。

由图 4－9 可知，东莞市经济高质量发展水平名列第二主要得益于其开放创
新、民生共享、社会人文、经济效率方面发展较好，但是企业发展高质量方面发
展相对较弱，与其整体排名不相匹配，绿色生态高质量发展水平较低，排名
最后。

东莞市在绿色生态高质量发展中以 0.4245 分排名第 286 位，低于全国平均
值 0.7050，落后第一位的拉萨 0.5406 分。在绿色生态高质量评价的七个评价指
标中，东莞废水排放量 84632.65t/km²，排名全国第 285 位；废气排放量 81.37t/km²，
排名全国第 286 位；一般工业固体废物综合利用率 72.4%，排名全国第 198 位；
生活垃圾无害优化处理率达到 100%，与其他 152 个城市并列排名全国第一位；
人均水资源量 1018.66 立方米/人，排名全国第 143 位。东莞市绿色生态高质量
发展水平亟待提高，尤其是在废水废气排放方面要努力改善。

东莞市在社会人文高质量发展中以 0.6451 分排名第二，为全国平均值
0.3020 分的 2.14 倍，落后第一的深圳 0.1108 分。在社会人文高质量评价的五个

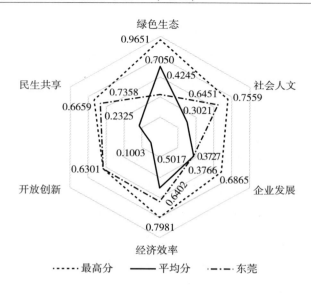

图 4 - 9　东莞市经济高质量发展六维度得分雷达图

评价指标中，东莞市人口自然增长率 17.46‰，排名全国第七位；城市认可度得分 8.25，排名全国第七位；名村名镇传统村落数 9 个，排名全国第 125 位；建成区绿化覆盖率 48.00%，排名全国第九位，人均公共图书馆图书藏量 5.0922 册/万人，排名全国第四位。

东莞市在企业发展高质量发展中以 0.3727 分排名第 118，略低于全国平均值 0.3766 分，落后第一的深圳 0.3137 分。在企业发展高质量评价的九个评价指标中，规模以上工业企业企均主营业务税金及附加和增值税 594.43 万元，排名全国第 221 位；规模以上工业企业企均利润额 941.51 万元，排名全国第 220 位；规模以上工业企业投入产出率 10.23%，排名全国第 187 位；在岗职工平均工资 61619 元，排名全国第 152 位；企业产品质量抽检合格率 91.63%，排名全国第 219 位；单位工业产值污染物排放量 1.18 吨/万元，排名全国第 153 位；万元工业产值电耗 315.05 千瓦时/万元，排名全国第 128 位。

东莞市在经济效率高质量发展中以 0.6402 分排名第三位，为全国平均值 0.5017 的 1.28 倍，落后第一的深圳 0.1579 分。在经济效率高质量评价的六个评价指标中，GDP 增长波动率为 0，排名全国第一位；GDP 密度 30947.43 万元/平方公里，排名全国第二位；人均 GDP 368064.1 元/人，排名全国第二位。

东莞市在开放创新高质量发展中以 0.6301 分排名第一，为全国平均值 0.1003 的 6.28 倍。在开放创新高质量评价的九个评价指标中，东莞市地方一般公共预算支出中科学技术支出占比 5.09%，排名全国第 15 位；货物进出口总额占 GDP 比重 161.33%，排名全国第三位；当年实际利用外资金额占 GDP 比重 1.53%，排名全国第 109 位；规模以上工业企业数量中港澳台和外资企业占比 40.93%，排名全国第三；万人拥有 R&D 人员数为 398.69 人，排名全国第二位；万人专利申请数为 394.54 件，排名全国第二位；万人授权专利数 219.44 件，排名全国第二位。

东莞市在民生共享高质量发展中以 0.6659 分排名第二，为全国平均值 0.2325 的 2.86 倍，落后第一的深圳 0.0699 分。在民生共享高质量评价的十个评价指标中，农村居民人均可支配收入 29078 元，排名全国第八位；城乡居民收入比 1.61，排名全国第五位；万人拥有中、小学教师数 264.03 人，排名全国第二位；体育场馆数 171 个，排名全国第六位；万人拥有医院床位数 141 个，排名全国第一位；万人拥有执业医师（助理）数 84.98 人，排名全国第一位；人均公共财政收入 28741.17 元，排名全国第三位。

由图 4-10 可知，广州市经济高质量发展水平名列第三主要得益于其社会人文、企业发展、开放创新、民生共享、经济效率方面发展较好，但是绿色生态高质量方面发展相对较弱，与其整体排名不相匹配。

广州市在绿色生态高质量发展中以 0.7236 分排名第 115 位，略高于全国平均值 0.7050，落后第一位的拉萨 0.2415 分。在绿色生态高质量评价的七个评价指标中，广州废水排放量 27717.25t/km²，排名全国第 275 位；废气排放量 5.76t/km²，排名全国第 193 位；生活垃圾无害优化处理率达到 96.5%，排名全国第 221 位；人均水资源量 919.57 立方米/人，排名全国第 146 位。广州市绿色生态高质量发展水平有待提高，尤其是在废水废气排放方面要努力改善，同时也

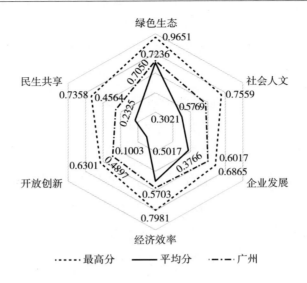

图 4 - 10　广州市经济高质量发展六维度得分雷达图

要提高生活垃圾无害化处理率。

广州市在社会人文高质量发展中以 0.5769 分排名第三位，为全国平均值 0.3020 分的 1.91 倍，落后第一位的深圳 0.1790 分，社会人文高质量发展水平较高。在社会人文高质量评价的五个评价指标中，广州市人口自然增长率15.59‰，排名全国第 10 位；人均公共图书馆图书藏量 2.95 册/万人，排名全国第九位。

广州市在企业发展高质量中以 0.6017 分排名第三位，是全国平均值 0.3766 分的 1.6 倍，落后第一位的深圳 0.0845 分。在企业发展高质量评价的九个评价指标中，广州市高竞争力企业数 57 个，排名全国第四位；在岗职工平均工资 98612 元，排名全国第五位；企业产品质量抽检合格率90.30%，排名全国第 237 位；单位工业产值污染物排放量 1.16 吨/万元，排名全国第 151 位。广州市提升企业发展高质量水平可从降低电耗和单位工业产值污染物排放量、提高企业产品质量抽检合格率入手。

广州市在经济效率高质量发展中以 0.5703 分排名第 10 位，略高于全国平均值（0.5017）0.0686 分，落后第一位的深圳 0.2278 分。在经济效率高质量评价的六个评价指标中，广州市 GDP 增长率为 7%，排名全国第 185 位；物价波动程度 2.3%，排名全国第 271 位；GDP 增长波动率 14.63%，排名全国第 185 位；GDP 密度 28925.41 万元/平方公里，排名全国第三位；人均 GDP 243248.30 元/人，排名全国第四位。

广州市在开放创新高质量发展中以 0.4897 分排名第四位，为全国平均值 0.1003 的 4.88 倍，落后第一位的东莞 0.1404 分。在开放创新高质量评价的九个评价指标中，广州市地方一般公共预算支出中科学技术支出占比 7.85%，排名全国第五位；规模以上工业企业数量中港澳台和外资企业占比 29.78%，排名全国第 10 位；万人拥有 R&D 人员数为 145.44 人，排名全国第九位；万人专利申请数为 133.86 件，排名全国第七位；万人授权专利数 68.10 件，排名全国第七位；万人拥有高等学校和中等职业学校教师数 78.37 人，排名全国第三位；万人拥有高等学校和中等职业学校学生数 1430.01 人，排名全国第三位。

广州市在民生共享高质量发展中以 0.4564 分排名第七位，为全国平均值 0.2325 的 1.96 倍，落后第一位的深圳 0.2794 分。在民生共享高质量评价的十个评价指标中，广州市城镇居民人均可支配收入 55400 元，排名全国第四位；体育场馆数 203 个，排名全国第三位；万人拥有医院床位数 92.47 个，排名全国第九位；万人拥有执业医师（助理）数 56.27 人，排名全国第七位；地方一般公共预算支出中教育支出占比 18.50%，排名全国第 106 位；人均公共财政收入 17383.90 元，排名全国第 13 位。

由图 4-11 可知，珠海市经济高质量发展水平名列第四主要得益于其开放创新、经济效率、民生共享方面发展较好，但是社会人文、企业发展、绿色生态高质量方面发展相对较弱，与其整体排名不相匹配。

珠海市在绿色生态高质量发展中以 0.7375 分排名第 91 位，略高于全国平均值 0.7050，落后第一位的拉萨 0.2276 分。在绿色生态高质量评价的七个评价指标中，珠海废水排放量 25241.94t/km²，排名全国第 274 位；废气排放量 9.67t/km²，排名全国第 240 位；生活垃圾无害优化处理率达到 100%，与其他 152 个城市并列全国第一位；人均水资源量 1523.14 立方米/人，排名全国第 108

位。珠海市绿色生态高质量发展水平有待提高，尤其是在废水废气排放方面要努力改善。

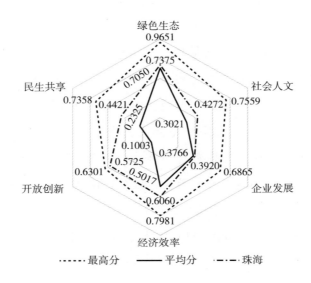

图4-11 珠海市经济高质量发展六维度得分雷达图

珠海市在社会人文高质量发展中以 0.4274 分排名第 37 位，为全国平均值 0.3020 分的 1.42 倍，落后第一位的深圳 0.3285 分。在社会人文高质量评价的五个评价指标中，名村名镇传统村落数 4 个，排名全国第 171 位；建成区绿化覆盖率 48.20%，排名全国第九位。

珠海市在企业发展高质量中以 0.3920 分排名第 80 位，略高于全国平均值 0.3766 分，落后第一位的深圳 0.2945 分。在企业发展高质量评价的九个评价指标中，地理标志及驰名商标数 7 个，排名全国第 210 位；规模以上工业企业企均主营业务税金及附加和增值税 1313.86 万元，排名全国第 102 位；规模以上工业企业投入产出率 10.25%，排名全国第 186 位；企业产品质量抽检合格率 95.04%，排名全国第 133 位；单位工业产值污染物排放量 1.11 吨/万元，排名全国第 143 位。

珠海市在经济效率高质量发展中以 0.6060 分排名第五位，高于全国平均值（0.5017）0.1043 分，落后第一位的深圳 0.1921 分。在经济效率高质量评价的六个评价指标中，GDP 增长波动率 8.24%，排名全国第 142 位；人均 GDP 219207.69 元/人，排名全国第八位；公共财政收入增长率 7.53%，排名全国第 109 位。

珠海市在开放创新高质量发展中以 0.5725 分排名第二位，为全国平均值 0.1003 的 5.71 倍，落后第一位的东莞 0.0576 分。在开放创新高质量评价的九个评价指标中，珠海市地方一般公共预算支出中科学技术支出占比 9.17%，排名全国第四位；货物进出口总额占 GDP 比重 116.49%，排名全国第七位；当年实际利用外资金额占 GDP 比重 6.41%，排名全国第七位；规模以上工业企业数量中港澳台和外资企业占比 42.22%，排名全国第一；万人拥有 R&D 人员数为 237.26 人，排名全国第五位；万人专利申请数 177.24 件，排名全国第五位；万人授权专利数 107.21 件，排名全国第四位；万人拥有高等学校和中等职业学校教师数 63.93 人，排名全国第八位；万人拥有高等学校和中等职业学校学生数 1341.42 人，排名全国第五位。

珠海市在民生共享高质量发展中以 0.4421 分排名第八位，为全国平均值 0.2325 的 1.9 倍，落后第一位的深圳 0.2937 分。在民生共享高质量评价的十个评价指标中，万人拥有中、小学教师数 130.42 人，排名全国第八位；万人拥有医院床位数 71.24 个，排名全国第九位；万人拥有执业医师（助理）数 54.93 人，排名全国第 10 位；地方一般公共预算支出中教育支出占比 15.03%，排名全国第 212 位；人均公共财政收入 26869.75 元，排名全国第六位。

由图 4-12 可知，杭州市经济高质量发展水平名列第五主要得益于其企业发展、民生共享、社会人文、开放创新方面发展较好，但是绿色生态及经济效率高质量方面发展较弱，与其整体排名不相匹配。

杭州市在绿色生态高质量发展中以 0.7075 分排名第 148 位，略高于全国平均值 0.7050，落后第一位的拉萨 0.2576 分。在绿色生态高质量评价的七个评价指标中，杭州废水排放量 14798.14t/km²，排名全国第 266 位；废气排放量

4.46t/km^2，排名全国第 172 位；一般工业固体废物综合利用率 77.06％，排名全国第 176 位；PM2.5 年平均浓度 43.89μg/m^3，排名全国第 143 位；污水处理厂集中处理率 95.10％，排名全国第 104 位；生活垃圾无害化处理率达到 100％，与其他 152 个城市并列全国第一位。

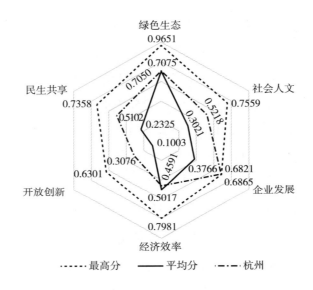

图 4 - 12　杭州市经济高质量发展六维度得分雷达图

杭州市在社会人文高质量发展中以 0.5218 分排名第八位，为全国平均值 0.3020 分的 1.73 倍，落后第一位的深圳 0.2341 分，社会人文高质量发展水平较高。在社会人文高质量评价的五个评价指标中，建成区绿化覆盖率 39.96％，排名全国第 176 位，人均公共图书馆图书藏量 3.06 册/人，排名全国第七位。

杭州市在企业发展高质量发展中以 0.6821 分排名第二位，是全国平均值 0.3766 分的 1.81 倍，仅落后第一位的深圳 0.0044 分。在企业发展高质量评价的九个评价指标中，杭州市高竞争力企业数 86 个，排名全国第二位；地理标志及驰名商标数 103 个，排名全国第六位；规模以上工业企业企均利润额 1804.74 万元，排名全国第 122 位；规模以上工业企业投入产出率 14.79％，排名全国第

107 位；在岗职工平均工资 96670 元，排名全国第八位；企业产品质量抽检合格率 94.28%，排名全国第 156 位；单位工业产值污染物排放量 1.90 吨/万元，排名全国第 216 位；万元工业产值电耗 333.44 千瓦时/万元，排名全国第 137 位。杭州市提升企业发展高质量水平可从降低电耗和单位工业产值污染物排放量、提高企业产品质量抽检合格率入手。

杭州市在经济效率高质量发展维度以 0.4591 分排名第 239 位，低于全国平均值 0.5017 分，落后名列第一的深圳 0.3390 分，经济效率高质量发展水平亟待提高。在经济效率高质量评价的六个评价指标中，杭州市 GDP 增长率 0.08%，排名全国第 285 位；物价波动程度 2.5%，排名全国第 278 位；GDP 增长波动率 99.17%，排名全国第 265 位。由此可知，杭州市经济效率高质量发展水平较低，主要是因为其 2018 年 GDP 增长率较低，且与去年相比波动较大，另外，杭州市物价波动程度较高也拖累了对其经济效率的评价。

杭州市在开放创新高质量发展中以 0.3076 分排名第 15 位，为全国平均值 0.1003 的 3.07 倍，落后第一位的东莞 0.3225 分。在开放创新高质量评价的九个评价指标中，杭州市地方一般公共预算支出中科学技术支出占比 5.99%，排名全国第 10 位；货物进出口总额占 GDP 比重 40.37%，排名全国第 26 位；当年实际利用外资金额占 GDP 比重 3.55%，排名全国第 38 位；规模以上工业企业数量中港澳台和外资企业占比 15.36%，排名全国第 37 位；万人拥有 R&D 人员数为 137.71 人，排名全国第 13 位；万人专利申请数 101.62 件，排名全国第 15 位；万人授权专利数 56.68 件，排名全国第 12 位；万人拥有高等学校和中等职业学校教师数 48.57 人，排名全国第 19 位；万人拥有高等学校和中等职业学校学生数 710.73 人，排名全国第 24 位。

杭州市在民生共享高质量发展中以 0.5102 分排名第三位，为全国平均值 0.2325 的 2.19 倍，落后第一位的深圳 0.2256 分。在民生共享高质量评价的 10 个评价指标中，杭州市城镇居民人均可支配收入 56276 元，排名全国第二位；农村居民人均可支配收入 30397 元，排名全国第五位；体育场馆数 146 个，排名全国第七位；万人拥有医院床位数 94.21 个，排名全国第七位；万人拥有执业医师

（助理）数 56.15 人，排名全国第九位；城镇登记失业率 1.7%，排名全国第 9 位；地方一般公共预算支出中教育支出占比 18.13%，排名全国第 121 位；人均公共财政收入 21039.15 元，排名全国第八位。

三、不同观察视角的中国市域经济高质量发展分析

（一）市域土地面积与经济高质量发展

根据市域土地面积大小，我们将 286 个市域按 0.25 万平方公里为一档，分为 13 个区段。不同土地面积区间市域经济高质量发展总指数得分情况如表 4 - 6 所示。

表 4 - 6　不同土地面积区间市域经济高质量发展总指数得分情况

市域土地面积区间（平方公里）	市域数（个）	市域	高质量发展总指数平均值
0.25 万以下	13	舟山、鄂州、厦门、珠海、乌海、中山、三亚、深圳、鹤壁、汕头、莱芜、海口、东莞	0.4312
0.25 万~0.5 万	28	漯河、淮北、嘉峪关、铜陵、潮州、新余、儋州、鹰潭、佛山、萍乡、镇江、铜川、北海、马鞍山、焦作、盘锦、莆田、濮阳、嘉兴、常州、自贡、枣庄、黄石、阳泉、无锡、辽阳、汕尾、许昌	0.3469
0.5 万~0.75 万	32	湘潭、辽源、景德镇、揭阳、石嘴山、遂宁、日照、内江、营口、淮南、资阳、泰州、威海、湖州、德阳、蚌埠、淄博、芜湖、七台河、防城港、开封、广安、廊坊、南京、扬州、太原、眉山、安阳、攀枝花、南昌、广州、郑州	0.3487
0.75 万~1 万	40	连云港、西宁、克拉玛依、泰安、云浮、秦皇岛、平顶山、阳江、济南、贵阳、娄底、东营、绍兴、池州、本溪、亳州、宿迁、武汉、苏州、新乡、衡水、衢州、金昌、孝感、聊城、银川、鞍山、安顺、台州、晋城、江门、张家界、咸阳、随州、滨州、黄山、咸宁、宁波、六盘水、宿州	0.3515

续表

市域土地 面积区间 （平方公里）	市域数 （个）	市域	高质量 发展总指 数平均值
1万~1.25万	39	淮安、锦州、阜阳、海东、阜新、德州、葫芦岛、三门峡、南通、贵港、朔州、商丘、西安、金华、泉州、平凉、济宁、株洲、抚顺、青岛、惠州、茂名、合肥、贺州、徐州、长沙、周口、邯郸、温州、菏泽、钦州、泸州、福州、巴中、宣城、益阳、荆门、邢台、南充	0.3439
1.25万~1.5万	32	梧州、大连、乐山、玉林、沈阳、漳州、铁岭、固原、兰州、渭南、湛江、宜宾、来宾、宁德、滁州、安庆、乌鲁木齐、烟台、长治、沧州、石家庄、大同、运城、唐山、荆州、天水、成都、四平、鹤岗、岳阳、肇庆、玉溪	0.3323
1.5万~1.75万	22	六安、雅安、驻马店、洛阳、丹东、衡阳、通化、河源、梅州、潍坊、广元、晋中、达州、杭州、吴忠、盐城、临沂、丽水、崇左、中卫、呼和浩特、黄冈	0.3323
1.75万~2万	18	白山、铜仁、宝鸡、常德、韶关、柳州、宜春、信阳、抚州、清远、龙岩、九江、商洛、郴州、定西、保山、朝阳、襄阳	0.3165
2万~2.25万	15	丽江、白银、大庆、松原、吕梁、宜昌、临汾、绵阳、昆明、昭通、永州、长春、南宁、邵阳、保定	0.3225
2.25万~2.5万	7	鸡西、双鸭山、上饶、三明、安康、临沧、十堰	0.3068
2.5万~2.75万	7	忻州、吉安、白城、南平、南阳、庆阳、汉中	0.3092
2.75万~3万	8	怀化、桂林、吉林、包头、陇南、曲靖、拉萨、毕节	0.3175
3万以上	25	遵义、武威、佳木斯、伊春、河池、绥化、百色、张家口、延安、张掖、牡丹江、赣州、承德、齐齐哈尔、榆林、普洱、哈尔滨、乌兰察布、通辽、巴彦淖尔、黑河、鄂尔多斯、赤峰、酒泉、呼伦贝尔	0.3023

我们把不同面积区间市域经济高质量发展总指数平均得分及趋势绘制为图4－13。

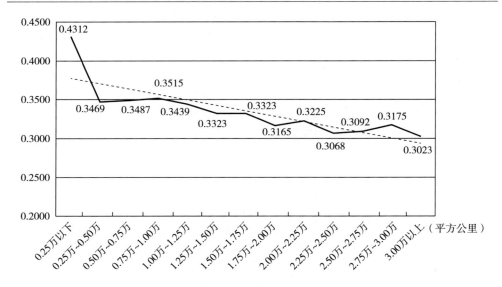

图4-13 不同面积区间市域经济高质量发展总指数平均得分及趋势

由图4-13可以看出，随着市域土地面积的增大，经济高质量发展总指数平均值有逐渐减小的趋势。其中，前10的城市中，深圳、东莞、珠海、中山、厦门五个市域土地面积均小于0.25万平方公里；佛山市域土地面积在0.25万~0.50万平方公里；广州、南京两个市域土地面积在0.50万~0.75万平方公里，宁波市域土地面积在0.75万~1.00万平方公里；杭州市域土地面积在1.50万~1.75万平方公里。

我们把不同面积区间市域绿色生态高质量发展总指数平均得分及趋势绘制为图4-14。

由图4-14可知，绿色生态维度平均得分随着市域面积增大其绿色生态平均得分也相对较高。

我们把不同面积区间市域社会人文高质量发展总指数平均得分及趋势绘制为图4-15。

由图4-15可知，社会人文维度得分随着面积变化的趋势与总指数随着面积变化的趋势较为接近，面积大的市域其社会人文高质量发展得分相对较低。

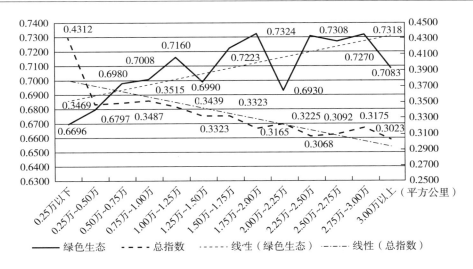

图4-14　不同面积区间市域绿色生态高质量发展总指数平均得分及趋势

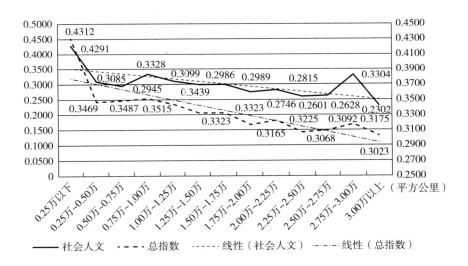

图4-15　不同面积区间市域社会人文高质量发展总指数平均得分及趋势

我们把不同面积区间市域企业发展高质量总指数平均得分及趋势绘制为图4-16。

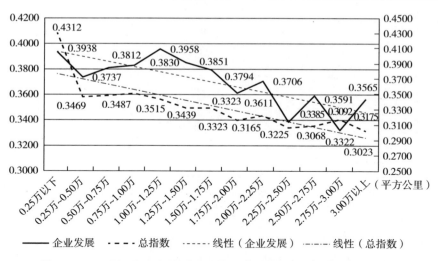

图 4 – 16　不同面积区间市域企业发展高质量总指数平均得分及趋势

由图 4 – 16 可知，企业发展维度得分随着面积变化的趋势与总指数随着面积变化的趋势仅有一定程度的相似，关联性较弱。

我们把不同面积区间市域经济效率高质量发展总指数平均得分及趋势绘制为图 4 – 17。

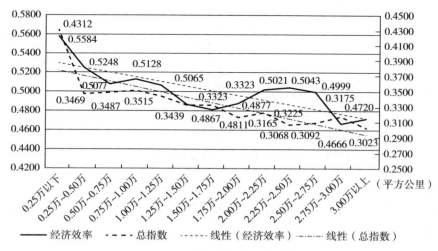

图 4 –17　不同面积区间市域经济效率高质量发展总指数平均得分及趋势

由图 4 - 17 可知，经济效率高质量发展维度得分随着面积变化的趋势与总指数随着面积变化的趋势较为相似。

我们把不同面积区间市域开放创新高质量发展总指数平均得分及趋势绘制为图 4 - 18。

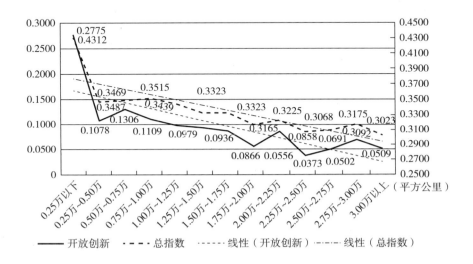

图 4 - 18　不同面积区间市域开放创新高质量发展总指数平均得分及趋势

由图 4 - 18 可知，开放创新高质量维度得分随着面积变化的趋势与总指数随着面积变化的趋势相似，主要原因是开放创新维度权重为 0.2431，权重占比大，对总指数得分影响较大。

我们把不同面积区间市域民生共享高质量发展总指数平均得分及趋势绘制为图 4 - 19。

由图 4 - 19 可知，民生共享高质量维度得分随着面积变化的趋势与总指数随着面积变化的趋势相似。

（二）城市人口与经济高质量发展

根据 2018 年平均人口数量，我们将本书 286 个市域人口以 50 万人为一档进行划分，共分为 21 档，具体如表 4 - 7 所示。

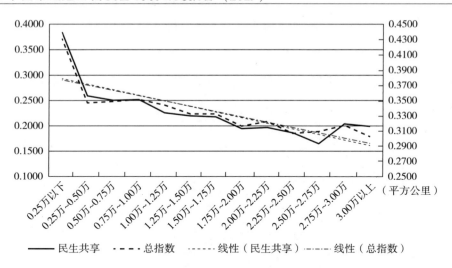

图 4－19　不同面积区间市域民生共享高质量发展总指数平均得分及趋势

表 4－7　不同人口区间市域经济高质量发展总指数得分情况

市域人口区间（人）	市域数（个）	市域	高质量发展总指数平均值
50 万以下	3	嘉峪关、克拉玛依、金昌	0.3573
50 万～99 万	10	拉萨、乌海、三亚、石嘴山、七台河、铜川、儋州、舟山、防城港、酒泉	0.3264
100 万～149 万	19	鹤岗、鄂州、攀枝花、中卫、珠海、伊春、新余、辽源、白山、丽江、鹰潭、莱芜、盘锦、张掖、阳泉、吴忠、双鸭山、黄山、本溪	0.3163
150 万～199 万	23	固原、雅安、鄂尔多斯、池州、黑河、中山、景德镇、海口、鹤壁、张家界、铜陵、海东、北海、鸡西、巴彦淖尔、朔州、辽阳、白银、银川、阜新、武威、白城、东营	0.3259
200 万～249 万	21	萍乡、东莞、抚顺、淮北、通化、玉溪、晋城、包头、厦门、马鞍山、三门峡、营口、西宁、平凉、佳木斯、丹东、延安、临沧、呼和浩特、贺州、乌鲁木齐	0.3374
250 万～299 万	30	崇左、随州、普洱、商洛、威海、牡丹江、衢州、呼伦贝尔、保山、湖州、漯河、来宾、丽水、黄石、庆阳、镇江、乌兰察布、大庆、潮州、松原、葫芦岛、宣城、三明、陇南、湘潭、阳江、荆门、铁岭、秦皇岛、锦州	0.3226

续表

市域人口区间（人）	市域数（个）	市域	高质量发展总指数平均值
300万~349万	26	安顺、云浮、日照、定西、咸宁、广元、安康、忻州、河源、龙岩、大同、通辽、南平、邛平、兰州、自贡、晋中、韶关、长治、朝阳、六盘水、鞍山、十堰、眉山、梧州、资阳	0.3133
350万~399万	25	宁德、莆田、乐山、嘉兴、汕尾、惠州、太原、天水、焦作、遂宁、巴中、常州、蚌埠、承德、宝鸡、汉中、榆林、柳州、吕梁、芜湖、淮南、德阳、滨州、宜昌、江门	0.3411
400万~449万	18	抚州、株洲、贵阳、深圳、佛山、钦州、吉林、枣庄、内江、百色、河池、濮阳、淄博、临汾、清远、铜仁、肇庆、绍兴	0.3605
450万~499万	12	娄底、衡水、滁州、扬州、赤峰、广安、张家口、咸阳、廊坊、益阳、金华、无锡	0.3343
500万~549万	17	泰州、许昌、泸州、漳州、九江、孝感、怀化、南昌、安庆、运城、连云港、郴州、桂林、绥化、吉安、齐齐哈尔、绵阳	0.3321
550万~599万	17	梅州、贵港、宜宾、渭南、开封、昆明、汕头、淮安、平顶山、岳阳、泰安、六安、宿迁、襄阳、宁波、德州、大连	0.3443
600万~649万	11	台州、宜春、常德、昭通、安阳、聊城、济南、永州、荆州、亳州、新乡	0.3357
650万~699万	7	宿州、烟台、曲靖、南京、达州、苏州、福州	0.3978
700万~749万	11	揭阳、长沙、玉林、合肥、沈阳、泉州、南充、洛阳、黄冈、杭州、长春	0.3848
750万~799万	6	南宁、唐山、南通、沧州、上饶、邢台	0.3377
800万~849万	10	茂名、青岛、衡阳、遵义、温州、盐城、邵阳、郑州、湛江、武汉	0.3762
850万~899万	4	赣州、济宁、广州、西安	0.4202
900万~949万	4	信阳、毕节、驻马店、潍坊	0.3274
950万~999万	3	哈尔滨、石家庄、商丘	0.3481
1000万以上	9	菏泽、徐州、邯郸、阜阳、临沂、南阳、保定、周口、成都	0.3363

　　我们把不同人口区间市域经济高质量发展总指数平均得分及趋势绘制为图4-20。

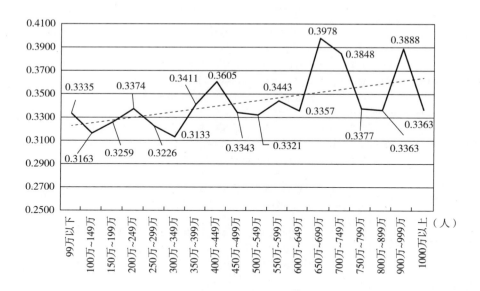

图 4 - 20　不同人口区间市域经济高质量发展总指数平均得分及趋势

由图 4 - 20 可知，人口在 650 万 ~ 699 万人的市域经济发展高质量平均水平最高，其次为 800 万 ~ 899 万和 700 万 ~ 749 万。在前 10 的城市中，人口数量在 100 万 ~ 149 万的是珠海，在 200 万 ~ 249 万的是东莞和厦门，在 400 万 ~ 449 万的是深圳和佛山，在 549 万 ~ 599 万的是宁波，在 650 万 ~ 699 万的是南京和苏州，在 800 万 ~ 999 万的是广州。

我们把不同人口区间市域绿色生态高质量发展总指数平均得分及趋势绘制为图 4 - 21。

由图 4 - 21 可知，绿色生态高质量发展水平与人口的关联度较小，绿色生态维度平均得分与人口的关系分布和总指数平均得分与人口的关系分布有一定的相似，但趋势相反。

我们把不同人口区间市域社会人文高质量发展总指数平均得分及趋势绘制为图 4 - 22。

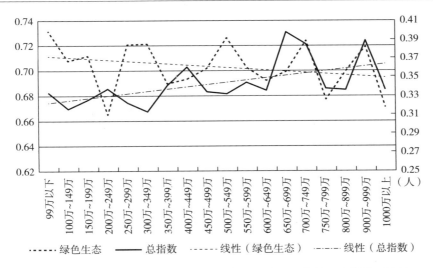

图4-21 不同人口区间市域绿色生态高质量发展总指数平均得分及趋势

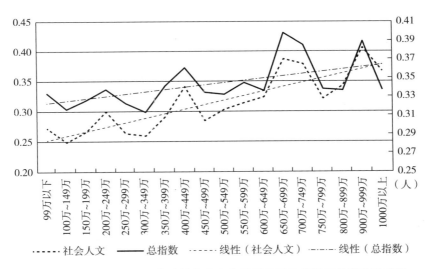

图4-22 不同人口区间市域社会人文高质量发展总指数平均得分及趋势

由图4-22可知,社会人文高质量发展平均得分与人口的关系分布和总指数平均得分与人口的关系分布较为相似。

我们把不同人口区间市域企业高质量发展总指数平均得分及趋势绘制为图4-23。

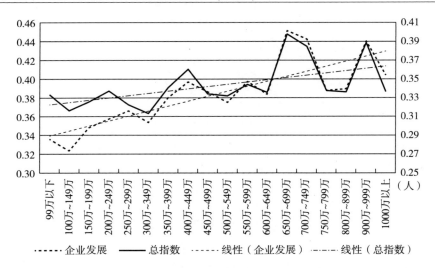

图4-23　不同人口区间市域企业高质量发展总指数平均得分及趋势

由图4-23可知，企业高质量发展维度平均得分与人口分布和总指数平均得分与人口分布相似程度较高。

我们把不同人口区间市域经济效率高质量发展总指数平均得分及趋势绘制为图4-24。

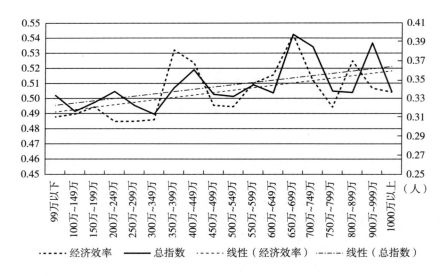

图4-24　不同人口区间市域经济效率高质量总指数平均得分及趋势

由图 4 - 24 可知，经济效率高质量维度得分与人口分布特征和总指数得分与人口分布特征较为相似。

我们把不同人口区间市域开放创新高质量发展总指数平均得分及趋势绘制为图 4 - 25。

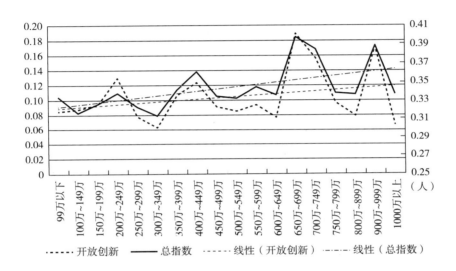

图 4 - 25　不同人口区间市域开放创新高质量总指数平均得分及趋势

由图 4 - 25 可知，开放创新高质量发展维度得分与人口分布特征和总指数得分与人口分布特征相似，主要原因是开放创新维度权重为 0.2431，权重占比大，对总指数得分影响较大。

我们把不同人口区间市域民生共享高质量发展总指数平均得分及趋势绘制为图 4 - 26。

由图 4 - 26 可知，民生共享高质量维度得分人口分布特征与总指数人口分布特征有一定程度的相似，但趋势不同。

（三）"质量之光"市域的经济高质量发展

"质量之光"自 2012 年至今已经成为我国质量领域互动性最强、参与面最广、社会关注度日益提高的质量专业活动品牌，累计参与人数接近 600 万人。

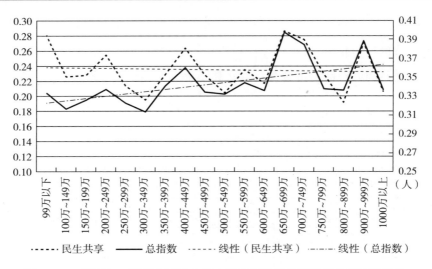

····· 民生共享 —— 总指数 ------ 线性（民生共享） ---·-- 线性（总指数）

图 4 - 26 不同人口区间市域民生共享高质量发展总指数平均得分及趋势

"质量之光"活动是由原国家质检总局委托中国质量报创办，活动通过"用社会的眼光看质量"，旨在营造全社会关注质量的良好氛围。

2016 年度"质量之光"质量魅力城市获奖名单为：浙江宁波、河南许昌、安徽宁国、河北秦皇岛、湖北黄石、浙江诸暨、福建泉州、山东东营、云南保山、江苏南通。

2017 年度质量魅力城市为：北京昌平、河北黄骅、上海虹口、江苏泰州、安徽宿州、山东诸城、河南漯河、湖北鄂州、重庆九龙坡、陕西韩城。

2018 年度质量魅力城市为：上海黄浦、浙江永康、安徽芜湖、江西赣州、河南济源、湖北咸宁、湖南永州、陕西平利、甘肃金昌、山西晋城。

我们将近三年在"质量之光"活动中评选出的质量魅力城市所对应的市域的经济高质量发展情况整理出来，具体情况如表 4 - 8 所示。

表 4 - 8   "质量之光"城市经济高质量发展得分情况   单位：分

市域	总指数	绿色生态	社会人文	企业发展	经济效率	开放创新	民生共享
宁波	0.4831	0.7277	0.4797	0.5909	0.5525	0.2491	0.4570
泉州	0.4455	0.7657	0.5287	0.5285	0.5448	0.1957	0.3099

续表

市域	总指数	绿色生态	社会人文	企业发展	经济效率	开放创新	民生共享
绍兴	0.4222	0.6957	0.3963	0.4693	0.5238	0.2012	0.3868
金华	0.4066	0.7598	0.4556	0.4347	0.4939	0.1445	0.3504
潍坊	0.3768	0.6735	0.3884	0.5580	0.5079	0.1047	0.2244
南通	0.4021	0.7350	0.3786	0.4790	0.5066	0.1684	0.3131
东营	0.3848	0.6721	0.3891	0.4651	0.5412	0.1039	0.3259
芜湖	0.3657	0.6831	0.2667	0.3783	0.5314	0.2006	0.2595
赣州	0.3433	0.7244	0.4403	0.3700	0.4815	0.0964	0.1778
泰州	0.3619	0.7037	0.3012	0.4108	0.5195	0.1154	0.2820
秦皇岛	0.3616	0.7159	0.3087	0.3627	0.4924	0.2060	0.2356
咸宁	0.3333	0.7508	0.3415	0.3486	0.5082	0.0481	0.2183
宣城	0.3418	0.7518	0.3283	0.3826	0.5194	0.0687	0.2155
漯河	0.3372	0.8302	0.4077	0.2574	0.5703	0.0665	0.2114
鄂州	0.3305	0.6485	0.2756	0.3536	0.5546	0.0691	0.2461
黄石	0.3257	0.6883	0.3199	0.3265	0.5122	0.0709	0.2254
保山	0.3220	0.8066	0.2948	0.3468	0.5367	0.0353	0.1651
许昌	0.3299	0.6956	0.3130	0.3618	0.5372	0.0538	0.2170
宿州	0.3034	0.6941	0.2725	0.3315	0.5204	0.0372	0.1591
永州	0.3096	0.7807	0.2426	0.3343	0.4986	0.0571	0.1574
安康	0.3030	0.7461	0.3032	0.3413	0.4557	0.0206	0.1762
晋城	0.3327	0.6344	0.3807	0.3402	0.5414	0.0535	0.2486
沧州	0.3126	0.7112	0.2177	0.3651	0.4989	0.0517	0.2114
渭南	0.2976	0.6771	0.2667	0.3247	0.5302	0.0241	0.1664

由表 4-8 可知,"质量之光"城市的高质量发展水平存在较大差异,表现最好的是宁波市(0.4831 分),最差的是渭南市(0.2976 分),总指数的平均值为(0.3555 分),略高于全国平均值(0.3386 分)。"质量之光"城市经济高质量发展各维度总体水平与全国平均值比较如图 4-27 所示,整体上与全国平均值较为一致,其中总指数平均得分比全国平均值高 4.99%、绿色生态指数平均得分比全国平均值高 2.09%、社会人文指数平均得分比全国平均值高 14.43%、企业发展指数平均得分比全国平均值高 4.67%、经济效率指数平均得分比全国平均值高

3.65%、开放创新指数平均得分比全国平均值高1.50%、民生共享指数平均得分比全国平均值高6.45%。

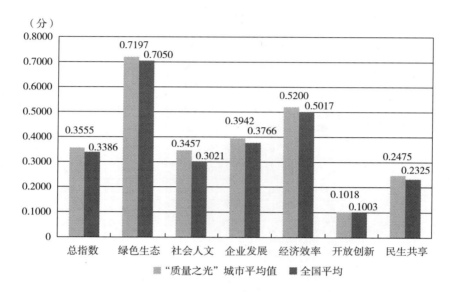

图4-27 "质量之光"城市经济高质量发展平均值与全国平均值

四、中国市域经济高质量发展六维度分析

对中国286个市域从六个维度的具体情况进行分类评价，以便更加明晰各市域在经济高质量发展不同方面的相对优势和劣势。

在分析各维度高质量发展得分时我们绘制箱形图（Box - plot）来了解得分分布情况。箱形图又称为盒须图、盒式图或箱线图，是一种用作显示一组数据分散情况资料的统计图，因形状如箱子而得名。它主要用于反映数据分布的特征，还可以进行多组数据分布特征的比较。箱形图的绘制方法是：先找出一组数据的最大值、最小值、中位数和两个四分位数；然后连接两个四分位数画出箱子；最后将最大值和最小值与箱子相连接，中位数在箱子中间。

（一）绿色生态高质量维度评价

绿色生态高质量发展是我们评价城市经济高质量发展的重要维度之一。我们共选取了每平方公里废水、每平方公里废气、一般工业固体废物综合利用率、PM2.5浓度、污水处理厂集中处理率、生活垃圾无害优化处理率、人均水资源量共计七个指标，综合评价城市绿色生态高质量发展水平。

由图4-28可知，286个城市绿色生态高质量发展总体得分较高，平均分为0.7050分，有151个城市（占比约52.80%）得分高于平均值。最高得分为拉萨0.9651分，显著高于其他城市；另有2个城市得分低于0.5680分，显著低于其他城市，分别是阳泉0.5285分和东莞0.4245分。

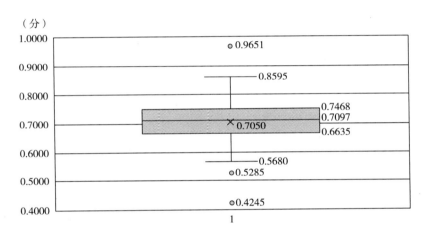

图4-28　绿色生态高质量发展城市得分箱形图

表4-9列出了全国286个市域绿色生态高质量发展前99个市域评分及排名。

表4-9　全国286个市域绿色生态高质量发展前99个市域得分及排名

市域	绿色生态得分（分）	排名	市域	绿色生态得分（分）	排名	市域	绿色生态得分（分）	排名
拉萨	0.9651	1	南平	0.8595	2	黄山	0.8421	3
三亚	0.8380	4	临沧	0.8292	5	广元	0.8273	6
三明	0.8265	7	龙岩	0.8208	8	安顺	0.8129	9
张家界	0.8095	10	保山	0.8066	11	海口	0.8048	12

市域	绿色生态得分（分）	排名	市域	绿色生态得分（分）	排名	市域	绿色生态得分（分）	排名
丽水	0.8024	13	梅州	0.8021	14	桂林	0.7995	15
汕尾	0.7989	16	北海	0.7959	17	惠州	0.7930	18
抚州	0.7899	19	呼伦贝尔	0.7885	20	怀化	0.7871	21
钦州	0.7851	22	茂名	0.7843	23	防城港	0.7831	24
河源	0.7815	25	丽江	0.7807	26	永州	0.7807	27
玉林	0.7806	28	克拉玛依	0.7784	29	清远	0.7769	30
湛江	0.7750	31	张掖	0.7740	32	温州	0.7739	33
福州	0.7727	34	巴中	0.7727	35	舟山	0.7719	36
阳江	0.7711	37	宁德	0.7679	38	台州	0.7675	39
泉州	0.7657	40	绥化	0.7655	41	常德	0.7653	42
江门	0.7641	43	辽源	0.7639	44	漳州	0.7625	45
六安	0.7623	46	鹰潭	0.7622	47	资阳	0.7617	48
儋州	0.7612	49	贺州	0.7604	50	金华	0.7598	51
郴州	0.7592	52	遂宁	0.7583	53	白城	0.7579	54
池州	0.7557	55	青岛	0.7556	56	威海	0.7542	57
莆田	0.7525	58	益阳	0.7524	59	宣城	0.7518	60
南昌	0.7515	61	潮州	0.7509	62	咸宁	0.7508	63
阜新	0.7499	64	雅安	0.7499	65	通化	0.7498	66
海东	0.7496	67	广安	0.7494	68	衢州	0.7490	69
南宁	0.7488	70	普洱	0.7487	71	安康	0.7461	72
松原	0.7461	73	株洲	0.7456	74	娄底	0.7426	75
武威	0.7424	76	白银	0.7424	77	朝阳	0.7423	78
长春	0.7415	79	定西	0.7413	80	铜仁	0.7412	81
来宾	0.7410	82	韶关	0.7406	83	柳州	0.7404	84
景德镇	0.7400	85	揭阳	0.7395	86	天水	0.7386	87
南充	0.7384	88	鹤岗	0.7382	89	固原	0.7381	90
珠海	0.7375	91	攀枝花	0.7366	92	十堰	0.7361	93
庆阳	0.7360	94	宜春	0.7357	95	南通	0.7350	96
吉安	0.7339	97	眉山	0.7336	98	绵阳	0.7307	99

由表4-9可知，排在前十位的依次为拉萨、南平、黄山、三亚、临沧、广

元、三明、龙岩、安顺、张家界，其绿色生态高质量评价平均得分为 0.8431 分。排在后十位的依次为东莞、阳泉、石嘴山、保定、厦门、安阳、乌海、临汾、唐山、无锡，其绿色生态高质量评价平均得分为 0.5583，排在前十位的绿色生态高质量评价平均得分是排在后十位的 1.51 倍。

各个具体指标的差异分析如下：

在每平方公里废水指标中，全国平均值为 5571.10t/km²，有 218 个城市（占比约 76.22%）的废水指标优于平均值，最好的是酒泉市每平方公里废水 21.90t/km²，最差的是厦门市每平方公里废水 126190.5t/km²，两市域的极差值为 126168.6t/km².

在每平方公里废气指标中，全国平均值为 6.17t/km²，有 202 个城市（占比约 70.63%）的废气指标优于平均值，最好的是南充市每平方公里废气 0.086t/km²，最差的是东莞市每平方公里废气 81.368t/km²，两市域的极差值为 81.282t/km²。

在一般工业固体废物综合利用率指标中，全国平均值为 75.77%，有 185 个城市（占比约 64.69%）的一般工业固体废物综合利用指标优于平均值，最好的是枣庄市、汕尾市和张家界市，数值为 100%，最差的是商洛市，数值仅为 0.24%，极差值为 99.76%。

在 PM2.5 浓度指标中，全国平均值为 45.84μg/m³，有 156 个城市（占比约 54.55%）的 PM2.5 浓度指标优于平均值，最好的是丽江市 PM2.5 浓度 14.85μg/m³，最差的是邯郸市 PM2.5 浓度 86.11μg/m³，两市域的极差值为 71.26μg/m³。

在污水处理厂集中处理率指标中，全国平均值为 90.50%，有 184 个城市（占比约 64.34%）的污水处理厂集中处理率指标优于平均值，最好的是衡水市、开封市、晋城市、铁岭市、永州市、呼和浩特市、阜新市、巴中市，污水处理厂集中处理率为 100%，最差的是平凉市，污水处理厂集中处理率仅为 30.00%，极差值为 70%。

在生活垃圾无害化处理率指标中，全国平均值为 95.94%，有 225 个城市

（占比约 78.67%）的生活垃圾无害化处理率指标优于平均值，其中有 100 个城市的生活垃圾无害化处理率为 100%，最差的是中山市，生活垃圾无害化处理率仅为 10.00%，极差值为 90%。

在人均水资源量指标中，全国平均值为 1802.23 立方米/人，有 91 个城市（占比约 31.82%）的人均水资源量指标优于平均值，最好的是拉萨市人均水资源量 21977.78 立方米/人，最差的是邯郸市人均水资源量 64.59 立方米/人，两市域的极差值为 21913.19 立方米/人。

（二）社会人文高质量维度评价

我们选取了人口自然增长率（‰）、城市认可度、名村名镇传统村落数、建成区绿化覆盖率（%）、人均公共图书馆图书藏量（册/人）共计五个指标，综合评价城市社会人文高质量发展水平。全国 286 个城市社会人文高质量发展得分分布情况如图 4-29 所示。

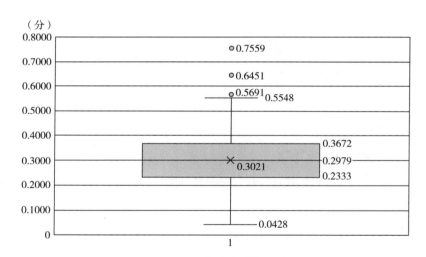

图 4-29　社会人文高质量发展城市得分箱形图

由图 4-29 可知，286 个城市社会人文高质量发展总体得分一般，平均分为 0.3021 分，有 138 个城市（占比约 48.25%）得分高于平均值。近半数城市得分位于 0.2333 ~ 0.3672 分。最高得分为深圳市 0.7559 分，接着依次为东莞市

0.6451 分、广州市 0.5769 分、厦门市 0.5691 分，显著高于其他城市；最低分为锦州市 0.0428 分。表 4 - 10 列出了全国 286 个市域社会人文高质量发展前 99 个市域评分及排名。

表 4 - 10　全国 286 个市域社会人文高质量发展前 99 个市域得分及排名

市域	社会人文得分（分）	排名	市域	社会人文得分（分）	排名	市域	社会人文得分（分）	排名
深圳	0.7559	1	东莞	0.6451	2	广州	0.5769	3
厦门	0.5691	4	中山	0.5548	5	佛山	0.5380	6
泉州	0.5287	7	杭州	0.5218	8	郑州	0.5162	9
丽水	0.5136	10	临沂	0.5105	11	黄山	0.5039	12
南京	0.4905	13	宁波	0.4797	14	温州	0.4790	15
福州	0.4678	16	贵阳	0.4672	17	西安	0.4623	18
济南	0.4609	19	武汉	0.4587	20	无锡	0.4574	21
台州	0.4568	22	金华	0.4556	23	苏州	0.4555	24
成都	0.4541	25	海口	0.4525	26	烟台	0.4516	27
衢州	0.4491	28	遵义	0.4487	29	桂林	0.4440	30
赣州	0.4403	31	漳州	0.4395	32	合肥	0.4339	33
大连	0.4336	34	青岛	0.4289	35	南宁	0.4284	36
珠海	0.4272	37	克拉玛依	0.4257	38	莆田	0.4164	39
银川	0.4160	40	铜陵	0.4157	41	嘉兴	0.4123	42
惠州	0.4083	43	日照	0.4070	44	吉安	0.4055	45
拉萨	0.4010	46	湛江	0.4004	47	西宁	0.3994	48
柳州	0.3986	49	绍兴	0.3963	50	龙岩	0.3951	51
邯郸	0.3933	52	景德镇	0.3916	53	三明	0.3903	54
济宁	0.3903	55	东营	0.3891	56	包头	0.3885	57
潍坊	0.3884	58	长沙	0.3884	59	南昌	0.3876	60
泸州	0.3854	61	毕节	0.3839	62	徐州	0.3822	63
晋城	0.3807	64	曲靖	0.3806	65	南通	0.3786	66
三亚	0.3733	67	昆明	0.3713	68	株洲	0.3692	69
洛阳	0.3685	70	汕头	0.3677	71	淄博	0.3671	72
沈阳	0.3655	73	肇庆	0.3651	74	鄂尔多斯	0.3579	75
石家庄	0.3565	76	宿迁	0.3552	77	商丘	0.3545	78

续表

市域	社会人文得分（分）	排名	市域	社会人文得分（分）	排名	市域	社会人文得分（分）	排名
镇江	0.3534	79	宁德	0.3532	80	聊城	0.3532	81
江门	0.3529	82	丽江	0.3529	83	南阳	0.3527	84
延安	0.3512	85	盐城	0.3507	86	上饶	0.3488	87
新乡	0.3478	88	阜阳	0.3454	89	廊坊	0.3452	90
玉林	0.3448	91	潮州	0.3432	92	常州	0.3422	93
湖州	0.3422	94	长治	0.3420	95	揭阳	0.3420	96
安庆	0.3419	97	呼和浩特	0.3419	98	咸宁	0.3415	99

由表4-10可知，排在前十位的依次为深圳、东莞、广州、厦门、中山、佛山、泉州、杭州、郑州、丽水，其社会人文高质量评价平均得分为0.5720分。排在后十位的依次为锦州、铁岭、双鸭山、阜新、资阳、朝阳、白城、抚顺、绥化、白山，其社会人文高质量评价平均得分为0.0804分。排在前十位的社会人文高质量评价平均得分是排在后十位的7.11倍，差距极大。

各个具体指标的差异分析如下：

在人口自然增长率指标中，全国平均值为2.23‰，有152个城市（占比约53.15%）人口自然增长率指标优于平均值，其中深圳市人口自然增长率25.18‰，排名全国第一位，锦州市人口自然增长率-16.64‰，排名最后，两市域的极差值为41.82%。

在城市认可度指标中，全国平均值为3.17，有127个城市（占比约44.41%）城市认可度指标优于平均值，其中烟台市城市认可度8.94，排名全国第一位，资阳市、白城市、邵阳市、内江市、达州市、河池市、吕梁市、海东市、汕尾市、昭通市共计10个城市认可度得分为0，并列全国倒数第一，极差值为8.94。

在名村名镇传统村落数指标中，全国平均值为20.96，有74个城市（占比约25.87%）名村名镇传统村落数指标优于平均值，其中黄山市名村名镇传统村落数290个，排名全国第一，有40个城市名村名镇传统村落数为0，并列排名最后，极差值为 290。

在建成区绿化覆盖率指标中，全国平均值为 40.23%，有 164 个城市（占比约 57.34%）建成区绿化覆盖率指标优于平均值，其中景德镇市建成区绿化覆盖率 67%，排名全国第一位，陇南市建成区绿化覆盖率 10.1%，排名最后，两市域的极差值为 56.9%。

在人均公共图书馆图书藏量指标中，全国平均值为 0.73 册/万人，有 78 个城市（占比约 27.27%）建成区绿化覆盖率指标优于平均值，其中衢州市人均公共图书馆图书藏量 10.27 册/万人，排名全国第一位，周口市人均公共图书馆图书藏量 0.08 册/万人，排名最后，两市域的极差值为 10.19 册/万人。

（三）企业发展高质量维度评价

我们选取了高竞争力企业数、地理标志及驰名商标数、规模以上工业企业企均主营业务税金及附加和增值税、规模以上工业企业企均利润额、规模以上工业企业投入产出率、在岗职工平均工资、企业产品质量抽检合格率、单位工业产值污染物排放量、万元工业产值电耗共计九个指标综合评价城市企业发展高质量维度。全国 286 个城市企业发展高质量得分分布情况如图 4-30 所示。

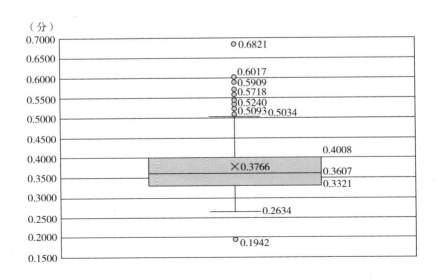

图 4-30 企业发展高质量城市得分箱形图

由图 4 - 30 可知，286 个城市企业发展高质量总体得分较低，平均分为 0.3766 分，有 112 个城市（占比约 39.16%）得分高于平均值。近半数城市得分位于 0.3321 ~ 0.4008 分。最高得分为深圳市 0.6865 分，另有杭州、宁波、广州等 17 个城市得分高于 0.5034 分，显著高于其他城市；最低分为拉萨市 0.1942 分，显著低于其他城市。具体得分情况如表 4 - 11 所示。

表 4 - 11　全国 286 个市域企业发展高质量前 99 个市域得分及排名

市域	企业发展得分（分）	排名	市域	企业发展得分（分）	排名	市域	企业发展得分（分）	排名
深圳	0.6865	1	杭州	0.6821	2	广州	0.6017	3
宁波	0.5909	4	苏州	0.5718	5	长沙	0.5610	6
潍坊	0.5580	7	成都	0.5485	8	南京	0.5435	9
佛山	0.5402	10	无锡	0.5369	11	青岛	0.5330	12
泉州	0.5285	13	福州	0.5243	14	武汉	0.5240	15
淮安	0.5176	16	牡丹江	0.5093	17	济宁	0.5034	18
漳州	0.5000	19	淄博	0.4989	20	烟台	0.4973	21
克拉玛依	0.4965	22	济南	0.4935	23	鄂尔多斯	0.4902	24
常州	0.4888	25	南通	0.4790	26	大连	0.4744	27
绍兴	0.4693	28	东营	0.4651	29	北海	0.4636	30
长春	0.4588	31	温州	0.4584	32	厦门	0.4577	33
宝鸡	0.4558	34	沈阳	0.4426	35	石家庄	0.4397	36
遵义	0.4392	37	威海	0.4387	38	合肥	0.4380	39
宁德	0.4362	40	金华	0.4347	41	徐州	0.4327	42
昆明	0.4311	43	临沂	0.4309	44	镇江	0.4309	45
台州	0.4305	46	呼和浩特	0.4300	47	梧州	0.4277	48
茂名	0.4270	49	郑州	0.4260	50	玉溪	0.4249	51
泰安	0.4222	52	宜昌	0.4183	53	常德	0.4169	54
扬州	0.4169	55	榆林	0.4164	56	西安	0.4141	57
庆阳	0.4139	58	丽水	0.4126	59	泰州	0.4108	60
连云港	0.4102	61	兰州	0.4100	62	盐城	0.4099	63
嘉兴	0.4093	64	聊城	0.4089	65	南平	0.4085	66
南昌	0.4053	67	襄阳	0.4037	68	长治	0.4034	69

续表

市域	企业发展得分（分）	排名	市域	企业发展得分（分）	排名	市域	企业发展得分（分）	排名
三明	0.4026	70	哈尔滨	0.4020	71	大庆	0.4004	72
湖州	0.4000	73	贵阳	0.3969	74	莆田	0.3958	75
遂宁	0.3958	76	衢州	0.3958	77	宜宾	0.3950	78
德州	0.3941	79	珠海	0.3920	80	唐山	0.3915	81
乌鲁木齐	0.3913	82	舟山	0.3909	83	龙岩	0.3903	84
铜仁	0.3902	85	邯郸	0.3901	86	延安	0.3888	87
广安	0.3887	88	安庆	0.3886	89	银川	0.3886	90
九江	0.3885	91	岳阳	0.3877	92	株洲	0.3872	93
菏泽	0.3871	94	昭通	0.3864	95	海口	0.3853	96
滨州	0.3851	97	德阳	0.3850	98	太原	0.3850	99

由表4-11可知，排在前十位的依次为深圳、杭州、广州、宁波、苏州、长沙、潍坊、成都、南京、佛山，其企业发展高质量评价平均得分为0.5884分。排在后十位的依次为拉萨、鹤岗、来宾、伊春、海东、双鸭山、阜新、武威、鸡西、石嘴山，其企业发展高质量评价平均得分为0.2776分。排在前十位的企业发展高质量评价平均得分是排在后十位的2.12倍，差距较大。

各个具体指标的差异分析如下：

在高竞争力企业数指标中，全国平均值为5.17个，有55个城市（占比约19.23%）高竞争力企业数指标优于平均值，其中深圳市高竞争力企业数87个，排名全国第一，另有117个城市暂无高竞争力企业，排名最后，极差值为87。

在地理标志及驰名商标数指标中，全国平均值为23.68个，有84个城市（占比约29.37%）地理标志及驰名商标数指标优于平均值，其中潍坊市地理标志及驰名商标数156个，排名全国第一，北海市、来宾市、崇左市、克拉玛依市、防城港市暂无地理标志及驰名商标，排名最后，极差值为156。

在规模以上工业企业企均主营业务税金及附加和增值税指标中，全国平均值为1765.81万元，有70个城市（占比约24.76%）规模以上工业企业企均主营业务税金及附加和增值税指标优于平均值，其中克拉玛依市规模以上工业企业企均主营业务税金及附加和增值税 25907.71 万元，排名全国第一，拉萨市规模以上工业企业企均主营业务税金及附加和增值税 -639.13 万元，排名最后，两市域的极差值为 26546.84 万元。

在规模以上工业企业企均利润额指标中，全国平均值为 1982.22 万元，有 103 个城市（占比约 36.01%）规模以上工业企业企均利润额指标优于平均值，其中鄂尔多斯市规模以上工业企业企均利润额 20966.68 万元，排名全国第一，盘锦市规模以上工业企业企均利润额 -2533.52 万元，排名最后，两市域的极差值为 23500.20 万元。

在规模以上工业企业投入产出率指标中，全国平均值为 14.09%，有 116 个城市（占比约 40.56%）规模以上工业企业投入产出率指标优于平均值，其中牡丹江市规模以上工业企业投入产出率 54.88%，排名全国第一，松原市规模以上工业企业投入产出率 -2.29%，排名最后，两市域的极差值为 57.17%。

在在岗职工平均工资指标中，全国平均值为 64483.53 元，有 121 个城市（占比约 42.31%）在岗职工平均工资指标优于平均值，其中拉萨市在岗职工平均工资 111092 元，排名全国第一，伊春市在岗职工平均工资 38713 元，排名最后，两市域的极差值为 72379 元。

在企业产品质量抽检合格率指标中，全国平均值为 93.60%，有 177 个城市（占比约 61.89%）企业产品质量抽检合格率指标优于平均值，其中有 36 市企业产品质量抽检合格率 100%，并列排名全国第一，嘉峪关市企业产品质量抽检合格率 50%，排名最后，两市域的极差值为 50%。

在单位工业产值污染物排放量指标中，全国平均值为 1.77 吨/万元，有 207 个城市（占比约 72.38%）单位工业产值污染物排放量优于平均值，其中儋州市单位工业产值污染物排放量 0.089 吨/万元，排名全国第一，拉萨市单位工业产值污染物排放量 48.47 吨/万元，排名最后，两市域的极差值为 48.38 吨/万元。

在万元工业产值电耗指标中，全国平均值为 615.50 千瓦时/万元，有 205 个城市（占比约 71.69%）万元工业产值电耗优于平均值，其中儋州市万元工业产值电耗 37.41 千瓦时/万元，排名全国第一，拉萨市万元工业产值电耗 11675.68

千瓦时/万元，排名最后，两市域的极差值为 11638.27 千瓦时/万元。

（四）经济效率高质量维度评价

我们选取了 GDP 增长率、物价波动程度、GDP 增长波动率、GDP 密度、人均 GDP、财政收入增长率共计六个指标综合评价城市经济效率高质量维度。全国 286 个城市经济效率高质量发展得分分布情况如图 4 - 31 所示。

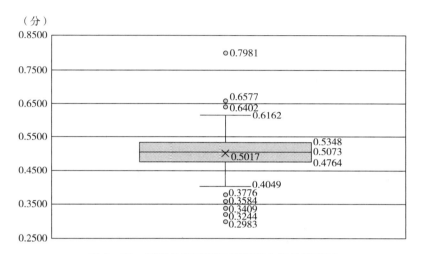

图 4 - 31　经济效率高质量发展城市得分箱形图

由图 4 - 31 可知，286 个城市经济效率高质量发展总体得分较高，平均分为 0.5017 分，有 156 个城市（占比约 54.54%）得分高于平均值。近半数城市得分位于 0.4764 ~ 5348 分。最高得分为深圳市 0.7981 分，另有吕梁市 0.6577 分、东莞市 0.6402 分，显著高于其他城市；四平、通化、通辽、陇南、白山、呼伦贝尔、包头得分低于 0.4049 分，显著低于其他城市，其中四平市 0.2983 分，得分最低。具体得分情况如表 4 - 12 所示。

表 4 - 12　全国 286 个市域经济效率高质量前 99 个市域得分及排名

市域	经济效率得分（分）	排名	市域	经济效率得分（分）	排名	市域	经济效率得分（分）	排名
深圳	0.7981	1	吕梁	0.5577	2	东莞	0.6402	3
朔州	0.6162	4	珠海	0.5060	5	榆林	0.6020	6

市域	经济效率得分（分）	排名	市域	经济效率得分（分）	排名	市域	经济效率得分（分）	排名
佛山	0.5864	7	苏州	0.5839	8	莆田	0.5731	9
广州	0.5703	10	昭通	0.5695	11	汕尾	0.5681	12
安顺	0.5672	13	昆明	0.5656	14	长治	0.5651	15
南京	0.5649	16	无锡	0.5646	17	厦门	0.5639	18
长沙	0.5634	19	中山	0.5605	20	遵义	0.5559	21
儋州	0.5548	22	鄂州	0.5546	23	商丘	0.5544	24
贵阳	0.5536	25	曲靖	0.5529	26	宁波	0.5525	27
常州	0.5522	28	濮阳	0.5512	29	三门峡	0.5506	30
鹤壁	0.5500	31	福州	0.5497	32	日照	0.5479	33
三明	0.5476	34	漳州	0.5472	35	巴中	0.5469	36
德阳	0.5462	37	漯河	0.5461	38	阜阳	0.5456	39
泉州	0.5448	40	平顶山	0.5444	41	威海	0.5443	42
武汉	0.5442	43	洛阳	0.5438	44	克拉玛依	0.5436	45
铜仁	0.5428	46	安阳	0.5422	47	湛江	0.5421	48
晋城	0.5414	49	东营	0.5412	50	黄冈	0.5410	51
拉萨	0.5409	52	淄博	0.5402	53	汕头	0.5396	54
张家界	0.5387	55	南平	0.5376	56	柳州	0.5374	57
许昌	0.5372	58	开封	0.5371	59	临汾	0.5368	60
长春	0.5367	61	合肥	0.5367	62	保山	0.5367	63
驻马店	0.5362	64	毕节	0.5360	65	运城	0.5358	66
龙岩	0.5355	67	石家庄	0.5354	68	蚌埠	0.5353	69
嘉兴	0.5352	70	宜宾	0.5349	71	大庆	0.5348	72
滁州	0.5338	73	攀枝花	0.5336	74	湖州	0.5331	75
宝鸡	0.5329	76	焦作	0.5321	77	临沧	0.5319	78
芜湖	0.5314	79	渭南	0.5302	80	北海	0.5297	81
舟山	0.5293	82	茂名	0.5291	83	宁德	0.5289	84
自贡	0.5288	85	郑州	0.5286	86	嘉峪关	0.5278	87
普洱	0.5276	88	阳泉	0.5260	89	六安	0.5252	90
湘潭	0.5252	91	太原	0.5250	92	广安	0.5246	93
遂宁	0.5242	94	成都	0.5240	95	绍兴	0.5238	96
新乡	0.5233	97	黑河	0.5227	98	江门	0.5217	99

由表 4 - 12 可知，排在前十位的依次为深圳、吕梁、东莞、朔州、珠海、榆林、佛山、苏州、莆田、广州，其经济效率高质量评价平均得分为 0.6234 分。排在后十位的依次为四平、通化、通辽、陇南、白山、呼伦贝尔、包头、乌兰察布、固原、铁岭，其社会人文高质量评价平均得分为 0.3596。排在前十位的经济效率高质量评价平均得分是排在后十位的 1.73 倍。

各个具体指标的差异分析如下：

在 GDP 增长率指标中，全国平均值为 7.13%，有 172 个城市（占比约 60.14%）GDP 增长率指标优于平均值，其中安顺市 GDP 增长率为 12.3%，排名全国第一，通化市 GDP 增长率为 -5.7%，排名最后，两市域的极差值为 18%。

在物价波动程度指标中，全国平均值为 1.43%，有 118 个城市（占比约 41.26%）物价波动程度指标优于平均值，其中丽江市物价波动程度 -0.2%，排名全国第一，海口市物价波动程度 3.3%，排名最后，两市域的极差值为 3.5%。

在 GDP 增长波动率指标中，全国平均值为 36.68%，有 228 个城市（占比约 79.72%）GDP 增长波动率指标优于平均值，其中有 15 个城市 GDP 增长波动率为 0，排名全国第一，七台河市 GDP 增长波动率为 900%，排名最后，两市域的极差值为 900%。

在 GDP 密度指标中，全国平均值为 3376.39 万元/平方公里，有 74 个城市（占比约 25.87%）GDP 密度指标优于平均值，其中深圳市 GDP 密度 112360.49 万元/平方公里，排名全国第一，陇南市 GDP 密度 26.84 万元/平方公里，排名最后，两市域的极差值为 112333.65 万元/平方公里。

在人均 GDP 指标中，全国平均值为 62511.39 元/人，有 94 个城市（占比约 32.87%）人均 GDP 指标优于平均值，其中深圳市人均 GDP 547277.80 元/人，排名全国第一，陇南市人均 GDP 2608.71 元/人，排名最后，两市域的极差值为 544669.09 元/人。

在财政收入增长率指标中，全国平均值为 3.48%，有 184 个城市（占比约 64.34%）财政收入增长率指标优于平均值，其中吕梁市财政收入增长率 54.89%，排名全国第一，陇南市财政收入增长率 -52.95%，排名最后，两市域的极差值为 107.84%。

（五）开放创新高质量维度评价

我们选取了地方一般公共预算支出中科学技术支出占比、货物进出口总额占GDP 比重、当年实际利用外资金额占 GDP 比重、规模以上工业企业数量中港澳台和外资企业占比、万人拥有 R&D 人员数、万人专利申请数、万人授权专利数、万人拥有高等学校和中等职业学校教师数、万人拥有高等学校和中等职业学校学生数共计九个指标综合评价城市开放创新高质量维度。全国 286 个城市开放创新高质量发展得分分布情况如图 4 - 32 所示。

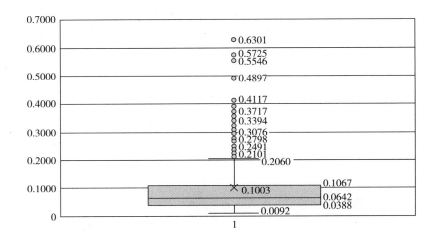

图 4 - 32 开放创新高质量发展城市得分箱形图

由图 4 - 32 可知，286 个城市开放创新高质量发展总体得分很低，平均分为0.1003 分，仅有 78 个城市（占比约 27.27%）得分高于平均值。近半数城市得分位于 0.0388 ~ 0.1067 分。最高得分为东莞市 0.6301 分，另有珠海市（0.5725分）、深圳市（0.5546 分）、广州市（0.4897 分）等 37 个城市得分高于（0.2060 分），显著高于其他城市；最低分为七台河市 0.0092 分。具体得分情况如表 4 - 13 所示。

表 4 - 13 全国 286 个市域开放创新高质量前 99 个市域得分及排名

市域	开放创新得分（分）	排名	市域	开放创新得分（分）	排名	市域	开放创新得分（分）	排名
东莞	0.6301	1	珠海	0.5725	2	深圳	0.5546	3
广州	0.4897	4	厦门	0.4209	5	南京	0.4142	6
中山	0.4117	7	苏州	0.3891	8	武汉	0.3717	9
惠州	0.3573	10	郑州	0.3394	11	太原	0.3297	12
西安	0.3228	13	南昌	0.3126	14	杭州	0.3076	15
海口	0.3031	16	佛山	0.2956	17	济南	0.2804	18
青岛	0.2798	19	大连	0.2747	20	兰州	0.2707	21
昆明	0.2703	22	贵阳	0.2669	23	长沙	0.2663	24
无锡	0.2661	25	合肥	0.2545	26	三亚	0.2540	27
呼和浩特	0.2529	28	宁波	0.2491	29	成都	0.2415	30
福州	0.2386	31	镇江	0.2373	32	乌鲁木齐	0.2350	33
沈阳	0.2337	34	嘉兴	0.2225	35	常州	0.2206	36
长春	0.2101	37	秦皇岛	0.2060	38	绍兴	0.2012	39
芜湖	0.2006	40	威海	0.1998	41	泉州	0.1957	42
江门	0.1955	43	南宁	0.1947	44	烟台	0.1899	45
银川	0.1885	46	哈尔滨	0.1763	47	湖州	0.1708	48
南通	0.1684	49	石家庄	0.1546	50	马鞍山	0.1503	51
扬州	0.1501	52	拉萨	0.1484	53	晋中	0.1472	54
金华	0.1445	55	湘潭	0.1421	56	新余	0.1328	57
肇庆	0.1323	58	本溪	0.1316	59	舟山	0.1301	60
漳州	0.1267	61	北海	0.1251	62	锦州	0.1251	63
廊坊	0.1247	64	包头	0.1218	65	河源	0.1209	66
泰州	0.1154	67	孝感	0.1129	68	淄博	0.1090	69
清远	0.1085	70	西宁	0.1067	71	克拉玛依	0.1067	72
儋州	0.1050	73	柳州	0.1048	74	潍坊	0.1047	75
东营	0.1039	76	蚌埠	0.1015	77	新乡	0.1013	78
温州	0.0999	79	淮安	0.0989	80	盐城	0.0985	81
台州	0.0984	82	汕尾	0.0974	83	白城	0.0974	84
赣州	0.0964	85	桂林	0.0954	86	铜陵	0.0940	87
营口	0.0932	88	连云港	0.0918	89	绵阳	0.0912	90
雅安	0.0900	91	洛阳	0.0900	92	日照	0.0898	93
崇左	0.0890	94	株洲	0.0877	95	滁州	0.0873	96
九江	0.0872	97	焦作	0.0867	98	吉林	0.0860	99

由表 4－13 可知，排在前十位的依次为东莞、珠海、深圳、广州、厦门、南京、中山、苏州、武汉、惠州，其开放创新高质量评价平均得分为 0.4612 分。排在后十位的依次为七台河、绥化、巴中、陇南、松原、铜川、毕节、周口、昭通、驻马店，其开放创新高质量评价平均得分为 0.0172。排在前十位的开放创新高质量评价平均得分是排在后十位的 26.81 倍，表明在开放创新高质量发展中，差异巨大，分化严重。

各个具体指标的差异分析如下：

在地方一般公共预算支出中科学技术支出占比全国平均值为 1.75%，有 96 个城市（占比约 33.57%）地方一般公共预算支出中科学技术支出占比指标优于平均值，其中孝感市地方一般公共预算支出中科学技术支出占比 29.22%，排名全国第一，双鸭山市地方一般公共预算支出中科学技术支出占比 0.07%，排名最后，两市域的极差值为 29.15%。

在货物进出口总额占 GDP 比重指标中，全国平均值为 17.59%，有 68 个城市（占比约 23.78%）货物进出口总额占 GDP 比重指标优于平均值，其中惠州市货物进出口总额占 GDP 比重 602.11%，排名全国第一，百色市货物进出口总额占 GDP 比重 0.001%，排名最后，两市域的极差值为 602.10%。

在当年实际利用外资金额占 GDP 比重指标中，全国平均值为 1.59%，有 105 个城市（占比约 36.71%）当年实际利用外资金额占 GDP 比重指标优于平均值，其中白城市当年实际利用外资金额占 GDP 比重 18.32%，排名全国第一，攀枝花市当年实际利用外资金额占 GDP 比重 0.0002%，排名最后，两市域的极差值为 18.32%。

在规模以上工业企业数量中港澳台和外资企业占比指标中，全国平均值为 7.21%，有 82 个城市（占比 28.67%）规模以上工业企业数量中港澳台和外资企业占比指标优于平均值，其中珠海市规模以上工业企业数量中港澳台和外资企业占比 42.22%，排名全国第一，商洛市、平凉市、金昌市、固原市、嘉峪关市、陇南市规模以上工业企业数量中港澳台和外资企业占比为 0，排名最后，极差值为 42.22%。

在万人拥有 R&D 人员数指标中，全国平均值为 36.23 人，有 78 个城市（占比约 27.27%）万人拥有 R&D 人员数指标优于平均值，其中深圳市万人拥有 R&D 人员数 686.27 人，排名全国第一，黑河市万人拥有 R&D 人员数 0.086 人，排名最后，两市域的极差值为 686.18 人。

在万人专利申请数指标中，全国平均值为 22.77 件，有 63 个城市（占比约 22.03%）万人专利申请数指标优于平均值，其中深圳市万人专利申请数 431.96 件，排名全国第一，黑河市万人专利申请数 0.025 件，排名最后，两市域的极差值为 431.94 件。

在万人授权专利数指标中，全国平均值为 11.13 件，有 61 个城市（占比约 21.33%）万人授权专利数指标优于平均值，其中深圳市万人授权专利数 229.88 件，排名全国第一，黑河市万人授权专利数 0.0006 件，排名最后，两市域的极差值为 229.88 件。

在万人拥有高等学校和中等职业学校教师数指标中，全国平均值为 15.56 人，有 75 个城市（占比约 26.22%）万人拥有高等学校和中等职业学校教师数指标优于平均值，其中太原市万人拥有高等学校和中等职业学校教师数 81.17 人，排名全国第一，七台河市万人拥有高等学校和中等职业学校教师数 2.20 人，排名最后，两市域的极差值为 78.97 人。

在万人拥有高等学校和中等职业学校学生数指标中，全国平均值为 281.89 人，有 79 个城市（占比约 27.62%）万人拥有高等学校和中等职业学校学生数指标优于平均值，其中东莞市万人拥有高等学校和中等职业学校学生数 1513.14 人，排名全国第一，鸡西市万人拥有高等学校和中等职业学校学生数 25.09 人，排名最后，两市域的极差值为 1448.05 人。

（六）民生共享高质量维度评价

我们选取了城镇居民人均可支配收入、农村居民人均可支配收入、城乡居民收入比、万人拥有中小学教师数、体育场馆数、万人拥有医院床位数、万人拥有执业医师（助理）数、城镇登记失业率、地方一般公共预算支出中教育支出占比、人均公共财政收入共计十个指标综合评价城市民生共享高质量维度。全国

286 个城市民生共享高质量发展得分分布情况如图 4 - 33 所示。

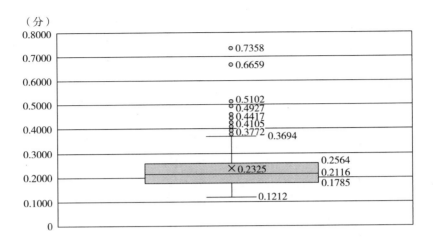

图 4 - 33　民生共享高质量发展城市得分箱形图

由图 4 - 33 可知，286 个城市民生共享高质量发展总体得分较低，平均分为 0.2325 分，有 104 个城市（占比约 36.36%）得分高于平均值。近半数城市得分位于 0.1785 ~ 0.2564 分。最高得分为深圳市 0.7358 分，另有东莞市（0.6659 分）、杭州市（0.5102 分）等 22 个城市得分高于 0.3694 分，显著高于其他城市；最低分为忻州市 0.1212 分。具体得分情况如表 4 - 14 所示。

表 4 - 14　全国 286 个市域民生共享高质量发展前 99 个市域得分及排名

市域	民生共享得分（分）	排名	市域	民生共享得分（分）	排名	市域	民生共享得分（分）	排名
深圳	0.7358	1	东莞	0.6659	2	杭州	0.5102	3
克拉玛依	0.5055	4	苏州	0.4927	5	宁波	0.4570	6
广州	0.4564	7	珠海	0.4421	8	无锡	0.4417	9
佛山	0.4260	10	南京	0.4180	11	中山	0.4168	12
厦门	0.4105	13	嘉兴	0.4046	14	长沙	0.3955	15
舟山	0.3949	16	常州	0.3929	17	绍兴	0.3868	18
武汉	0.3821	19	乌鲁木齐	0.3819	20	湖州	0.3813	21

续表

市域	民生共享得分（分）	排名	市域	民生共享得分（分）	排名	市域	民生共享得分（分）	排名
海口	0.3772	22	镇江	0.3694	23	温州	0.3659	24
郑州	0.3621	25	台州	0.3564	26	济南	0.3561	27
景德镇	0.3551	28	嘉峪关	0.3521	29	金华	0.3504	30
威海	0.3381	31	太原	0.3327	32	青岛	0.3317	33
成都	0.3294	34	东营	0.3259	35	鄂尔多斯	0.3232	36
昆明	0.3176	37	南通	0.3131	38	泉州	0.3099	39
惠州	0.3056	40	三亚	0.3051	41	大连	0.3048	42
兰州	0.3013	43	合肥	0.2990	44	淄博	0.2966	45
福州	0.2941	46	沈阳	0.2936	47	酒泉	0.2928	48
拉萨	0.2924	49	贵阳	0.2887	50	扬州	0.2863	51
呼和浩特	0.2859	52	银川	0.2845	53	衢州	0.2830	54
泰州	0.2820	55	盘锦	0.2784	56	包头	0.2779	57
丽水	0.2749	58	烟台	0.2731	59	西安	0.2714	60
盐城	0.2713	61	攀枝花	0.2700	62	徐州	0.2697	63
宜昌	0.2658	64	莱芜	0.2656	65	江门	0.2653	66
廊坊	0.2617	67	乌海	0.2617	68	株洲	0.2610	69
龙岩	0.2607	70	芜湖	0.2595	71	泰安	0.2553	72
唐山	0.2551	73	新余	0.2535	74	淮安	0.2524	75
西宁	0.2518	76	鹤壁	0.2515	77	滨州	0.2514	78
宝鸡	0.2505	79	马鞍山	0.2491	80	莆田	0.2489	81
晋城	0.2486	82	南昌	0.2470	83	连云港	0.2465	84
鄂州	0.2461	85	大庆	0.2458	86	漳州	0.2457	87
枣庄	0.2432	88	宿迁	0.2420	89	日照	0.2410	90
牡丹江	0.2407	91	柳州	0.2402	92	防城港	0.2380	93
长治	0.2378	94	哈尔滨	0.2378	95	石家庄	0.2375	96
南宁	0.2373	97	金昌	0.2372	98	济宁	0.2365	99

　　由表4-14可知，排在前十位的依次为深圳、东莞、杭州、克拉玛依、苏州、宁波、广州、珠海、无锡、佛山，其民生共享高质量评价平均得分为0.5133分。排在后十位的依次为忻州、邵阳、天水、周口、乌兰察布、定西、葫芦岛、

张家界、固原、怀化，其民生共享高质量评价平均得分为 0.1300 分。排在前十位的民生共享高质量评价平均得分是排在后十位的 3.95 倍，差距较大。

各个具体指标的差异分析如下：

在城镇居民人均可支配收入指标中，全国平均值为 32198.17 元，其中 102 个城市（占比约 35.66%）城镇居民人均可支配收入指标优于平均值，苏州市城镇居民人均可支配收入 58806 元，排名全国第一，鹤岗市城镇居民人均可支配收入 21370 元，排名最后，两市域的极差值为 37436 元。

在农村居民人均可支配收入指标中，全国平均值为 14575.16 元，其中 110 个城市（占比约 38.46%）农村居民人均可支配收入指标优于平均值，深圳市农村居民人均可支配收入 52938 元，排名全国第一，陇南市农村居民人均可支配收入 6386 元，排名最后，两市域的极差值为 46552 元。

在城乡居民收入比指标中，全国平均值为 2.30，其中 163 个城市（占比约 56.99%）城乡居民收入比指标优于平均值，深圳城乡居民收入比 1，排名全国第一，梧州市城乡居民收入比 3.55，排名最后，两市域的极差值为 2.55。

在万人拥有中小学教师数指标中，全国平均值为 82.83 人，其中 113 个城市（占比约 39.51%）万人拥有中小学教师数指标优于平均值，通辽市万人拥有中小学教师数 437.96 人，排名全国第一，乌兰察布市万人拥有中小学教师数 49.25 人，排名最后，两市域的极差值为 388.71 人。

在体育场馆数指标中，全国平均值为 28.36 个，其中 82 个城市（占比约 28.67%）体育场馆数指标优于平均值，景德镇市体育场馆数 299 个，排名全国第一，随州市、周口市、莱芜市、揭阳市、阳泉市、金昌市、儋州市体育场馆数 2 个，并列排名最后，极差值为 297 个。

在万人拥有医院床位数指标中，全国平均值为 45.27 个，其中 107 个城市（占比约 37.41%）万人拥有医院床位数指标优于平均值，东莞市万人拥有医院床位数 141 个，排名全国第一，海东市万人拥有医院床位数 16.72 个，排名最后，两市域的极差值为 124.28。

在万人拥有执业医师（助理）数指标中，全国平均值为 24.83 人，其中 103

个城市（占比约 36.01%）万人拥有执业医师（助理）数指标优于平均值，东莞市万人拥有执业医师（助理）数 84.98 人、排名全国第一，广安市万人拥有执业医师（助理）数 8.50 人，排名最后，两市域的极差值为 76.48 人。

在城镇登记失业率指标中，全国平均值为 2.99%，其中 130 市（占比约 45.45%）城镇登记失业率指标优于平均值，克拉玛依市城镇登记失业率 0.78%，排名全国第一，铁岭市城镇登记失业率 4.9%，排名最后，两市域的极差值为 4.12%。

在地方一般公共预算支出中教育支出占比指标中，全国平均值为 17.29%，其中 152 个城市（占比约 53.15%）地方一般公共预算支出中教育支出占比指标优于平均值，茂名市地方一般公共预算支出中教育支出占比 30.42%，排名全国第一，焦作市地方一般公共预算支出中教育支出占比 1.72%，排名最后，两市域的极差值为 28.70%。

在人均公共财政收入指标中，全国平均值为 5193.15 元，其中 79 个城市（占比约 27.62%）人均公共财政收入指标优于平均值，深圳市人均公共财政收入 81271.47 元，排名全国第一，定西市人均公共财政收入 752.92 元，排名最后，两市域的极差值为 80518.55 元。

第五章 中国市域经济高质量
发展差异分析

一、东、中、西和东北地区市域经济高质量发展的差异分析

东部地区是指河北、北京、天津、山东、江苏、上海、浙江、福建、山东、广东和海南 11 省（市）；中部地区是指山西、安徽、江西、河南、湖北和湖南六省；西部地区是指内蒙古、广西、四川、贵州、云南、西藏、陕西、甘肃、青海、宁夏和新疆 11 省（区、市）；东北地区是指辽宁、吉林和黑龙江三省。把全国划分为东、中、西和东北四大区域是广为接受的划分，在高质量发展问题上，四大区域的差异如何值得我们讨论，并在此基础上寻找相应对策。

（一）东、中、西和东北地区高质量发展水平在全国所处地位

据统计，东部地区包括 85 个市域，中部地区包括 80 个市域，西部地区包括 87 个市域，东北地区包括 34 个市域。

从高质量发展总指数看，全国 286 个市域（以下简称全国市域）高质量发展综合指数均值为 0.3386，东部地区市域高质量发展综合指数为 0.3855，比全国市域的均值高 0.047，高出 13.85 个百分点；中部地区市域高质量发展综合指数为 0.3356，比全国市域的均值低 0.003，比东部地区综合指数低 0.0092；西部地区市域高质量发展综合指数为 0.3395，比全国市域的均值高 0.0009，比东部地

区综合指数低 0.0053，比中部地区综合指数高 0.0039；东北地区市域高质量发展综合指数为 0.2949，比全国市域的均值低 0.0437，比东部地区综合指数低 0.0499，比中部地区综合指数低 0.0407，比西部地区综合指数低 0.0446，如图 5 - 1 所示。

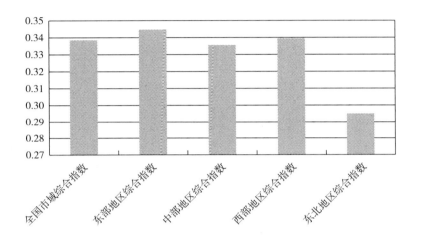

图 5 - 1　四大区域与全国的高质量发展综合指数

通过比较高质量发展综合指数可以发现，四大区域高质量发展水平排名依次为东部地区、西部地区、中部地区和东北地区。西部地区高于全国平均水平位于第二的位置，这充分说明西部大开发战略取得了丰硕的成果。而东北地区除绿色生态指数倒数第三外，其他维度指数均是最低，说明东北地区高质量发展水平很低，有待进一步加强。东北地区高质量发展要以习近平新时代中国特色社会主义思想为指导，以贯彻新发展理念为基本遵循，以建设现代化经济体系为基本目标，以供给侧结构性改革为主线，以质量第一、效益优先为导向，以技术创新和制度创新为动力，加快推动经济发展质量变革、效率变革和动力变革，建成创新引领、协同发展的产业体系，彰显优势、协调联动的城乡区域发展体系，资源节约、环境友好的绿色发展体系，多元平衡、安全高效的全面开放体系，体现效率、促进公平的收入分配体系，统一开放、竞争有序的市场体系，以及充分发挥市场作用、更好发挥政府作用的经济体制，推动经济实现更高质量、更有效率、更加公平、更可持续的发展。

从表5－1中的高质量发展六个细分维度看，四大区域在全国的情形分析如下：

表5－1　四大区域分维度高质量发展指数

区域	综合指数	绿色生态	社会人文	企业发展	经济效率	开放创新	民生共享
全国均值	0.3386	0.7050	0.3021	0.3766	0.5017	0.1003	0.2325
东部地区	0.3855	0.7093	0.3787	0.4237	0.5202	0.1587	0.2934
中部地区	0.3278	0.6906	0.3008	0.3584	0.5139	0.0833	0.2098
西部地区	0.3198	0.7157	0.2837	0.3618	0.4883	0.0684	0.2063
东北地区	0.2949	0.7008	0.1603	0.3401	0.4614	0.0761	0.2006

1. 绿色生态高质量发展指数

东部地区的指数（0.7093）和西部地区的指数（0.7157）高于全国市域的均值（0.7050）；中部地区和东北地区这一维度均低于全国平均水平，可以看出这两大区域在绿色生态方面存在着较严重的形势。相比东部地区，中部地区和东北地区属于欠发达区域，在推动我国全面建成小康社会进程中起着重要作用，但是在经济发展追赶过程中过度地消耗资源和破坏了生态环境，这就要求转变发展理念和方式，经济要由高速增长转向高质量发展；加强资源的高效利用和对生态环境保护的重视，加强生态文明建设，始终将"金山银山就是绿水青山"的理念融合到经济社会发展的决策中（见图5－2）。

2. 社会人文高质量发展指数

东部地区的指数为0.3787，全国市域的均值为0.3021，高于全国市域均值0.0766，可以看出东部地区社会人文高质量明显处于领先位置，说明东部地区在软实力上具有明显的竞争优势，能够产生虹吸效应，吸引更多的优秀人才，从而带动区域内经济的发展。中部地区、东北地区和西部地区低于全国平均水平，社会人文发展有待改善（见图5－3）。

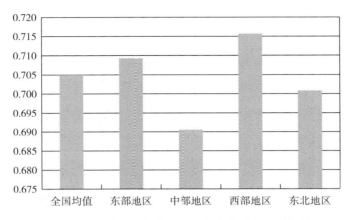

图 5 - 2　四大区域与全国绿色生态高质量发展指数

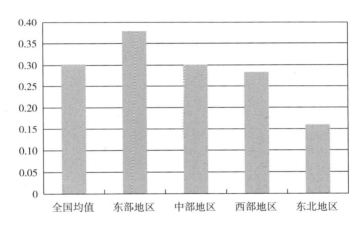

图 5 - 3　四大区域与全国社会人文高质量发展指数

3. 企业发展高质量发展指数

全国市域的均值为 0.3766，东部地区（0.4237）高于全国平均水平，处于第一位；其他三个地区均低于全国平均水平。它们的排序为东部地区（0.4237）、西部地区（0.3618）、中部地区（0.3584）和东北地区（0.3401）。企业发展高质量是我们评价区域经济高质量发展的主要内核，在六个维度中权重达 0.1753，仅次于开放创新权重（0.2431）。因此从这点看，东部地区在全国高质量发展中是能够起到引领作用的，而东北地区要加强依靠东北老工业基地优势，进行产业结构调整，带动区域内各市的制造业高质量发展（见图 5 - 4）。

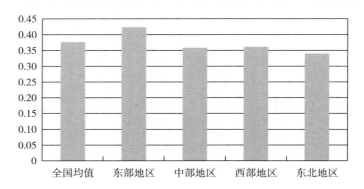

图5-4　四大区域与全国企业发展高质量指数

4. 经济效率高质量发展指数

东部地区（0.5202）、中部地区（0.5139）高于全国平均水平（0.5017），西部地区（0.4883）和东北地区（0.4614）低于全国平均水平，并与前两个地区的差距较大。高质量发展是经济总量扩大到一定程度后，产业结构升级、新旧动能转换、区域协调发展、人民生活质量提高的结果。在高质量发展阶段，关键是要实现动力变革、质量变革和效率变革，提高全要素生产率，因此，西部地区和东北地区应加快经济转型的步伐，在保持一定的经济增长速度基础上加快经济发展方式的转换和新旧动力的转换（见图5-5）。

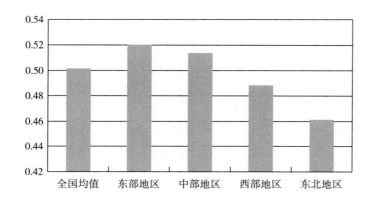

图5-5　四大区域与全国经济效率高质量发展指数

5. 开放创新高质量发展指数

全国市域的均值为 0.1003，东部地区的指数为 0.1587，高于全国平均水平，处于第一位。中部地区、西部地区和东北地区均低于全国市域的均值，其中东北地区最低。

在我国当前现代化建设和全面对外开放格局下，作为我国开放创新的领头羊的东部地区发挥了地理区位优势和国家政策优势，开放创新水平具有极高的优势和较好的发展态势。而其他三个区域尽管纳入国家层面的战略规划，但是其开放创新水平明显低于东部地区（见图 5-6）。

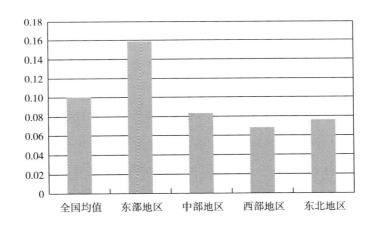

图 5-6　四大区域与全国开放创新高质量发展指数

6. 民生共享高质量发展指数

全国市域的均值为 0.2325，东部地区（0.2934）高于全国平均水平，中部地区（0.2098）、西部地区〔0.2063〕和东北地区（0.2006）低于全国平均水平，其中东北地区的指数最低。高质量发展的最终落脚点在于提高人民的生活水平和质量，包括教育、医疗、保险、就业等方面政策的完善，东北地区应加快社会惠民政策的实施，完善社会保障机制，为高质量发展筑牢基石（见图 5-7）。

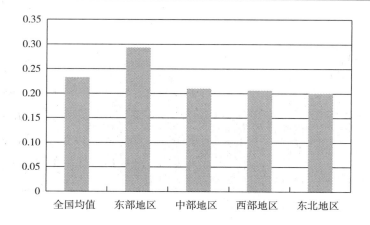

图5-7 四大区域与全国民生共享高质量发展指数

（二）四大区域内市域间高质量发展差异测度及影响因素分析

1. 四大区域内市域间高质量发展差异测度及影响因素分析

一个区域内部细分区域的协调、均衡发展是保障该区域全面有效互动、持续高质量发展的基础，测度区域内市域间高质量发展差异有助于我们观察、判断一个具体区域可能的发展趋势。本书用极差和标准差系数来测度四大区域内市域高质量发展差异。具体如表5-2所示。

表5-2 四大区域内市域间高质量发展指数的极差及标准差系数

区域	差异指标	综合指数	绿色生态	社会人文	企业发展	经济效率	开放创新	民生共享
东部地区	极差	0.4039	0.4350	0.5837	0.3695	0.3848	0.6027	0.5624
	标准差系数	0.1832	0.1004	0.2703	0.1885	0.0936	0.8387	0.3604
中部地区	极差	0.2079	0.3136	0.3549	0.2561	0.2376	0.3496	0.2743
	标准差系数	0.1119	0.0864	0.2350	0.1158	0.0759	0.8827	0.2554
西部地区	极差	0.2061	0.3970	0.3795	0.3543	0.2775	0.3086	0.3827
	标准差系数	0.1237	0.0860	0.3038	0.1412	0.1062	1.0021	0.3159
东北地区	极差	0.1836	0.1697	0.3908	0.2459	0.2385	0.2655	0.1708
	标准差系数	0.1433	0.0675	0.5760	0.1704	0.1258	0.8322	0.2104

从区域内高质量发展综合指数的差异看，东部地区、东北地区、西部地区和中部地区市域间的差异依次减小，标准差系数分别为 0.1832、0.1433、0.1237 和 0.1119。

东部地区市域如深圳（0.6934）、东莞（0.5676）、广州（0.5554）和珠海（0.5234）高质量发展综合指数均在 0.5 以上，是全国市域平均水平的 1.5 倍以上，包揽全国前四，尤其是深圳比位列全国第二的东莞高出 0.1258。高质量发展综合指数最低的肇庆（0.3483）略高于全国平均水平，但不到水平超强的深圳的 1/2，在全国位于第 84。基于以上分析可以发现，东部地区内各市域的高质量发展水平有较大的差异，区域内高质量发展不平衡、差异大。东部地区有深圳、东莞、广州和珠海等多个高质量发展水平极高的城市的引领和带动作用，对其他城市经济发展的辐射功能能够起到整合效应，充分发挥先发展地区带动后发展地区的作用。

中部地区市域高质量发展综合指数的极差为 0.2079，标准差系数为 0.1119，市域高质量发展差异在四大区域中是最小的，相对其他三个区域来说是较平衡的。中部地区高质量发展综合指数在省域上如湖北（0.3308）、江西（0.3354）、湖南（0.3236）、安徽（0.3358）、山西（0.3145）和河南（0.3250）进行比较，也发现其差距很小，易得出结论：中部地区省域和市域高质量发展差距较小，相对平衡。

西部地区市域高质量发展综合指数的极差为 0.2061，标准差系数为 0.1237。市域高质量发展差异在四大区域中居第三位，区域内高质量发展相对平衡。

东北地区市域高质量发展综合指数的标准差系数为 0.1433，市域高质量发展差异在四大区域中居第二位，区域内高质量发展相对不平衡。总的来说，东北地区高质量发展综合指数最低，发展相对不平衡。

图 5－8 为四大市域间高质量发展综合指数标准差系数。

2. 四大区域内市域间高质量发展分维度差异分析

（1）从区域内绿色生态高质量发展指数的差异看，东部地区市域间的差异最大，其标准差系数为 0.1004，东部地区内绿色生态指数最高的南平（0.8595）

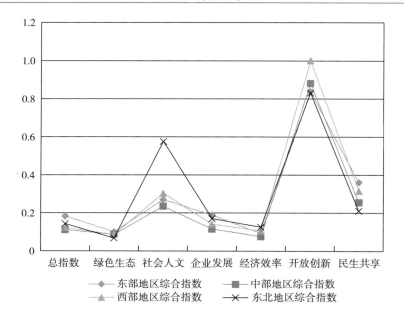

图5-8 四大区域市域间高质量发展综合指数标准差系数

比全国市域均值高0.1545，全国排名第2。东部地区内绿色生态指数最低的东莞（0.4245）在全国排名最后。可以看出，东部地区内高质量发展整体水平非常高的市域的绿色生态高质量发展水平非常落后，这反映出东部地区在追求经济发展效益的过程中受到了严峻的环境恶化和资源利用效率低的挑战。

中部地区市域间的差异度处于第二位，其标准差系数为0.0864，其中绿色指数位列前三的市域分别为黄山（0.8421）、张家界（0.8095）和抚州（0.7899），全国排名分别为第3、第10和第19。区域内80个市中仅有21个市全国排名在100名之前，其中最低的阳泉（0.5285）在全国排名为倒数第2。因此，尽管中部地区内市域绿色生态高质量发展差异小于东部地区，但大部分城市处于较低水平，位列全国100名之后。

西部地区市域间的差异度处于第三位，其标准差系数为0.0860，与中部地区标准差系数（0.0864）相差无几，但是极差相差甚多，这就是说中西部地区总体差异几乎相同，只是区域内城市相差甚多。如西部地区的绿色生态指数最高的拉萨（0.9651）位于全国第一，而最低的石嘴山（0.5680）居于全国284位。

东北地区市域间的差异度最小，其标准差系数为0.0675，与其他三大区域相比，在绿色生态发展上市域间相对平衡，但是相对比较落后，如区域内绿色生态发展指数在全国排名100名之前的有9个，占比26.47%。这充分说明东北地区绿色生态高质量发展水平均处于较低水平，且在全国位于比较靠后的位置，绿色生态发展态势比较严峻（见图5-9）。

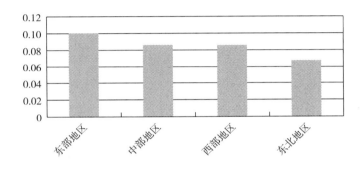

图5-9　四大区域绿色生态高质量发展标准差系数

（2）从区域内社会人文高质量发展指数的差异看，东北地区市域间的差异最大，其标准差系数为0.5760，高于西部地区的标准差系数0.3038、东部地区的标准差系数0.2703及中部地区的标准差系数0.2350。

东北地区各市域的社会人文高质量发展指数非常低而且不平衡，只有大连（0.4336）和沈阳（0.3655）社会人文高质量发展指数居于全国第34位和第73位，而哈尔滨（0.3367）、长春（0.3151）、鞍山（0.2793）居于全国第103位、第127位和第167位，其他全部位于全国200名之后。

中部地区市域的社会人文高质量发展指数非常平衡，极差和标准差系数都最小。社会人文高质量作为塑造一个城市品牌的体现，是城市对外交流的名片，能够吸引大量外部投资，进而成为拉动区域内城市经济发展的新引擎（见图5-10）。

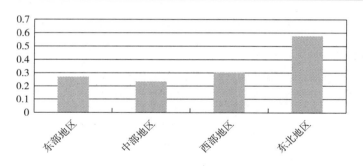

图 5 - 10　四大区域社会人文高质量发展标准差系数

（3）从区域内企业发展高质量指数的差异看，中部地区内市域间的差异最小，其标准差系数为 0.1158，区域内市域间企业高质量发展比较均衡。东部地区企业发展高质量指数的标准差系数（0.1885）最大，表明东部地区企业发展差距最大，区域内市域间企业高质量发展不均衡。例如，东部地区企业发展高质量发展指数很好的深圳（0.6865）、广州（0.6017）和佛山（0.5402），远高于全国市域平均水平，在全国排名分别为第 1、第 3 和第 10；同一省域如广东省市域企业发展高质量发展指数最低的肇庆（0.3550）与深圳的极差为 0.3315，全国排名第 157。另外，被称为"世界工厂"的东莞略低于全国市域平均水平，全国排名仅为第 118，这反映了我国亟待改变制造业大而不强、核心关键技术仍然是瓶颈的状况。广东省除了深圳、广州和佛山的企业发展高质量较强外，其他市域不具有优势，甚至处于较低的水平，这也反映了同区域内的市域企业发展高质量发展出现了一定程度的两极分化现象（见图 5 - 11）。

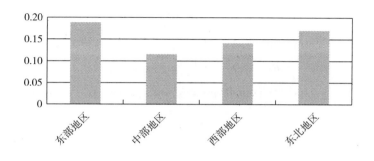

图 5 - 11　四大区域企业发展高质量发展标准差系数

（4）从区域内经济效率高质量发展指数的差异看，中部地区内市域间的差异最小，其标准差系数为 0.0759，区域内市域间经济效率高质量发展比较均衡。东北地区经济效率高质量发展指数的标准差系数（0.1258）最大，说明东北地区市域间经济效率高质量发展不均衡。例如，区域内经济效率高质量发展指数最高的长春（0.5367）位列全国第 61，最低的四平（0.2983）位列全国第 286，区域内只有长春、大庆、黑河在全国排名前 100，其余的市域排名均在全国排名 100 名之后，这说明东北地区内市域间的经济效率高质量发展不仅差异大而且质量低（见图 5－12）。

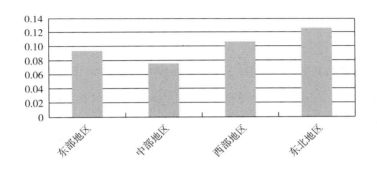

图 5－12　四大区域经济效率高质量发展标准差系数

（5）从区域内开放创新高质量发展指数的差异看，西部地区内市域间的开放创新高质量发展指数差异最大，其标准差系数为 1.0021，其次为中部地区，标准差系数为 0.8827，而东北地区内市域间的差异最小，其标准差系数为 0.8322。

西部地区在西部大开发政策的指导下，在开放创新高质量发展方面取得了巨大的进步，但是区域间开放创新水平极不平衡。例如，区域内开放创新高质量发展指数最高的西安（0.3228）位列全国第 13，最低的巴中（0.0142）位列全国第 285，区域内只有 19 个市域的开放创新高质量发展指数在全国排名前 100，其余的 68 个市域排名均在全国排名 100 名之后，占比 78%，而且其中有 48 个市域的开放创新高质量发展指数在全国排名 200 名之后，占比 55%，这说明西部地区内市域间的开放创新高质量发展不仅差异大而且质量低（见图 5 - 13）。

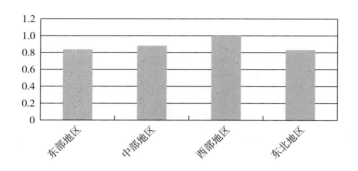

图 5 - 13　四大区域开放创新高质量发展标准差系数

（6）从区域内民生共享高质量发展指数的差异看，东部地区内市域间的民生共享高质量发展指数差异最大，其标准差系数为 0.3604，西部地区次之，标准差系数为 0.3159，中部地区的标准差系数为 0.2554，东北地区内市域间的差异最小，其标准差系数为 0.2104。

东部地区在经济快速发展的过程中，不可避免地产生了收入不平衡等民生共享方面的高质量发展不均衡，这在一个方面印证了"先富带动后富"的论述，另一方面也要求我们充分释放的"发展红利"必须更多、更公平地惠及每一个人。东部地区区域内民生共享高质量发展现状距离党的十九大报告要求保证全体人民在共建共享发展中有更多获得感，不断促进人的全面发展、全体人民共同富裕还有很长的路要走（见图 5 - 14）。

（三）四大区域高质量发展 TOP1 和 BOTTOM1 市域比较分析

从四大区域高质量发展指数中选出 TOP1 和 BOTTOM1，并与各个分维度的最高分和平均分相比较，作出雷达图进行分析。

1. 东部高质量发展 TOP1——深圳

从图 5 - 15 可知，排名第一的深圳经济高质量发展水平高主要得益于其社会人文（第一位）、企业发展（第一位）、经济效率（第一位）、民生共享（第一位）方面发展很好，但是绿色生态和开放创新方面发展相对较弱。

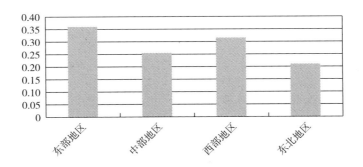

图 5－14　四大区域民生共享高质量发展标准差系数

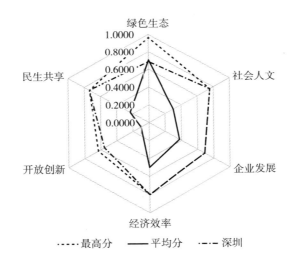

图 5－15　深圳高质量发展评价六维度雷达图

深圳在社会人文高质量发展中以 0.7559 分排名第一，为全国平均值 0.3021 分的 2.5 倍，在社会人文高质量发展的五个评价指标中深圳以城镇化 100%、社会城市认可度 7.5685 分位居第十，人口自然增长率 2.518‰位居第一，万人拥有图书馆藏书量 99390 册位居第二。由此可见，在社会人文方面，深圳各项指标均位居前列，领先于全国绝大多数城市。

深圳在经济效率高质量发展中以 0.7981 分排名第一，为全国平均值 0.5017 分的 1.59 倍；在经济效率高质量评价的八个评价指标中，其 GDP 密度和人均

GDP 两个指标均位居第一；GDP 增长率、公共财政收入增长率和 GDP 增长波动率三个指标也表现一般，分别位列第 45、第 131 和第 47。由此可见，虽然深圳经济效率高质量发展综合评价排名第一，但各分项指标与全国其他城市相比，优势并不明显，当地政府应该重点关注这些"短板"。

企业发展高质量评价的六个评价指标中，深圳市有 87 家 500 强企业及中国 500 最具价值品牌数量，全国排名第一，101 个驰名商标地理标志，排名第八，单位工业产值污染物排放量全国排名第六；但是企业产品质量抽检合格率全国排名第 233，严重与整体排名不相匹配。

开放创新高质量评价指标排名第三，其中深圳市万人拥有授权专利数 229.88 件，名列全国第一，但是万人拥有高等学校和中等职业学校教师数、万人拥有高等学校和中等职业学校学生数排名第 56 和第 77，这充分说明深圳高等教育方面的不足。

民生共享高质量评价的八个评价指标中，在岗职工平均工资 100173 元，位列全国第四，万人拥有医院床位数位列全国第四，万人拥有执业医师（助理）数位列全国第二。

深圳市绿色生态高质量发展评价指标排名全国第 187 位，其中每平方公里废水、每平方公里废气和一般工业固体废物综合利用率分别排名第 281、第 170 和第 189 位，深圳在绿色生态高质量发展方面很弱，与其整体排名严重不相匹配。

2. 东部高质量发展 BOTTOM1——承德

图 5 - 16 可知，承德经济高质量发展水平靠后是因为六个维度得分均比较低所致，其中绿色生态和社会人文发展评价指数排名分别为第 219 位和第 241 位。

3. 中部高质量发展 TOP1——武汉

从图 5 - 17 可知，武汉经济高质量发展水平高主要得益于其社会人文、企业发展、开放创新、民生共享方面发展很好，但是绿色生态和经济效率方面发展相对较弱。

在社会人文高质量发展的五个评价指标中，武汉以城镇化 100%、社会城市认可度 8.37 分位居第三，人口自然增长率 3.91‰位居第 127，万人拥有图书馆

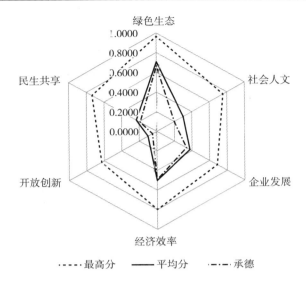

图 5-16 承德高质量发展评价六维度雷达图

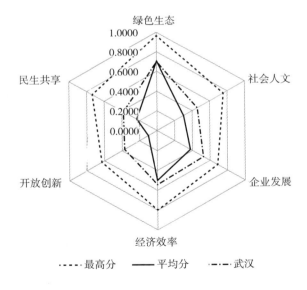

图 5-17 武汉高质量发展评价六维度雷达图

藏书量9798册位居第50。由此可见，在社会人文方面，武汉各项指标均位居前列，领先于全国绝大多数城市。

武汉在经济效率高质量发展方面排名第43位，在经济效率高质量评价的八个评价指标中，其GDP密度和人均GDP两个指标分别位居第10和第18；GDP增长率、公共财政收入增长率和GDP增长波动率三个指标也表现一般，分别位列第113、第135和第59。由此可见，虽然武汉经济效率高质量发展综合评价排名靠前，但各分项指标与全国其他城市相比优势并不明显。

　　企业发展高质量评价的六个评价指标中，武汉市有30家500强企业及中国500最具价值品牌数量，全国排名第13位，70个驰名商标地理标志，排名第25位，但是单位工业产值污染物排放量全国排名第102位，企业产品质量抽检合格率全国排名第128位，严重与整体排名不相匹配。

　　开放创新高质量评价指标排名第3位，其中武汉市万人拥有授权专利数30.25件，名列全国第24，但是万人拥有高等学校和中等职业学校教师数、万人拥有高等学校和中等职业学校学生数排名第4位和第7位，这充分说明武汉高等教育方面的发展很好。

　　民生共享高质量评价的八个评价指标中，在岗职工平均工资79684元，位列全国第25，万人拥有医院床位数位列全国第8，万人拥有执业医师（助理）数位列全国第19。

　　武汉市绿色生态高质量发展评价指标排名全国第167位，其中每平方公里废水、每平方公里废气和一般工业固体废物综合利用率分别排名第261位、第249位和第38位，武汉在绿色生态高质量发展方面很弱，与其整体排名严重不相匹配。

　　4. 中部高质量发展BOTTOM1——邵阳

　　从图5－18可知，邵阳经济高质量发展水平排名第277位，靠后是因为六个维度得分均比较低所致，其中民生共享和经济效率发展评价指数排名分别为第285位和第264位。

　　5. 西部高质量发展TOP1——克拉玛依

　　从图5－19可知，排名第18位的克拉玛依经济高质量发展水平高主要得益于其社会人文、企业发展、绿色生态、民生共享方面发展很好，但是开放创新和经济效率方面发展相对较弱。

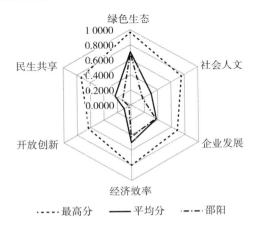

图 5 - 18　邵阳高质量发展评价六维度雷达图

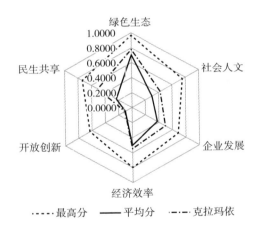

图 5 - 19　克拉玛依高质量发展评价六维度雷达图

克拉玛依在社会人文高质量发展的五个评价指标中，社会城市认可度位居第 147，人口自然增长率 5.95‰，位居第 90，万人拥有图书馆藏书量 87096 册，位居第 3。

克拉玛依在经济效率高质量发展排名中位居第 45。在经济效率高质量评价的八个评价指标中，其 GDP 密度和人均 GDP 两个指标分别位居第 189 和第 5；GDP 增长率、公共财政收入增长率和 GDP 增长波动率三个指标也表现一般，分别位列第 149、第 50 和第 278。由此可见，虽然克拉玛依经济效率高质量发展综合评价排名靠前，但各分项指标与全国其他城市相比优势并不明显。

企业发展高质量评价的六个评价指标中，克拉玛依 500 强企业及中国 500 最具价值品牌的数量为 0，但是单位工业产值污染物排放量全国排名第 139，企业产品质量抽检合格率全国排名第 211，严重与整体排名不相匹配。

开放创新高质量评价指标排名第 72，其中克拉玛依万人拥有授权专利数 13.26 件，名列全国第 51，但是万人拥有高等学校和中等职业学校教师数、万人拥有高等学校和中等职业学校学生数排名第 42 和第 46，这充分说明高等教育方面的发展与其整体排名不相匹配。

民生共享高质量发展指数位列全国第四，在岗职工平均工资 79684 元，位列全国第六，万人拥有医院床位数位列全国第 38，万人拥有执业医师（助理）数位列全国第三。

克拉玛依绿色生态高质量发展评价指标排名全国第 29，其中每平方公里废水、每平方公里废气和一般工业固体废物综合利用率分别排名第 126 位、第 146 位和第 92 位，在绿色生态高质量发展方面较弱，与其整体排名严重不相匹配。

6. 西部高质量发展 BOTTOM1——陇南

从图 5-20 可知，陇南经济高质量发展水平排名靠后是因为六个维度得分均比较低所致，其中经济效率、开放创新和民生共享发展评价指数排名分别为第 283、第 283 和第 276。

7. 东北高质量发展 TOP1——大连

从图 5-21 可知，排名第 24 的大连经济高质量发展水平高主要得益于其社会人文、企业发展、开放创新方面发展很好，但是绿色生态、经济效率和民生共享方面发展相对较弱。

大连在社会人文高质量发展的五个评价指标中，社会城市认可度 7.56 分，位居第 11，人口自然增长率 -2.22‰，位居第 220，万人拥有图书馆藏书量 39848 册，位居第 5。

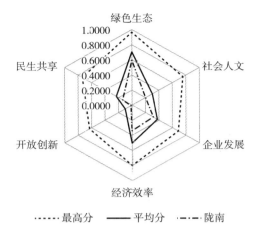

图 5-20 陇南高质量发展评价六维度雷达图

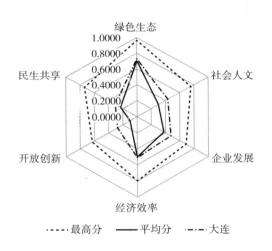

图 5-21 大连高质量发展评价六维度雷达图

大连在经济效率高质量发展排名中位居第 131。在经济效率高质量评价的八个评价指标中,其 GDP 密度和人均 GDP 两个指标分别位居第 35 和第 25；GDP增长率、公共财政收入增长率和 GDP 增长波动率三个指标也表现一般,分别位列第 177、第 110 和第 148。由此可见,大连经济效率高质量发展综合评价排名靠后,与其整体排名不相匹配。

企业发展高质量评价的六个评价指标中，大连市有 14 家 500 强企业及中国 500 最具价值品牌数量，全国排名第 30 位，80 个驰名商标地理标志，排名第 16 位，但是单位工业产值污染物排放量全国排名第 270 位，企业产品质量抽检合格率全国排名第 55 位。

开放创新高质量评价指标体系中，万人拥有授权专利数 13.06 件，名列全国第 53，但是万人拥有高等学校和中等职业学校教师数、万人拥有高等学校和中等职业学校学生数排名第 29 位和第 31 位。

民生共享高质量评价的八个评价指标中，在岗职工平均工资 81884 元，位列全国第 21，万人拥有医院床位数位列全国第 32，万人拥有执业医师（助理）数位列全国第 45。

大连市绿色生态高质量发展评价指标排名全国第 102 位，其中每平方公里废水、每平方公里废气和一般工业固体废物综合利用率分别排名第 270 位、第 236 位和第 189 位，在绿色生态高质量发展方面很弱，与其整体排名严重不相匹配。

8. 东北高质量发展 BOTTOM1——四平

从图 5-22 可知，四平经济高质量发展水平靠后是因为六个维度得分均比较低所致，其中社会人文、经济效率和民生共享发展评价指数排名分别为第 263 位、第 286 位和第 261 位。

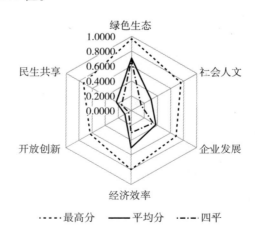

图 5-22 四平高质量发展评价六维度雷达图

二、粤港澳、长三角及京津冀三大区域高质量发展比较研究

（一）三大区域内各市域高质量发展指数测度结果

我们将粤港澳、长三角和京津冀放到全国地级市域的视角（不包括四个直辖市及港澳台），多角度深入探讨三大区域高质量发展状况，分析三大区域高质量发展的优势和劣势。粤港澳包括广州、深圳、珠海、佛山、惠州、东莞、中山、江门、肇庆9市；长三角包括南京、无锡、常州、苏州、南通、盐城、扬州、镇江、泰州、杭州、宁波、嘉兴、湖州、绍兴、金华、舟山、台州、合肥、芜湖、马鞍山、铜陵、安庆、滁州、池州、宣城25市；京津冀包括保定、唐山、廊坊、沧州、秦皇岛、石家庄、张家口、承德、邯郸、邢台、衡水11市。

运用变异系数—主成分分析评价模型，高质量发展指数测度和各维度高质量发展指数测度中各指标权重如表5-1所示。考虑到本书篇幅，全国286个地级市域年高质量发展指数和各维度高质量发展指数未全部列出，只列出粤港澳大湾区境内区域9市、长三角25市和京津冀11市的高质量发展指数测度结果，如表5-3所示。

表5-3 粤港澳、长三角和京津冀内各市域高质量发展指数

区域		综合指数	绿色生态	社会人文	企业发展	经济效率	开放创新	民生共享
粤港澳	广州	0.5554	0.7236	0.5769	0.6017	0.5703	0.4897	0.4564
	深圳	0.6934	0.6857	0.7559	0.6865	0.7981	0.5546	0.7358
	珠海	0.5234	0.7375	0.4272	0.3920	0.6060	0.5725	0.4421
	佛山	0.4840	0.6437	0.5380	0.5402	0.5864	0.2956	0.4260
	江门	0.3837	0.7641	0.3529	0.3659	0.5217	0.1955	0.2653
	肇庆	0.3483	0.7008	0.3651	0.3550	0.4864	0.1323	0.2318
	惠州	0.4411	0.7930	0.4083	0.3695	0.5180	0.3573	0.3056
	东莞	0.5676	0.4245	0.6451	0.3727	0.6402	0.6301	0.6659
	中山	0.4776	0.6447	0.5548	0.3812	0.5605	0.4117	0.4168
长三角	南京	0.4991	0.6594	0.4905	0.5435	0.5649	0.4142	0.4180
	无锡	0.4583	0.5901	0.4574	0.5369	0.5646	0.2661	0.4417

区域		综合指数	绿色生态	社会人文	企业发展	经济效率	开放创新	民生共享
长三角	常州	0.4207	0.6394	0.3422	0.4888	0.5522	0.2206	0.3929
	苏州	0.5086	0.6125	0.4555	0.5718	0.5839	0.3891	0.4927
	南通	0.4021	0.7350	0.3786	0.4790	0.5066	0.1684	0.3131
	盐城	0.3535	0.7263	0.3507	0.4099	0.4500	0.0985	0.2713
	扬州	0.3690	0.6999	0.3203	0.4169	0.4920	0.1501	0.2863
	镇江	0.4083	0.6845	0.3534	0.4309	0.4995	0.2373	0.3694
	泰州	0.3619	0.7037	0.3012	0.4108	0.5195	0.1154	0.2820
	杭州	0.5130	0.7075	0.5218	0.6821	0.4591	0.3076	0.5102
	宁波	0.4831	0.7277	0.4797	0.5909	0.5525	0.2491	0.4570
	嘉兴	0.4189	0.6633	0.4123	0.4093	0.5352	0.2225	0.4046
	湖州	0.4003	0.7263	0.3422	0.4000	0.5331	0.1708	0.3813
	绍兴	0.4222	0.6957	0.3963	0.4693	0.5238	0.2012	0.3868
	金华	0.4066	0.7598	0.4556	0.4347	0.4939	0.1445	0.3504
	舟山	0.3861	0.7719	0.2837	0.3909	0.5293	0.1301	0.3949
	台州	0.4013	0.7675	0.4568	0.4305	0.5147	0.0984	0.3564
	合肥	0.4178	0.7003	0.4339	0.4380	0.5367	0.2545	0.2990
	芜湖	0.3657	0.6831	0.2667	0.3783	0.5314	0.2006	0.2595
	马鞍山	0.3472	0.6433	0.2913	0.3650	0.5191	0.1503	0.2491
	铜陵	0.3379	0.6633	0.4157	0.3380	0.5163	0.0940	0.2052
	安庆	0.3259	0.7265	0.3419	0.3886	0.4699	0.0485	0.1910
	滁州	0.3305	0.7296	0.2740	0.3728	0.5338	0.0873	0.1741
	池州	0.3131	0.7557	0.2496	0.3329	0.4584	0.0769	0.1877
	宣城	0.3418	0.7518	0.3283	0.3826	0.5194	0.0687	0.2155
京津冀	石家庄	0.3667	0.6449	0.3565	0.4397	0.5354	0.1546	0.2375
	唐山	0.3246	0.5896	0.2569	0.3915	0.5182	0.0848	0.2551
	秦皇岛	0.3616	0.7159	0.3087	0.3627	0.4924	0.2060	0.2356
	邯郸	0.3245	0.6274	0.3933	0.3901	0.5111	0.0423	0.1869
	邢台	0.3088	0.6583	0.2972	0.3600	0.5041	0.0438	0.1748
	保定	0.2998	0.5704	0.3237	0.3781	0.4459	0.0683	0.1817
	张家口	0.2984	0.7161	0.2231	0.3393	0.4603	0.0686	0.1735
	承德	0.2895	0.6621	0.1994	0.3381	0.4929	0.0497	0.1887
	沧州	0.3126	0.7112	0.2177	0.3651	0.4989	0.0517	0.2114
	廊坊	0.3506	0.6921	0.3452	0.3798	0.4676	0.1247	0.2617
	衡水	0.2912	0.6836	0.1722	0.3312	0.5056	0.0432	0.1799

（二）三大区域高质量发展水平在全国所处地位

全国286个地级市域（以下简称全国市域）高质量发展综合指数均值为0.3386，粤港澳高质量发展综合指数为0.4972，比全国市域的均值高0.1586，是全国市域均值的近1.5倍。长三角高质量发展综合指数（0.3997）比粤港澳低0.0975，但也比全国市域均值高0.0611。京津冀的高质量发展综合指数（0.3208）略低于全国市域均值，分别比粤港澳和长三角低0.1764和0.0790。在全国高质量发展综合指数前10市域中，5个位于粤港澳（深圳、东莞、广州、珠海和佛山）、4个位于长三角（杭州、苏州、南京和宁波）、0个位于京津冀。

因此，粤港澳和长三角的高质量发展总体水平远高于京津冀，在全国范围内也处于领先地位，且区域内均有多个市域的实力超强，能够对区域内其他城市起到极大的辐射和引领带动作用。京津冀11市在高质量发展的许多方面还有很大的提升空间，考虑到这些地级市域环围着北京、天津两个直辖市，如果这11市不加紧高质量发展进程，势必拖累京津两直辖市高质量发展进程。

从六个细分维度看，三大区域在全国的情形分析如表5-4、图5-23所示。

表5-4　粤港澳、长三角和京津冀高质量发展指数

区域	综合指数	绿色生态	社会人文	企业发展	经济效率	开放创新	民生共享
全国均值	0.3386	0.7050	0.3021	0.3766	0.5017	0.1003	0.2325
粤港澳	0.4972	0.6797	0.5138	0.4516	0.5875	0.4044	0.4384
长三角	0.3997	0.7010	0.3760	0.4437	0.5184	0.1826	0.3316
京津冀	0.3208	0.6610	0.2813	0.3705	0.4939	0.0853	0.2079

（1）绿色生态高质量发展指数。全国市域的均值为0.7050，高于粤港澳（0.6797）和京津冀（0.6610），长三角（0.7010）优于其他两大区域，但仍然略低于全国平均水平。可以看出，三大区域在绿色生态方面存在着较严重的形势，粤港澳、长三角和京津冀作为我国三大重要的战略区域，在推动我国现代化建设进程中起着引领和示范作用，也是我国实现制造强国的主战场，要以解决当

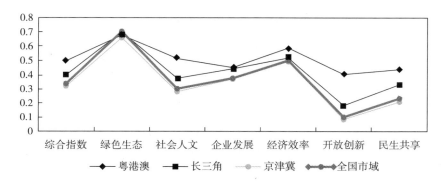

图 5-23 粤港澳、长三角及京津冀高质量发展指数

前资源环境面临的突出问题为前提，加强对生态环境保护的重视，加强生态文明建设，始终将"金山银山就是绿水青山"的理念融合到经济社会发展的决策中。

（2）社会人文高质量发展指数。全国市域的均值为 0.3021，粤港澳的指数为 0.5138，是全国市域均值的近 1.7 倍，可以看出粤港澳人文高质量明显处于领先位置，说明粤港澳在软实力上具有明显的竞争优势，能够塑造品牌效应，吸引更多的外部投资，从而带动区域内经济的发展。长三角的指数为 0.3760，与粤港澳有一定的差距，但仍高出全国市域均值 0.0739。京津冀的指数（0.2813）尽管略低于全国市域均值，但与粤港澳和长三角有较大的差距，说明京津冀除了北京和天津的知名度较高外，其他城市的人文质量较低。

（3）企业发展高质量指数。全国市域的均值为 0.3766，粤港澳（0.4516）和长三角（0.4437）高于全国平均水平。京津冀的指数为 0.3705，略低于全国平均水平，与粤港澳和长三角的差距较大。企业发展高质量是我们评价区域经济高质量发展的主要内核，在六个维度中权重达 0.1753，仅次于开放创新权重 0.2431。因此从这点看，粤港澳和长三角在全国高质量发展中是能够起到引领作用的，而京津冀各市要继续深化区域协调发展，以京津为核心，依靠东北老工业基地优势，带动区域内各市的制造业高质量发展。

（4）经济效率高质量发展指数。全国市域的均值为 0.5017，粤港澳的指数为 0.5875，比全国市域均值高出 0.0858，长三角的指数（0.5184）与粤港澳有一定差距，但略高于全国平均水平。京津冀的指数（0.4939）略低于全国市域的均值。高质量发展是经济总量扩大到一定程度后，产业结构升级、新旧动能转换、区域协调发展、人民生活质量提高的结果。在高质量发展阶段，关键是要实现动力变革、质量变革和效率变革，提高全要素生产率，因此，京津冀 11 市应加快经济转型的步伐，在保持一定的经济增长速度基础上加快经济发展方式的转换和新旧动能的转换。

（5）开放创新高质量发展指数。全国市域的均值为 0.1003，粤港澳的指数为 0.4044，是全国市域均值的 4 倍，长三角的指数（0.1826）与粤港澳有一定差距，但高于全国平均水平。京津冀的指数为 0.0853，低于全国市域的均值，仅为粤港澳指数的 1/5。在我国当前现代化建设和全面对外开放格局下，作为我国三大世界级城市群，粤港澳和长三角发挥了两者各自的地理区位优势和国家政策优势，开放创新水平具有极高的优势和较好的发展态势；而京津冀与粤港澳和长三角具有同等的地理区位优势，并且先于其他两个区域纳入国家层面的战略规划，其开放创新水平明显低于其他两个区域，说明北京和天津应进一步发挥其在区域内的核心城市的引领带动作用。

（6）民生共享高质量发展指数。全国市域的均值为 0.2325，粤港澳的指数为 0.4384，是全国市域均值的近 2 倍，长三角的指数仅次于粤港澳，为 0.3316，是全国市域均值的近 1.4 倍。京津冀的指数（0.2079）略低于全国市域均值，也远低于粤港澳和长三角的指数。高质量发展的最终落脚点在于提高人民的生活水平和质量，包括教育、医疗、保险、就业等方面政策的完善，京津冀应加快社会惠民政策的实施，完善社会保障机制，为高质量发展筑牢基石。

（三）三大区域内市域间高质量发展差异测度及影响因素分析

一个区域内部细分区域的协调、均衡发展是保障该区域全面有效互动、持续高质量发展的基础，测度区域内市域间高质量发展差异有助于我们观察、判断一个具体区域可能的发展趋势。本书用极差和标准差系数来测度粤港澳、长三角和京津冀三个区域内市域高质量发展差异。具体如表 5 - 5、图 5 - 24 所示。

表5-5　粤港澳、长三角及京津冀内市域间高质量发展指数的极差及标准差系数

区域	差异指标	综合指数	绿色生态	社会人文	企业发展	经济效率	开放创新	民生共享
粤港澳	极差	0.3451	0.3685	0.4030	0.3315	0.3117	0.4978	0.5040
	标准差系数	0.2089	0.1589	0.2654	0.2754	0.1568	0.4291	0.3880
长三角	极差	0.1999	0.1818	0.2723	0.3492	0.1340	0.3657	0.3361
	标准差系数	0.1446	0.0687	0.2083	0.1911	0.0662	0.5238	0.2955
京津冀	极差	0.0772	0.1457	0.2211	0.1086	0.0895	0.1638	0.0882
	标准差系数	0.0865	0.0752	0.2557	0.0833	0.0536	0.6344	0.1619

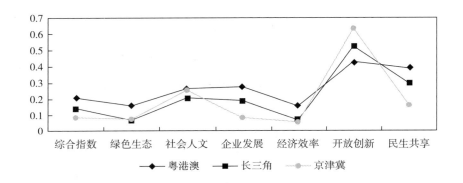

图5-24　粤港澳、长三角及京津冀内市域间高质量发展指数标准差系数

（1）从区域内高质量发展综合指数的差异看，粤港澳、长三角和京津冀内市域间的差异依次减小，标准差系数分别为0.2089、0.1446和0.0865。

粤港澳的深圳（0.6934）、东莞（0.5676）、广州（0.5554）和珠海（0.5234）高质量发展综合指数均在0.5以上，是全国市域平均水平的1.5倍以上，包揽全国前四，尤其是深圳比位列全国第二的东莞高出0.1258。高质量发展综合指数最低的肇庆（0.3483）略高于全国平均水平，但不到水平超强的深圳的1/2，在全国位列第84。基于以上分析可以发现，尽管粤港澳内各市域的高质量发展水平有较大的差异，但各市域均高于全国市域的平均水平。分析其原因可能是：首先，9市都集中在珠三角沿岸，相互之间的地理位置较近，能够相互促进；其次，有深圳、东莞、广州和珠海等多个高质量发展水平极高的城市的引领

和带动作用，对其他城市经济发展的辐射功能能够起到整合效应；最后，紧邻港澳，能够吸引大量外资，从而带动地区的经济发展。

长三角内高质量发展综合指数的极差为0.1999，略低于粤港澳内的极差。长三角的杭州（0.5130）和苏州（0.5086）高质量发展综合指数也在0.5以上，但与深圳有较大差距，分别位列全国第5和第6。低于全国市域平均水平的市域有4个，分别为铜陵（0.3379）、滁州（0.3305）、安庆（0.3259）和池州（0.3131），全国排名分别为第104、第124、第135和第178。整体上看，尽管长三角有四个市域位列全国前10，但是相对于粤港澳的深圳、东莞和广州，上海、杭州和苏州对周边城市的辐射和引领带动作用不够明显。另外，南京、宁波和无锡的高质量发展综合水平也位于全国前列，但是其水平和实力的辐射范围有限，因此距离长三角核心地带较远的市域发展较缓慢，与高质量发展水平较高的市域之间的差距会越来越大。

京津冀内高质量发展综合指数位于前三的石家庄（0.3667）、秦皇岛（0.3616）和廊坊（0.3506）高于全国平均水平，但与粤港澳和长三角内位于前列的市域有较大的差距，石家庄在全国的排名仅为第64。其余六个市域的综合指数均低于全国市域的平均水平，其中承德最低，为0.2895，全国排名第240，与石家庄的极差为0.0772，远低于粤港澳和长三角内的极差。因此，尽管京津冀内市域间的差异较小，但是各市域的高质量发展水平较低，说明区域内起核心和引领作用的北京和天津，尚未很好发挥其各自的优势，带动周边市域的经济发展。

（2）从区域内绿色生态高质量发展指数的差异看，粤港澳内市域间的差异最大，其标准差系数为0.1589，分别是长三角（0.0687）和京津冀（0.0752）标准差系数的2倍以上。

粤港澳内指数最高的惠州（0.7930）比全国市域均值高0.0880，全国排名第18。有五市域低于全国市域平均水平，全国排名均在150名之后，分别为肇庆、深圳、中山、佛山和东莞，指数最低的东莞（0.4245）与惠州的极差为0.3685，全国排名排在最后。可以看出，粤港澳内高质量发展整体水平非常高的市域的绿色生态高质量发展水平非常落后，表现出高质量发展综合水平与绿色生态高质量发展水平之间的非正式负相关性。这反映出粤港澳在追求经济发展效益的过程中受到了严峻的环境恶化和资源利用效率低的瓶颈限制。

长三角位列前三的市域分别为舟山（0.7719）、台州（0.7675）和金华（0.7598），全国排名分别为第36、第39和第51。区域内25市中有13个市域低于全国市域平均水平，全国排名均在150名之后，其中最低的无锡（0.5901）与舟山（0.7719）的极差为0.1818，全国排名为第277。因此，尽管长三角内市域绿色生态高质量发展差异小于粤港澳，但大部分城市处于较低水平，全国位列100名之后；另外，与粤港澳相似，少数市域的绿色生态状况与其高质量发展水平严重不匹配，如杭州、南京、苏州和无锡等。对于高质量发展整体水平与绿色生态高质量发展水平严重脱钩的城市，应牢固树立科学发展理念，将生态文明建设放在一切发展的突出重要位置，始终坚持"绿水青山就是金山银山"的理念，倡导和加强绿色发展、循环发展及低碳发展。

京津冀绿色生态高质量发展指数位列前三的张家口、秦皇岛和沧州基本持平，均略高于全国市域平均水平，全国排名分别为第128、第129和第141。其八个市域均低于全国市域平均水平，其中有六个市域在全国排名位于200名之后，最低的保定（0.5704）与张家口的极差为0.1451，全国排名第283。综合来看，京津冀各市域的绿色生态高质量发展水平均处于较低水平，且在全国位于比较靠后的位置，生态环境破坏较严重。

（3）从区域内社会人文高质量发展指数的差异看，粤港澳内市域间的差异最大，其标准差系数为0.2654，略高于京津冀的标准差系数（0.2557），长三角的标准差系数为0.2083，差异为三大区域中最小者。

粤港澳各市域的社会人文高质量发展指数均高于全国平均水平，有四个市域位列全国前10，尤其是深圳和东莞的指数是全国平均水平的2倍以上，分别在全国排名第1和第2，而且深圳表现出超强水平，比紧跟其后的东莞仍高出0.1108。指数低于0.4的市域分别为肇庆和江门，分别为0.3651和0.3529，均不到深圳的1/2，但仍比全国市域平均水平高0.05以上，全国排名分别为第74

和第82。江门与深圳的极差为0.4030，远高于另外两大区域内各市域间的极差。综上分析，粤港澳内各市域的社会人文高质量发展水平尽管有较大的差异，但均高于全国市域的平均水平，且大部分城市远高于全国平均水平。社会人文高质量作为塑造一个城市品牌的体现，是城市对外交流的名片，粤港澳内各市域的名片知名度较高，如深圳作为创新名片、东莞作为质量名片等，这大大增强了粤港澳整体的竞争力，能够吸引大量外部投资，进而成为拉动区域内城市经济发展的新引擎。中国香港和澳门作为国际金融中心和旅游胜地，以及珠三角具有对外开放程度高、科技创新领先，人才和资金雄厚等优势，将带动包括湖南、江西和福建在内的泛珠三角区域经济高质量发展，甚至将推动粤港澳大湾区建设与长三角区域一体化发展进行整合对接，从而融入长江经济带发展战略成为长江中下游地区经济高质量发展的重要引擎。

长三角社会人文高质量发展指数最高的是杭州（0.5218），在全国排名第八，但与粤港澳内位于前列的市域有较大差距。其余市域的指数均在0.5以下，其中有六个市域的指数在全国市域平均水平以下，池州的指数最低，为0.2496，与杭州的极差为0.2732，在全国排名第200。分析后可以发现，长三角区域内大部分市域的社会人文高质量发展水平较高，但有少数市域在全国市域平均水平以下，呈现出一定程度的两极分化现象。

京津冀11市域的社会人文高质量发展指数均在0.4以下，最高的邯郸（0.3933）高于全国市域平均水平，但远低于粤港澳和长三角内位于前列的市域，全国排名第52。区域内有五个市域低于全国市域平均水平，其中最低的衡水仅为0.1722，略高于全国市域平均水平的1/2，与邯郸的极差为0.2211，在全国位列第254。因此，京津冀社会人文高质量发展水平整体较低，大部分市域处于全国落后状态。京津冀应发挥北京和天津的知名度优势，深化区域协同发展，引领和带动周边市域发挥各自优势促进自身高质量发展。

（4）从区域内企业发展高质量指数的差异看，粤港澳内市域间的差异最大，其标准差系数为0.2754，其次为长三角，其市域间的标准差系数为0.1911，京津冀内市域间的差异最小，其标准差系数为0.0833。

粤港澳内深圳的企业发展高质量指数位列前三的市域分别为深圳（0.6865）、广州（0.6017）和佛山（0.5402），远高于全国市域平均水平，在全国排名分别为第1、第3和第10。其余市域均在0.4以下，全国排名在100名左右，其中四个市域低于全国市域的平均水平，指数最低的肇庆（0.3550）与深圳的极差为0.3315，全国排名第157。另外，被称为"世界工厂"的东莞略低于全国市域平均水平，全国排名仅为第118，这反映了我国亟待改变制造业大而不强、核心关键技术仍然是瓶颈的状况。可以看出，粤港澳除了深圳、广州和佛山的企业发展高质量较强外，其他市域不具有优势，甚至处于较低的水平。

长三角企业发展高质量指数在0.5以上的市域有5个，其中位于前三的分别为杭州（0.6821）、宁波（0.5909）和苏州（0.5718），杭州的实力明显要强于后两者，在全国位居第二，实力与深圳持平，其他两者也位于全国前10。区域内有四个市域的指数低于全国市域平均水平，其中铜陵（0.3380）和池州（0.3329）在全国排名200名之后，铜陵与杭州的极差为0.3492，略高于粤港澳内的极差（0.3315）。综上分析，长三角尽管有多个市域的企业发展高质量水平较高，但也有少数市域处于较低水平，出现了一定程度的分化现象，这与粤港澳相似。

京津冀企业发展高质量指数最高的是石家庄（0.4397），高于全国市域平均水平，在全国排名第36。其余市域的指数均集中在0.3～0.4，其中有六个市域低于全国市域平均水平，指数最低的衡水（0.3312）与石家庄的极差为0.1086，是三个区域中极差最小者。分析发现，尽管京津冀内所有市域企业发展高质量水平差异较小，但均处于较低水平，大部分市域在全国比较靠后，且超过将近一半市域低于全国市域平均水平。

（5）从区域内经济效率高质量发展指数的差异看，粤港澳内市域间的差异最大，其标准差系数为0.1568，长三角和京津冀内市域间的差异程度相差不大，但均远低于粤港澳内的差异程度，其标准差系数分别为0.0662和0.0536。

粤港澳内经济效率高质量发展指数最高的是深圳（0.7981），位列全国第一，比区域内位于第二的东莞（0.6402，全国排名第二）高出0.1579，珠海、佛山和广州也位列全国前10。区域内只有肇庆的指数（0.4846）略低于全国市域平均水平，与深圳的极差为0.3117。因此，粤港澳内差异最大的主要原因在于深圳和肇庆两个极值，极差远高于长三角和京津冀，其他市域的经济效率高质量发展水平均较高且差异不大。

长三角内经济效率高质量发展指数最高的苏州（0.5839）与深圳的差距较大，全国排名第八。区域内有七个市域的指数在全国市域平均水平以下，在全国的排名位于150名之后，其中指数最低的盐城（0.4500）与苏州的极差为0.1340，全国排名第247。另外，高质量发展综合指数位列全国第五的杭州，在这一维度的指数低于全国市域平均水平，全国排名第239，处于非常靠后的位置。整体来看，长三角大部分市域经济效率高质量处于较高水平，但不具备很强的优势，还有一部分市域在全国处在比较靠后的位置。

京津冀只有石家庄经济效率高质量发展指数（0.5354）位列全国前100（第68），高于全国市域平均水平但没有很大优势。区域内有六个市域的指数低于全国市域平均水平，其中最低的三个市域分别为廊坊（0.4676）、张家口（0.4603）和保定（0.4459），均在全国200名之后，指数最低的保定与石家庄的极差为0.0895，远小于粤港澳和长三角的极差。因此，尽管京津冀内各市域间经济效率高质量发展差异较小，但均处于较低水平，超过一半的市域在全国市域平均水平以下。

（6）从区域内开放创新高质量发展指数的差异看，京津冀内市域间的差异最大，其标准差系数为0.6344，其次为长三角，标准差系数为0.5238，长三角内市域间的差异最小，其标准差系数为0.4291。

粤港澳内全部市域的开放创新高质量发展指数高于全国市域平均水平，全国排名均在60以内，其中有六个市域位列全国前10；位于前三的市域分别为东莞（0.6301）、珠海（0.5725）和深圳（0.5546），是全国市域平均值的5倍以上，这足以说明珠广深作为粤港澳核心城市的对外开放程度和创新能力之大。区域内后三名的指数均在0.3以下，与前三名有较大差距，其中肇庆的指数最低，为0.1323，略高于全国平均水平，在全国排名第58，与东莞极差为0.4978。因此，粤港澳开放创新高质量发展实力整体非常强，而且有东莞、珠海、深圳和广州四个水平极高的市域的引领带动作用，对周边市域具有很强的辐射能力，发展潜力巨大。而佛山、江门和肇庆在地理位置上与粤港澳中心城市有较远距离，进而造成与区域内其他市域有较大差距。

长三角内开放创新高质量发展指数位于前三的市域分别为南京（0.4142）、杭州（0.3891）和苏州（0.3076），全国排名分别为第6、第8和第15，虽然在全国处于领先位置，但与粤港澳前三有较大的差距。区域内有七个市域的指数低于全国市域平均水平，其中池州、宣城和安庆的全国排名在100名之后，安庆的指数最低（0.0485），全国排名第191，与南京的极差为0.3657。因此，长三角整体水平要低于粤港澳，各市域间的差异较大，将近1/4的市域落后于全国平均水平。另外，粤港澳和长三角都出现了两极分化的现象，表明在企业发展高质量维度区域内各市域极度不平衡。

京津冀内开放创新高质量发展指数只有秦皇岛（0.2060）、石家庄（0.1546）和廊坊（0.1247）高于全国市域平均水平，但与粤港澳和长三角前三的市域相差较大，在全国排名分别为第38、第50和第64，其余市域均在100名之后。区域内位于后三的市域的指数均不到全国市域平均水平的1/2，全国排名均在200名之后。综上可以看出，京津冀在开放创新高质量这一维度远不如粤港澳和长三角，大部分市域处于全国比较靠后的位置。

（7）从区域内民生共享高质量发展指数的差异看，粤港澳内市域间的差异最大，其标准差系数为0.3880，其次为长三角，其标准差系数为0.2955，京津冀内市域间的差异最小，其标准差系数为0.1619。

粤港澳有五个市域的民生共享高质量发展水平位于全国前10，位于前三的市域分别为深圳（0.7358）、东莞（0.6659）和广州（0.4564），全国排名分别为第1、第2和第7。区域内只有肇庆（0.2318）略低于全国市域平均水平，全国排名第106，与深圳的极差为0.5040。因此，粤港澳在民生共享高质量维度整体上处于较高水平，但出现了两极分化现象，深圳的指数是肇庆的3倍以上。

长三角有九个市域的民生共享高质量发展水平位于全国前20，其中四个市域在全国位列前 10，杭州的指数最高，为 0.5102，为全国市域平均水平的 2 倍以上，全国排名第 3，但与粤港澳的深圳和东莞有较大差距。苏州、宁波和无锡也位列全国前 10，但是指数在 0.5 以下，全国排名均在 100 名之后。区域内有五个市域低于全国市域平均水平，其中最低的滁州（0.1741）与杭州的极差为 0.3361，全国排名第 221。因此，长三角在民生共享维度也表现出一定程度的两极分化现象，杭州的指数将近滁州的 3 倍，沪苏杭区域的民生共享高质量整体上优于远离此区域的市域。

京津冀内各市域的民生共享高质量发展指数均在 0.15～0.25，七个市域在全国市域平均水平以下，全国排名均在 10 名之后。指数最高的廊坊（0.2617）与最低的张家口（0.1735）的极差为 0.0882，远低于粤港澳与长三角的极差。因此，京津冀内各市域在民生共享高质量发展这一维度均处于较低的水平，明显落后于粤港澳与长三角。京津冀应以北京和天津为依托，加快融入以北京和天津为核心的京津冀城市群，借鉴北京和天津的发展经验，不断完善社会保障等民生领域的政策和制度，促进区域经济高质量发展。

（四）结论

粤港澳大湾区、长三角城市群和京津冀城市群是我国经济最具活力、开放程度最高、科创能力最强、吸纳外来人口最多的三大战略区域，是"一带一路"的三大重要交汇地带，在国家当前全方位开放格局中具有举足轻重的战略地位，"世界级城市群"是国家对这三大区域的共同定位。作为我国经济最发达的三大地区，在高质量发展阶段起着重要的战略支撑作用。本书基于高质量发展的内涵和外延，在科学构建区域经济高质量发展评价指标体系和评价模型的基础上，在测度了全国 286 个地级市域高质量发展指数基础上，对粤港澳、长三角及京津冀高质量发展状况、水平和差异进行了系统全面的比较分析，得出结论如下：

（1）基于粤港澳、长三角及京津冀高质量发展水平在全国范围所处地位的视角。粤港澳和长三角的高质量发展综合指数远高于全国市域平均水平，京津冀的高质量发展综合指数略低于全国市域平均水平。粤港澳内有多个市域高质量发展实力超强，对区域内其他市域具有很大的辐射和引领带动作用。从六个细分维度高质量发展指数看，在绿色生态高质量维度，粤港澳、长三角和京津冀均低于全国市域平均水平；在其余五个维度，粤港澳和长三角均高于全国市域平均水平，京津冀均低于全国市域平均水平。

（2）基于粤港澳、长三角及京津冀之间高质量发展水平比较的视角。从高质量发展综合指数看，粤港澳高质量发展水平最高，长三角次之，京津冀最低。从六个细分维度高质量发展指数看，在绿色生态高质量维度中，长三角的水平最高，粤港澳次之，京津冀最低；在其余五个维度，粤港澳的水平最高，长三角次之，京津冀最低。

（3）基于粤港澳、长三角及京津冀内各市域间高质量发展水平差异的视角。从高质量发展综合指数看，粤港澳内的差异程度最大，其次为长三角，京津冀内差异程度最小。从六个细分维度高质量发展指数看，在绿色生态高质量和社会人文高质量两个维度，粤港澳内的差异程度最大，其次为京津冀，长三角内差异程度最小；在企业发展高质量、经济效率高质量和民生共享高质量三个维度，粤港澳内的差异程度最大，其次为长三角，京津冀内的差异程度最小；在开放创新高质量维度，京津冀内的差异程度最大，其次为长三角，粤港澳内的差异程度最小。

三、革命老区高质量发展的比较分析

党的十八大以来，习总书记多次实地考察、关心革命老区的发展，从西柏坡、沂蒙、古田、延安、遵义、井冈山到赣州、于都，每到一处都掷地有声地承诺："确保老区人民同全国人民一道进入全面小康社会，是我们党和政府义不容辞的责任。"

2017年中央经济工作会议在"围绕推动高质量发展，做好8项重点工作"的第4点"实施区域协调发展战略"中指出，"支持革命老区、民族地区、边疆地区、贫困地区改善生产生活条件"。这是革命老区高质量发展的首次亮相。

2019年5月20日，习总书记在江西赣州调研考察期间，在对赣州稀金产品质量、脱贫工作质量、特色农产品质量等给予高度肯定的基础上，对赣州提出了"努力在加快革命老区高质量发展上作示范"的新希望。

这里拟就全国革命老区高质量发展情况进行系统的梳理。

（一）研究对象的确定

要研究革命老区市，就先要弄清楚革命老区县到底有哪些。据百度百科的定义，按所处的革命时期，可以将革命老区分为两类：土地革命战争时期的革命根据地和抗日战争时期的抗日根据地。

那么，国家是如何认定革命老区的呢？按照中国老区建设画报社主办的中国老区网的文章《全国革命老区认定简况》：1953 年统计的全国革命老根据地，分布在 23 个省、自治区的 782 个县内，人口约 1.073 亿。1978 年 12 月 2 日，为配合改革开放基本国策的推行，国务院转发《财政部关于减轻农村税收负担问题的报告》（其中涉及免征革命老根据地社、队企业工商所得税问题），引发了划定革命老根据地标准的"请示潮"。1979 年 6 月 24 日，民政部、财政部经国务院批准，联合下发了《关于免征革命老根据地社队企业工商所得税问题的通知》（民发〔1979〕30 号、〔79〕财税 85 号文件）（本段内简称《通知》），通知中对划定革命老根据地的标准明确做出了规定，即革命老根据地包括第二次国内革命战争根据地和抗日根据地。第二次国内革命战争根据地的划定标准：曾经有党的组织，有革命武装，发动了群众，进行了打土豪、分田地、分粮食、牲畜等运动，主要是建立了工农政权并进行了武装斗争，坚持半年以上时间的。抗日根据地的划定标准：曾经有党的组织、有革命武装，发动了群众，进行了减租减息运动，主要是建立了抗日民主政权并进行了武装斗争，坚持一年以上时间的。此后，为确认革命老区，国务院设立了老区办，办公地点设在农业部。1993 年，全国老区办正式撤销，同时停上了对革命老区的审批确认工作。之后经各省、自治区、直辖市民政部门调查、登记，再报人民代表大会或人民政府审批，对革命老区进行了划定。据国家民政部 1980 年 12 月 31 日的统计，全国有老区的县（市）为 1009 个，公社 13655 个，人口 2.1172 亿。再之后，随着老区工作和科研工作的进展，全国有老区乡、村的县（市）又有较大的变化。据 1995 年统计，全国有 1389 个革命老区县（旗、市、区），分布在中国大陆除新疆、青海、西藏以外的 28 个省、自治区、直辖市，占全国总县数（市、旗、区）的 65.5%；

18955 个乡（镇），占全国乡镇总数的 41.7%。列入国家重点扶持的贫困县 305 个，占全国 592 个国家贫困县的 51.5%，列入省区市重点扶持的 156 个，两者合计 461 个县。

由上可见，绝大多数具有重大历史意义的革命老区在 20 世纪 80 年代已经确定，同时也形成了统一的评定是否属于革命老区的具体标准。20 世纪 90 年代至今，随着对中共党史的深入研究，由所在地申报、人民代表大会或人民政府审批而获得认可的革命老区的数量日渐增多。这造成了有"革命老区"头衔的县级行政区数目非常多，几乎遍及每个地级行政区。如果仅按照是否有称谓的标准来确定研究对象，就会涵盖全国 360 多个地级行政区中的绝大多数。若如此，就既达不到使用"革命老区"作为主题的研究目的，缺乏代表性；也会造成研究范围过于分散，丧失针对性。因此，为展开后续研究，需要再应用科学的方法来聚焦本书的研究对象。

依据上述对界定革命老区总体情况的分析，结合资料来源的可信度，本书采用一个具有三个指标的评价体系给全国所有的地级行政区评分，按分数高低降序排列后取前 10% 之内的、属于本书所有参评市的地级行政区（即得分最高的 34 个地级行政区）作为研究对象。这三个指标分别是：2014~2017 年国务院扶贫办中央专项彩票公益金支持贫困革命老区扶贫项目资金使用情况、2012~2019 年国家级领导人走访革命老区情况、2018~2019 年门户网站（百度文库、豆丁网、道客巴巴等）公布的革命老区名单（分为一类、二类、三类、四类四种类型）。评分过程中，首先统计某地级行政区中属于革命老区的县级行政区（仅考虑是否获得资金支持、是否被走访、是否处于名单之中，而不考虑具体的资金金额、走访次数、属于几类地区）；然后计算革命老区占该地级行政区的所有所辖区县的比例；接着在对三种比例进行两步标准化后按权重计算总分；最后按总评分降序排列后取前 10%。

在具体计算时，应用了以下数据处理方法：

（1）在计算"走访情况"时，未采用计算被走访区县占总区县的比例作为地级行政区得分的方法，而是直接给被走访区县所在地级行政区记 1 分，且也未在后续的处理中进行两步标准化。其理由一是国家级领导人走访的区县必属于具有重大历史地位的、亟待发展的区县，按比例计算会淡化其代表性；二是本书拟按市域视角进行分析，评分值应在地级考量；三是按前述的两个理由，两步标准化后分值无变化。

（2）统计"公布名单"时，分配给各类型的权重不一样，即一类、二类的权重相等且更大，三类、四类的权重相等且更小。之所以这样处理，是因为前两类更具有代表性，接受程度更高；而后两类则更多是在后期才被确认为革命老区的。不过，由于要进入名单也是需要审批的，所以权重之间的差异并不大。

（3）研究"获得支持""公布名单"两个指标时，对统计出来的革命老区占地级行政区内总区县的比例进行了"两步标准化"处理。第一步是对数据进行符合 N（0，1）的正态分布标准化，第二步是极值标准化。由于各革命老区是否能获得中央财政项目的支持是互相独立的事件，即这并不是由它们所处辖区所决定的，所以可以用正态分布来描述占总县数比例的概率分布，即可以进行正态分布标准化。极值标准化则是为了让单项指标的分数都处于〔0，1〕，消除单项评分在计算总评分时由于取值范围不同而对权重产生的抵消效果。

（4）评定总分过程中，"获得支持"占总评的比例最高，略高于"走访情况"，后者的占比又略高于"公布名单"。这是因为第 1 个指标的资料来源最权威，同时数量方面的性质更全面和具体；而第 2 个指标虽然资料来源也具有权威性，但不易量化，无法定量分析；第 3 个指标则由于其不具备较好的准确性，虽然具有可量化的特点，但只能分配以最低的权重。基于以上原因，在应用总评来确认研究的革命老区名单后，不宜以此过程中计算得到的总评分进行精确的数量关系分析，如准确的回归分析或未来结果预测；若需要进行数量分析，则必须要辅以定性分析来保证结果的客观性。

经评分后，本书最终确定的研究对象名单如表 5－6 所示（按行政区划号排序）。

（二）革命老区市域高质量发展的总体比较

有了明确的研究对象，本节将从总体上来比较各革命老区市在本书评价体系

表 5 - 6　拟为研究对象的革命老区市名单

序号	省名	市行政区划代码	市名	序号	省名	市行政区划代码	市名
1	河北省	130100	石家庄市	18	江西省	360800	吉安市
2	河北省	130400	邯郸市	19	山东省	371300	临沂市
3	河北省	130600	保定市	20	河南省	411500	信阳市
4	河北省	130700	张家口市	21	湖北省	420300	十堰市
5	山西省	140200	大同市	22	湖北省	420900	孝感市
6	山西省	140900	忻州市	23	湖北省	421100	黄冈市
7	山西省	141000	临汾市	24	广西壮族自治区	451000	百色市
8	山西省	141100	吕梁市	25	广西壮族自治区	451200	河池市
9	内蒙古	150900	乌兰察布市	26	广西	451400	崇左市
10	安徽省	340800	安庆市	27	四川省	510800	广元市
11	安徽省	341300	宿州市	28	四川省	511900	巴中市
12	安徽省	341500	六安市	29	贵州省	520300	遵义市
13	福建省	350600	漳州市	30	贵州省	520500	毕节市
14	福建省	350700	南平市	31	陕西省	610600	延安市
15	福建省	350800	龙岩市	32	陕西省	610800	榆林市
16	福建省	350900	宁德市	33	陕西省	611000	商洛市
17	江西省	360700	赣州市	34	甘肃省	621000	庆阳市

下的高质量发展情况，形成概括性的结论，并作大体评析。首先从相对角度出发，分别比较各革命老区市的总指数及六维度指数在所有参评市中的排名，包括绝对排名、相对排名、平均排名等。这样就能分析出各革命老区市之间的相对差距、相对优势和劣势，并搞清楚它们在所有参评市中所处的总体相对发展水平。其次从绝对角度出发，分别比较革命老区市的总指数及六维度指数与所有参评市对应指数的均值、标准差和均方差系数，从而找出相对排名无法反映的绝对数值上的区别，确认平均意义上的革命老区市所获评分总体结构特征和单个指标与所有参评市之间的差异程度。

1. 排名比较

革命老区 2019 年市域经济高质量发展总指数排名情况如表 5 - 7 所示。

表5-7 革命老区市2019年市域经济高质量发展指标排名

序号	省名	市名	总指数排名	绿色生态排名	社会人文排名	企业发展排名	经济效率排名	开放创新排名	民生共享排名
1	河北省	石家庄	64	236	76	36	68	50	96
2	河北省	邯郸	141	252	52	86	132	205	199
3	河北省	保定	220	283	116	112	251	136	210
4	河北省	张家口	224	128	224	195	236	134	222
5	山西省	大同	247	256	176	210	269	127	207
6	山西省	忻州	266	212	232	268	114	232	286
7	山西省	临汾	244	279	230	269	60	189	188
8	山西省	吕梁	179	268	180	151	2	250	249
9	内蒙古自治区	乌兰察布	273	154	236	190	279	174	282
10	安徽省	安庆	135	107	97	89	222	191	190
11	安徽省	宿州	210	175	179	217	104	224	251
12	安徽省	六安	132	46	174	104	90	167	234
13	福建省	漳州	41	45	32	19	35	61	87
14	福建省	南平	88	2	190	66	56	193	144
15	福建省	龙岩	60	8	51	84	67	122	70
16	福建省	宁德	85	38	80	40	84	240	149
17	江西省	赣州	93	113	31	122	209	85	216
18	江西省	吉安	101	97	45	113	170	142	195
19	山东省	临沂	74	178	11	44	183	197	125
20	河南省	信阳	174	120	118	242	101	227	208
21	湖北省	十堰	175	93	213	185	126	151	175
22	湖北省	孝感	183	188	235	184	180	68	220
23	湖北省	黄冈	165	155	137	239	51	238	153
24	广西壮族自治区	百色	219	231	202	224	134	208	148
25	广西壮族自治区	河池	245	152	234	178	154	265	266
26	广西壮族自治区	崇左	213	170	247	108	245	94	224
27	四川省	广元	167	6	214	107	140	266	232
28	四川省	巴中	197	35	184	148	36	285	273
29	贵州省	遵义	87	125	29	37	21	217	244
30	贵州省	毕节	172	144	62	174	65	277	269
31	陕西省	延安	182	190	85	87	258	218	152

续表

序号	省名	市名	总指数排名	绿色生态排名	社会人文排名	企业发展排名	经济效率排名	开放创新排名	民生共享排名
32	陕西省	榆林	205	229	269	56	6	260	168
33	陕西省	商洛	279	264	226	212	246	264	255
34	甘肃省	庆阳	206	94	217	58	233	248	260

按总指数排名，处于前七位的城市是福建省漳州（第41）、福建省龙岩（第60）、河北省石家庄（第64）、山东省临沂（第74）、福建省宁德（第86）、贵州省遵义（第87）、福建省南平（第88）。平均排在71位。

位列后七位的城市是陕西省商洛（第279）、内蒙古自治区乌兰察布（第273）、山西省忻州（第266）、山西省大同（第247）、广西壮族自治区河池（第245）、山西省临汾（第244）、河北省张家口（第224）。平均位于第254（见图5-25）。

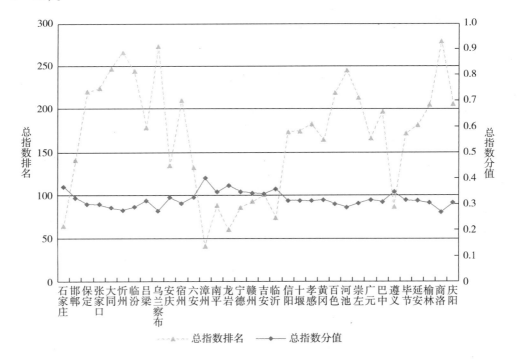

图5-25 革命老区市总指数排名、分值

按绿色生态排名，处于前七位的城市是福建省南平（第2）、四川省广元（第6）、福建省龙岩（第8）、四川省巴中（第35）、福建省宁德（第38）、福建省漳州（第45）、安徽省六安（第46）。平均排在第26位。

位列后七位的城市是河北省保定（第283）、山西省临汾（第279）、山西省吕梁（第268）、陕西省商洛（第264）、山西省大同（第256）、河北省邯郸（第252）、河北省石家庄（第236）。平均位于第263（见图5-26）。

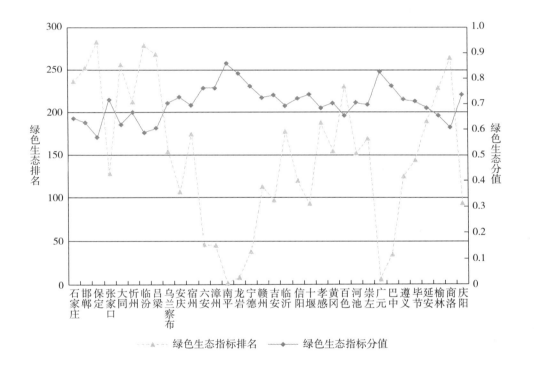

图5-26　革命老区市绿色生态指标排名、分值

按社会人文排名，处于前七位的城市是山东省临沂（第11）、贵州省遵义（第29）、江西省赣州（第31）、福建省漳州（第32）、江西省吉安（第45）、福建省龙岩（第51）、河北省邯郸（第52）。平均排在36位。

位列后七位的城市是陕西省榆林（第269）、广西壮族自治区崇左（第247）、内蒙古自治区乌兰察布（第236）、湖北省孝感（第235）、广西壮族自治区河池（第 234）、山西省忻州（第 232）、山西省临汾（第 230）。平均位于第 240（见图 5 – 27）。

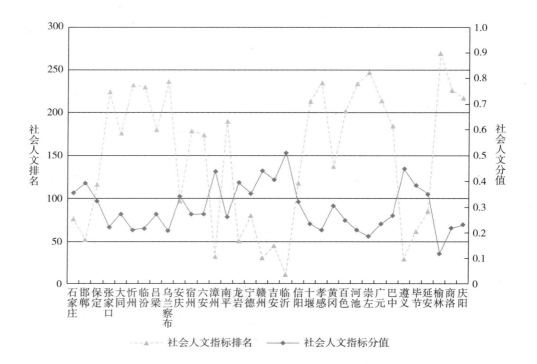

图 5 – 27　革命老区市社会人文指标排名、分值

按企业发展排名，处于前七位的城市是福建省漳州（第 19）、河北省石家庄（第 36）、贵州省遵义（第 37）、福建省宁德（第 40）、山东省临沂（第 44）、陕西省榆林（第 56）、甘肃省庆阳（第 58）。平均排在第 41 位。

位列后七位的城市是山西省临汾（第 269）、山西省忻州（第 268）、河南省信阳（第 242）、湖北省黄冈（第 239）、广西壮族自治区百色（第 224）、安徽省宿州（第 217）、陕西省商洛（第 212）。平均位于第 239。

按经济效率排名，处于前七位的城市是山西省吕梁（第 2）、陕西省榆林（第 6）、贵州省遵义（第 21）、福建省漳州（第 35）、四川省巴中（第 36）、湖北省黄冈（第 51）、福建省南平（第 56）。平均排在第 30 位（见图 5 – 28）。

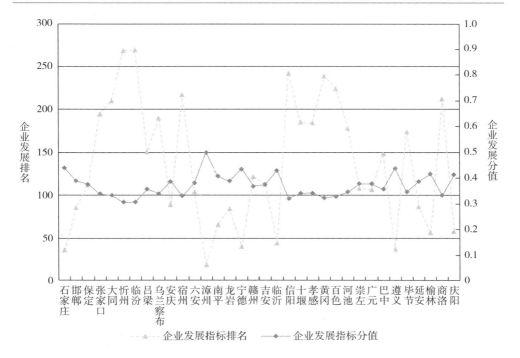

图 5 - 28　革命老区市企业发展指标排名、分值

位列后七位的城市是内蒙古自治区乌兰察布（第279）、山西省大同（第269）、陕西省延安（第258）、河北省保定（第251）、陕西省商洛（第246）、广西壮族自治区崇左（第245）、河北省张家口（第236）。平均位于第255（见图5－29）。

按开放创新排名，处于前七位的城市是河北省石家庄（第50）、福建省漳州（第61）、湖北省孝感（第68）、江西省赣州（第85）、广西壮族自治区崇左（第94）、福建省龙岩（第122）、山西省大同（第127）。平均排在第87位。

位列后七位的城市是四川省巴中（第285）、贵州省毕节（第277）、四川省广元（第266）、广西壮族自治区河池（第265）、陕西省商洛（第264）、陕西省榆林（第260）、山西省吕梁（第250）。平均位于第267（见图5－30）。

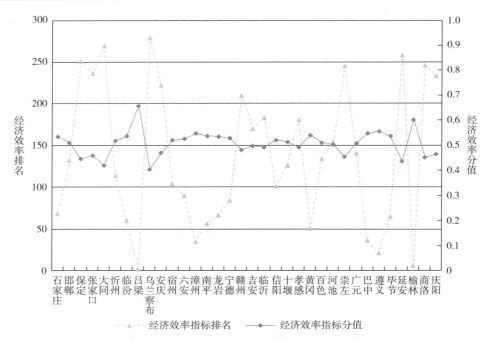

图 5 - 29 革命老区市经济效率指标排名、分值

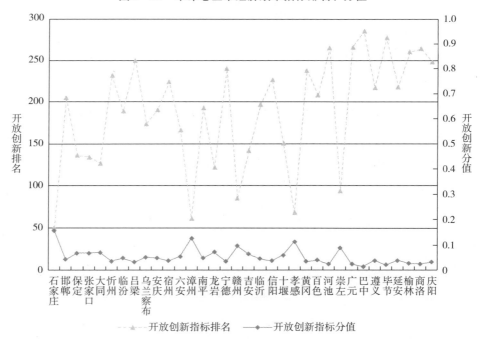

图 5 - 30 革命老区市开放创新指标排名、分值

按民生共享排名，处于前七位的城市是福建省龙岩（第70）、福建省漳州（第87）、河北省石家庄（第96）、山东省临沂（第125）、福建省南平（第144）、广西壮族自治区百色（第148）、福建省宁德（第149）。平均排在117位。

位列后七位的城市是山西省忻州（第286）、内蒙古自治区乌兰察布（第282）、四川省巴中（第273）、贵州省毕节（第269）、广西壮族自治区河池（第266）、甘肃省庆阳（第260）、陕西省商洛（第255）。平均位于第270（见图5－31）。

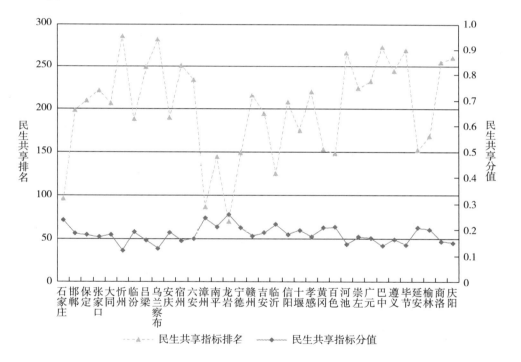

图5－31　革命老区市民生共享指标排名、分值

所有指标都处于前七位的只有福建省漳州。在所有革命老区市中，其总指数排第一位，绿色生态排第六位，社会人文排第四位，企业发展排第一位，经济效率排第四位，开放创新排第二位，民生共享排第二位。由此可见，福建省漳州市

是所有革命老区市中发展水平相当好的，能够作为其他地级行政区高质量发展的借鉴。

排在前七位的城市，从总指数和一级子指标（即六维度指数）的排名来看，差异最小的是企业发展和社会人文，差异最大的是开放创新和民生共享。从平均排位的情况来看，前七位的革命老区市的绿色生态指标最好（平均排在第26位），前三位的城市更是都排在所有城市的前十位；最差的指标是民生共享，后三位的城市都排在所有城市的140多位。据此可知，排名靠前的革命老区市在企业发展和社会人文上具有更高的一致性，而在开放创新和民生共享上则呈现出不平衡发展；这些革命老区市的绿色生态情况非常好，但在民生共享相关工作成果上就乏善可陈。

位于后七位的城市，从总指数和六维度指数的排名来看，差异最小的是开放创新和民生共享，差异最大的是企业发展和绿色生态。从平均排位的情况来看，后七位的革命老区市的企业发展指标最好，最差的指标是民生共享。然而与前七位的城市对比，后七位的城市各个指标的排位都在210位之后，平均排位最好的也在第239；单个指标中最好的是企业发展，排名第212位，最差的开放创新和民生共享则分别为第285位和第286位。由此可见，排名靠后的革命老区市与排名靠前的刚好相反，在开放创新和民生共享上具有更高的一致性，而在企业发展和绿色生态上则呈现出不平衡发展；这些革命老区市的企业发展指标更好，在民生共享指标上明显落后。

综上所述，从总指数的排名和平均排位情况来看，革命老区市的总体高质量发展状况存在着较大的差异，前七位和后七位城市的总指数排名范围之间存在着136位的差距（即第7位和第28位之间的总体排位差），平均排位之间的差距则达到了183位。从六维度指数的排名和平均排位来看，前七位和后七位城市在民生共享这个指标上的评分都较差，应当重点考察该指标的下一级指标中的项目，找出造成评分总体偏低的原因。另外，前七位的城市，企业发展和社会人文的差异性较小（平均排在第41和第36）；后七位的城市开放创新和民生共享更一致（平均排在第267和第270）。前七位的两个更稳定指标说明发展得较好的革命老区市都具有经济活跃、社会人文条件好的特点；后七位的两个更稳定指标则表明发展得较差的革命老区市大多缺乏开放创新的开拓意识和民众未普遍享受到经济成果。前七位城市差异大的两项指标说明其经济的开放程度和民众生活的水平不均衡；后七位城市差异大的则说明其没有培育好本地高附加值的企业，并缺乏环保意识。从搜索典型的角度来看，可以对福建省漳州展开细致分析，找寻其他革命老区市能够模仿的发展模式和路径。

2. 数值比较

在对各革命老区市的总指数和六维度指数排名分析后，进一步对比它们的总指数和六维度指数的分值，即从绝对值的角度来考察特点和差异。相关数据如表5－8所示。

表5－8　革命老区市 2019 年市域经济高质量发展指标数值

序号	省名	市名	总指数排名	绿色生态排名	社会人文排名	企业发展排名	经济效率排名	开放创新排名	民生共享排名
1	河北省	石家庄	0.3667	0.6449	0.3565	0.4397	0.5354	0.1546	0.2375
2	河北省	邯郸	0.3245	0.6274	0.3933	0.3901	0.5111	0.0423	0.1869
3	河北省	保定	0.2998	0.5704	0.3237	0.3781	0.4459	0.0683	0.1817
4	河北省	张家口	0.2984	0.7161	0.2231	0.3393	0.4603	0.0686	0.1735
5	山西省	大同	0.2860	0.6204	0.2730	0.3332	0.4210	0.0710	0.1827
6	山西省	忻州	0.2768	0.6573	0.2124	0.3068	0.5183	0.0356	0.1212
7	山西省	临汾	0.2876	0.589	0.2172	0.3067	0.5368	0.0486	0.1918
8	山西省	吕梁	0.3131	0.6058	0.2722	0.3571	0.6577	0.0318	0.1604
9	内蒙古自治区	乌兰察布	0.2739	0.7032	0.2078	0.3408	0.4049	0.0526	0.1289
10	安徽省	安庆	0.3259	0.7265	0.3419	0.3886	0.4699	0.0485	0.1910
11	安徽省	宿州	0.3034	0.6941	0.2725	0.3315	0.5204	0.0372	0.1591
12	安徽省	六安	0.3263	0.7623	0.2742	0.3812	0.5252	0.0542	0.1667
13	福建省	漳州	0.4008	0.7625	0.4395	0.5000	0.5472	0.1267	0.2457
14	福建省	南平	0.3473	0.8595	0.2612	0.4085	0.5376	0.0479	0.2116
15	福建省	龙岩	0.3722	0.8208	0.3951	0.3903	0.5355	0.0725	0.2607
16	福建省	宁德	0.3477	0.7679	0.3532	0.4362	0.5289	0.0343	0.2085

序号	省名	市名	总指数排名	绿色生态排名	社会人文排名	企业发展排名	经济效率排名	开放创新排名	民生共享排名
17	江西省	赣州	0.3433	0.7244	0.4403	0.37	0.4815	0.0964	0.1778
18	江西省	吉安	0.3402	0.7339	0.4055	0.3765	0.4972	0.0647	0.1891
19	山东省	临沂	0.3587	0.6919	0.5105	0.4309	0.4919	0.0461	0.2218
20	河南省	信阳	0.3142	0.72	0.322	0.322	0.5211	0.0369	0.1825
21	湖北省	十堰	0.3139	0.7361	0.236	0.342	0.5132	0.0595	0.1986
22	湖北省	孝感	0.3117	0.6851	0.2106	0.3426	0.4924	0.1129	0.1744
23	湖北省	黄冈	0.3168	0.7028	0.3052	0.3228	0.541	0.0344	0.2076
24	广西壮族自治区	百色	0.2999	0.6535	0.2492	0.3293	0.5105	0.0405	0.2105
25	广西壮族自治区	河池	0.2875	0.704	0.2114	0.3467	0.5032	0.0242	0.1452
26	广西壮族自治区	崇左	0.3028	0.6961	0.1864	0.3796	0.4531	0.089	0.1732
27	四川省	广元	0.3166	0.8273	0.2344	0.3796	0.5089	0.0242	0.1693
28	四川省	巴中	0.3078	0.7727	0.2668	0.3577	0.5469	0.0142	0.139
29	贵州省	遵义	0.3476	0.7179	0.4487	0.4392	0.5559	0.0383	0.1647
30	贵州省	毕节	0.3143	0.7094	0.3839	0.3473	0.536	0.0214	0.1434
31	陕西省	延安	0.3117	0.684	0.3512	0.3888	0.4355	0.0383	0.2077
32	陕西省	榆林	0.3047	0.6537	0.1189	0.4164	0.602	0.0266	0.2015
33	陕西省	商洛	0.2676	0.6081	0.2193	0.3332	0.4528	0.0251	0.1563
34	甘肃省	庆阳	0.3047	0.736	0.2328	0.4139	0.464	0.0325	0.1515
均值			0.3181	0.7028	0.2985	0.3725	0.5077	0.0535	0.183
标准差			0.0292	0.0657	0.0893	0.0437	0.0495	0.031	0.0317
均方差系数（%）			9.18	9.35	29.92	11.73	9.75	57.94	17.32

排名比较反映的是被考察城市各项指标的相对好坏程度，是相对数视角下的优劣。简单地说就是，仅考虑排名的先后只能得出相对的结论，不能体现出总体内部差异和总体平均水平，也就不能给出具体的改进方案。例如，一次考试中学生都考了90分以上，而上一次考试他们的分数则在60～100分。那么按照排名来衡量的话，两次考试都考了91分的学生就有可能由于所有学生的分数都上升而出现排名大幅的下降。假设两次考试难度相当的话，两次都考91分就不能说明学生在两次考试间学习不努力，导致学习成绩下降。因此，在排名比较后仍有

必要进行绝对数比较，即指标数值分析。

首先看总指数和六维度指数的均值。革命老区市域总指数的均值为 0.3181，六维度指数的均值分别为 0.7028（绿色生态）、0.2985（社会人文）、0.3725（企业发展）、0.5077（经济效率）、0.0535（开放创新）、0.183（民生共享）。所有参评市总指数的均值为 0.3386，六维度指数的均值分别为 0.705（绿色生态）、0.3021（社会人文）、0.3766（企业发展）、0.5017（经济效率）、0.1003（开放创新）、0.2325（民生共享）。两者均值之间的差值分别为 0.0205、0.0022、0.0036、0.0041、−0.006、0.0468、0.0495，差值占所有参评市的均值的百分比为 6.05%、0.31%、1.19%、1.09%、−1.2%、46.66%、21.29%。从以上数据不难发现，革命老区市总指数的评分均值与所有参评市总指数的评分均值仅相差 6.05%，差距不显著；六维度指数中的绿色生态、社会人文、企业发展、经济效率四项指标的评分均值差异也不显著，开放创新和民生共享两项指标的评分均值差异则非常突出，分别有 46.66% 和 21.29% 的差距。这说明，革命老区市的平均总发展水平处在略低于所有参评市平均水平，但差距不大；造成略低的主要原因是，平均而言革命老区市的相关开放创新和民生共享的工作做得不好，指标水平远低于所有参评市的平均水平。这与排名比较得出的结论吻合。

其次看总指数和六维度指数的标准差。革命老区市总指数的标准差为 0.0292，六维度指数的标准差分别为 0.0657（绿色生态）、0.0893（社会人文）、0.0437（企业发展）、0.0495（经济效率）、0.031（开放创新）、0.0317（民生共享），均方差系数分别为 9.18%（总指数）、9.35%（绿色生态）、29.92%（社会人文）、11.73%（企业发展）、9.75%（经济效率）、57.94%（开放创新）、17.32%（民生共享）。不难发现，革命老区市的总指数的标准差和均方差系数值都不大，说明总指数的集中度较高，各城市之间的差距不大；六维度指数中，开放创新指标的均方差系数最大，说明各城市在此项指标上评分分值分散，差异非常大；其他明显有显著差异的指标还有社会人文和民生共享。那么，所有参评市的情况如何呢？所有参评市总指数的标准差为 0.0594，六维度指数的标准差分别为 0.063（绿色生态）、0.1091（社会人文）、0.0671（企业发展）、0.052

（经济效率）、0.1002（开放创新）、0.0845（民生共享），均方差系数分别为17.54%（总指数）、8.94%（绿色生态）、36.11%（社会人文）、17.82%（企业发展）、10.36%（经济效率）、99.9%（开放创新）、36.34%（民生共享）。对比可知，所有参评市总指数和六维度指数在标准差方面与革命老区市所展示的规律基本一致。不同之处在于，一是所有参评市的分散程度更高，特别是开放创新和民生共享两项指标；二是开放创新指标的均方差系数几乎等于100%，即所有参评市在此项指标上的评分没有体现出集中的趋势；三是开放创新和民生共享两项指标的均方差系数是革命老区市的2倍多，分散程度显著。因此可以说，革命老区市指标评分分散度的总体情况与所有参评市是一致的，开放创新和民生共享两项指标分值的涵盖范围甚至比所有参评市的更小。

综上所述，从平均值来看，革命老区市域总指数的平均水平略低于总体水平，分维度看，除了开放创新和民生共享两项指标外，其余四维度指数的平均水平几乎与所有参评市没有差别。这说明革命老区市域总体平均发展程度的确较低，但差距的幅度并不大。具体到相关指标，在创新、科研、人均收入、医疗、教育等方面，革命老区就平均地明显落后，远低于所有参评市平均水平。从分布程度来看，革命老区市域与总体市域的分布特征是一样的，但所有指标的分值分布更集中，表现更优。不过，这是直观数据的表现，不能直接由此得出革命老区市域发展更平衡的结论，因为有可能是包含的地级行政市域的数目更小而导致更稳定的表现。

综上所述，革命老区市域的发展水平略低于平均，发展重点与总体市域一样，需要补足科教文化、生活水平的短板。可以得出结论，这些城市各项高质量发展指标变异程度与所有城市（总体）指标符合同一规律，即它们的表现型数据结构一致，简而言之就是革命老区市的发展在稳定性上没有明显有别于所有参评市。

3. 总结

经过排名比较（相对角度）和数值比较（绝对角度）可知，革命老区市的总体高质量发展处于略低于平均的状况，但各地之间存在着较大的差异；绿色生态、社会人文、企业发展、经济效率上的发展处于平均水平，但反映创新、科研、人均收入、医疗、教育等方面水平的开放创新和民生共享显著低于平均水平，是未来重点发展的方向；发展重点与所有参评市一样（这应是全国总体经济发展带动的整体效应）。福建省漳州在革命老区市中发展得最平衡，总体水平和分项水平均较好，可作为其他城市发展的榜样。

第六章　中国市域经济高质量发展专题研究

一、2017～2018 年国家质量抽检五问

2017 年党的十九大报告指出"我国经济已由高速增长阶段转向高质量发展阶段"，国家经济的高质量发展需要有高品质的实体经济质量即产品质量的支撑。产品质量监督抽查是国家产品质量监督部门及地方产品质量监督部门按照产品质量监督计划，定期在流通领域抽取样品进行监督检查，了解被抽查企业及其产品的质量状况，并按期发布产品质量监督抽查公报，对抽查的样品不合格的企业采取相应处理措施的一种国家监督活动。产品质量监督抽查是保障我国实体经济即产品质量的坚强措施。

国家监督抽查是指由国家产品质量监督部门规划和组织的对产品质量进行定期或专项监督抽查，并发布国家监督抽查公报的制度。党的十九大后，我国改革产品质量监督抽查做法，把"两随机一公开"作为对产品质量监督的新常态机制，并将结果对社会公布。

为更深入地帮助社会认识我国产品质量管理方面的现状，比较不同区域在产品质量方面的优劣，助益大家认识到我国产品质量管理领域仍然有待加强的方面，我们对 2017～2018 年国家产品质量抽查的数据进行了统计、分析，提出了相应的看法。

分析数据从原国家质监总局和现在国家市监总局网站采集，共收集原始数据

54400多个，其中2017年为非食品类产品数据，2018年的则包括食品类和非食品类数据。整个数据采集过程分为三个步骤：

首先，非食品类从原国家质量监督检验检疫总局网站上公布的数据整理出抽查的企业名单和抽查结果；食品类从国家市场监督管理总局官网下载2018年以"市场监管总局关于一批次食品不合格情况的通告"命名的文件，将抽查合格和不合格企业名单进行汇总。

其次，剔除抽查结果不明确的数据，查找每个被抽查企业所在市域。

最后，统计每个市域被抽查的企业数及抽查结果合格数，进而计算每个市域企业产品抽查的合格率。

基于上述对全国近300个地级城市产品质量抽检结果，提出五个问题供社会讨论。

（一）我国的质量损失有多大

微观的质量损失是指企业在生产、经营过程和活动中，由于产品的质量问题而导致的损失。宏观的质量损失则指一个国家或地区的生产，因为所生产的产品不合格而引致的生产要素的浪费。我们用一个国家或地方某一时期的产品质量抽检不合格率乘以该国或该地规模以上企业的产值的乘积作为衡量该时期一个国家或一个地方的质量损失。

根据我们的统计，2017~2018年全国质量抽检合格率的均值为93.6%，即不合格率为6.4%。据查国家统计年鉴，2017年全国规模以上工业总产值1164623.8亿元，可以估算出2017年质量损失超过74.5万亿元。相应地，如果我们的质量合格率能够提高1%，即可多获得有效产值超过1.16万亿元。

同理，我们推算31个省份2017年规模以上质量损失如表6-1所示。

（二）全国各地质量的差异有多大

由表6-1可知，除西藏之外，全国质量合格率最高的为黑龙江，共抽查企业1650家，产品合格家数为1627家，合格率98.61%；最低的为青海，共抽查企业73家，产品合格家数为66家，合格率90.41%。全国省域间合格率极差为8.20%。

表 6 - 1　2017 年 31 个省份规模以上质量损失

省、市、区	规模以上工业产值（亿元）	2017 ~ 2018 年产品抽检合格率（%）	质量损失（亿元）	省、市、区	规模以上工业产值（亿元）	产品抽检合格率（%）	质量损失（亿元）
广东	135598	90.53	12844.92	重庆	21333	95.31	1001.55
江苏	154899	93.21	10520.83	吉林	23162	96.03	919.13
山东	142660	94.66	7619.82	陕西	22375	95.97	901.96
浙江	67081	90.51	6365.72	天津	17019	95.06	840.68
河南	80605	94.41	4504.78	甘肃	8487	91.95	683.16
河北	51900	93.30	3478.46	贵州	11085	94.02	663.21
福建	48004	93.77	2989.34	北京	20354	97.21	567.36
安徽	43408	94.64	2328.03	云南	12058	95.85	500.93
湖北	43531	94.68	2316.26	内蒙古	13638	96.85	429.10
四川	42423	94.63	2278.75	新疆	9768	96.69	323.80
湖南	39463	94.35	2228.33	青海	2094	90.41	200.79
江西	35585	94.37	2004.79	黑龙江	10158	98.61	141.60
上海	37426	95.42	1713.62	宁夏	4083	97.96	83.33
山西	17725	91.28	1545.94	海南	1831	97.59	44.12
广西	24170	94.17	1408.33	西藏	207	100.00	0.00
辽宁	22480	95.49	1013.61				

　　按区域划分，东北地区合格率最高，共抽查 3899 家企业，合格数量 3778 家，合格率为 96.90%；其次为西部地区，共抽查 7482 家企业，合格数量 7125 家，合格率为 95.23%；中部地区共抽查 7858 家企业，合格数量 7404 家，合格率为 94.22%；东部地区共抽查 35161 家企业，合格数量 32615 家，合格率为 92.76%。区域极差较小，为 3.14%。

　　为对各市域产品质量抽检结果进行比较，我们对各市域产品质量合格率做了等级划分，以所有城市中前 72 名为 A 等，73 ~ 143 名为 B 等，144 ~ 215 名为 C 等，其余为 D 等，全国地级城市产品抽检结果等级情况如表 6 - 2 ~ 表 6 - 5 所示。

表6－2 全国市域产品抽检 A 等城市汇总

市域	总合格率（%）	排名等级	市域	总合格率（%）	排名等级	市域	总合格率（%）	排名等级
资阳	100	1A	濮阳	98.53	45A	长春	97.71	58A
张家口	100	1A	秦皇岛	98.46	46A	营口	97.65	59A
齐齐哈尔	100	1A	淮南	98.44	47A	乐山	97.48	61A
黑河	100	1A	莆田	98.41	48A	贵阳	97.46	62A
桂林	100	1A	巴彦淖尔	98.40	49A	乌鲁木齐	97.45	63A
绥化	99.57	37A	吕梁	98.36	50A	邯郸	97.41	64A
大庆	99.38	38A	白城	98.36	50A	银川	97.41	64A
孝感	98.91	39A	咸宁	98.04	52A	盘锦	97.33	66A
南平	98.86	40A	哈尔滨	97.93	53A	西安	97.30	67A
清远	98.75	41A	海口	97.81	54A	昆明	97.29	69A
呼和浩特	98.74	42A	大连	97.80	55A	包头	97.20	72A
吴忠	98.68	43A	芜湖	97.80	56A			
牡丹江	98.67	44A	六安	97.78	57A			

表6－3 全国市域产品抽检 B 等城市汇总

市域	总合格率（%）	排名等级	市域	总合格率（%）	排名等级	市域	总合格率（%）	排名等级
舟山	97.18	73B	周口	96.23	97B	合肥	95.31	121B
新乡	97.16	74B	蚌埠	96.20	98B	郴州	95.24	123B
廊坊	97.16	75B	赣州	96.15	99B	菏泽	95.24	123B
咸阳	97.06	76B	泸州	96.10	100B	内江	95.16	130B
常德	97.03	80B	绍兴	95.94	103B	武汉	95.15	131B
榆林	96.97	81B	泰州	95.92	104B	连云港	95.12	132B
绵阳	96.91	83B	宜昌	95.92	105B	岳阳	95.08	133B
商丘	96.84	84B	安阳	95.83	106B	唐山	95.05	136B
青岛	96.81	85B	日照	95.77	108B	珠海	95.04	137B
漳州	96.68	86B	马鞍山	95.71	109B	沈阳	95.05	135B
南阳	96.61	88B	太原	95.71	110B	盐城	94.94	138B
淮安	96.55	89B	福州	95.60	112B	眉山	94.92	139B
呼伦贝尔	96.49	90B	东营	95.57	113B	扬州	94.90	140B
郑州	96.42	92B	长沙	95.54	114B	德州	94.88	141B
威海	96.40	93B	铁岭	95.51	116B	玉溪	94.87	142B
荆州	96.34	94B	潍坊	95.49	117B	黄冈	94.74	143B
南昌	96.27	95B	洛阳	95.35	119B			
锦州	96.25	96B	淄博	95.34	120B			

表6－4　全国市域产品抽检C等城市汇总

市域	总合格率（%）	排名等级	市域	总合格率（%）	排名等级	市域	总合格率（%）	排名等级
宁德	94.67	145C	泰安	93.91	170C	宿迁	92.74	198C
韶关	94.64	146C	临沂	93.87	171C	鞍山	92.71	199C
厦门	94.61	147C	无锡	93.79	172C	宣城	92.59	200C
阜阳	94.55	150C	宝鸡	93.75	173C	南通	92.57	202C
吉林	94.55	150C	保定	93.73	178C	常州	92.53	203C
四平	94.52	152C	江门	93.72	179C	石家庄	92.52	204C
烟台	94.52	153C	南京	93.68	180C	萍乡	92.45	205C
漯河	94.44	154C	黄山	93.62	181C	北海	92.45	205C
驻马店	94.38	157C	开封	93.51	183C	兰州	92.45	205C
荆门	94.34	158C	南宁	93.45	185C	晋中	92.31	208C
赤峰	94.32	159C	西宁	93.44	186C	鄂尔多斯	92.31	208C
杭州	94.28	160C	安庆	93.28	188C	河源	92.31	208C
湖州	94.28	161C	嘉兴	93.22	189C	宜春	92.24	212C
九江	94.19	162C	益阳	93.18	190C	抚州	91.80	213C
滨州	94.14	163C	遵义	93.13	191C	济宁	91.70	214C
成都	94.12	164C	潮州	93.13	192C	南充	91.67	215C
苏州	94.03	166C	衢州	93.04	194C	渭南	91.67	215C
济南	94.01	167C	枣庄	92.78	196C			
汕头	93.94	168C	滁州	92.77	197C			

表6－5　全国市域产品抽检D等城市汇总

市域	总合格率（%）	排名等级	市域	总合格率（%）	排名等级	市域	总合格率（%）	排名等级
东莞	91.63	223D	衡水	90.31	240D	平凉	87.50	264D
丹东	91.58	224D	广州	90.30	241D	七台河	85.71	269D
自贡	91.57	225D	焦作	90.17	242D	葫芦岛	85.00	271D
淮北	91.49	226D	丽水	89.53	248D	金华	84.95	272D
平顶山	91.18	227D	襄阳	89.52	249D	十堰	84.09	275D

市域	总合格率（%）	排名等级	市域	总合格率（%）	排名等级	市域	总合格率（%）	排名等级
泉州	90.94	228D	湛江	89.40	251D	许昌	83.72	276D
邢台	90.94	229D	龙岩	89.33	252D	莱芜	83.64	277D
温州	90.92	230D	肇庆	89.16	254D	运城	82.86	280D
德阳	90.79	233D	曲靖	89.06	256D	保山	90.00	243D
沧州	90.67	234D	贵港	88.89	257D	镇江	89.98	244D
聊城	90.55	235D	佛山	88.12	260D	惠州	89.94	245D
深圳	90.46	237D	中山	88.10	261D	宿州	86.36	267D
揭阳	90.45	238D	台州	87.90	262D	徐州	86.03	268D
长治	90.38	239D	宁波	87.51	263D			

（三）全国"质量之光"城市有哪些名不副实

"质量之光"自 2012 年至今已经成为我国质量领域互动性最强、参与面最广、社会关注度日益提高的质量专业活动品牌，累计参与人数接近 600 万。"质量之光"活动是由原国家质检总局委托《中国质量报》创办，活动通过"用社会的眼光看质量"，旨在营造全社会关注质量的良好氛围。我们整理了 2017 年、2018 年两个年度被评为"质量之光"的市域的产品抽检数据，如表 6 - 6 所示。

表 6 - 6　全国 2017 年、2018 年"质量之光"城市产品抽检情况汇总

序号	城市	抽检合格率(%)	全国名次	序号	城市	抽检合格率(%)	全国名次
1	芜湖市	97.80	56A	6	晋城市	90.91	227D
2	赣州市	96.15	98B	7	泰州市	95.92	103B
3	咸宁市	98.04	52A	8	宿州市	86.36	263D
4	永州市	84.21	270D	9	漯河市	94.44	150C
5	金昌市	80	279D	10	鄂州市	100	1A

注：金昌、晋城、永州、鄂州抽检样本数少于 50 个。

（四）全国质量强市城市的质量怎么样

为贯彻落实国务院颁布的《质量发展纲要（2011 - 2020 年）》关于"广泛开

展质量强省（区、市）活动"和实施"地区间质量对比提升"的要求，全面提高质量管理水平，推动建设质量强国，促进经济社会又好又快发展，进一步动员全社会重视和加强质量工作，原国家质检总局有一个"全国质量强市示范城市"的工作，由全国各市申报，经原国家质检总局按一定条件批准为"全国质量强市示范城市"建设城市，建设城市经过若干年的努力，达到相关要求，批准为"全国质量强市示范城市"。我们查到：原国家质检总局2017年第114号公告同意命名保山市、贵阳市、柳州市为"全国质量强市示范城市"；2018年第29号公告同意命名武汉市、秦皇岛市、绍兴市为"全国质量强市示范城市"。

我们整理了上述"全国质量强市示范城市"的产品抽检数据，如表6-7所示。

表6-7　"全国质量强市示范城市"产品抽检情况汇总

序号	城市	抽检合格率（%）	全国名次	序号	城市	抽检合格率（%）	全国名次
1	武汉市	95.15	131B	4	保山市	90	243D
2	秦皇岛市	98.46	46A	5	贵阳市	97.46	62A
3	绍兴市	95.94	103B	6	柳州市	85.11	270D

注：保山、柳州抽检样本数少于50个。

从表6-7可以看出，"全国质量强市示范城市"的产品抽检合格率还是比较高的，不愧拥有"全国质量强市示范城市"的美誉。

（五）地区经济越发达产品质量也越好吗

产品抽检合格率应该可以作为一个国家或地区质量管理水平、能力的重要反映。理论上，一个地区的经济越发达，越应该重视质量，否则，因质量水平的落后带来的质量缺失就会越大，同时，地区经济越发达，就越有资源来保障质量，提高质量水平。表6-8列举了国内10个经济发达城市的抽检情况。

经济发达地区从抽样样本数量来看比较充足，可见，国家对经济发达城市的质量监管是非常重视的，统计意义上，这些城市所得结果会与实际值更加符合。

其中，苏州共抽查 821 家企业，深圳共抽查 1582 家企业，广州共抽查 1609 家企业，东莞共抽查 693 家企业，宁波共抽查 937 家企业，武汉共抽查 474 家企业，泉州共抽查 784 家企业，杭州共抽查 1067 家企业，成都共抽查 902 家企业，常州共抽查 442 家企业。

表 6 - 8　国内 10 个发达城市抽检合格率及质量损失汇总

城市	2017 年规模以上工业产值（亿元）	2017～2018 年产品抽检合格率（%）	质量损失（亿元）	城市	规模以上工业产值（亿元）	产品抽检合格率（%）	质量损失（亿元）
苏州	32005.9	94.03	1910.75	武汉	13726.4	95.15	665.73
深圳	30821.7	90.46	2940.39	泉州	13324.4	90.94	1207.19
广州	20840.4	90.30	2021.52	杭州	13209.6	94.28	755.59
东莞	18240.2	91.63	1526.70	成都	12489.6	94.2	724.39
宁波	15643.9	87951	1953.92	常州	12085.7	92.53	902.80

从表 6 - 8 中可以看出，相比较而言，虽然这 10 个市域经济比较发达，但产品抽检合格率处于中等偏下的位置。

可以印证经济发达城市的质量水平相对较差的另一视角是：当两个城市被抽检样本数量大致相当时，东北地区城市的抽检合格率高于东部地区城市的抽检合格率，如表 6 - 9 所示。

表 6 - 9　国内东北地区城市与东部地区城市抽检样本和合格率汇总

组序	发达城市	抽检合格率（%）	抽检样本	东北城市	抽检合格率（%）	抽检样本
1	东莞市	91.6	693	哈尔滨市	97.9	629
2	厦门市	94.6	519	沈阳市	95.05	525
3	湖州市	94.27	297	齐齐哈尔市	100	290
	潮州市	93.13	291			
4	福州市	95.6	364	大连市	97.8	364

（六）结论及建议

（1）建议以后国家在质量抽检时，应该加大对如"质量之光"城市、"全国质量强市示范城市"建设城市和"全国质量强市示范城市"的抽检力度，使它们真正起到质量标杆和示范的作用，保障国家质量品牌活动的高质量。

（2）高度重视经济发达地区的产品质量保障和管理，否则会给社会带来更多的资源浪费。

（3）切实推进"经济由高速增长转向高质量发展"的战略转型。

二、高质量发展失衡——省会市域的共性挑战

省会市域的高质量发展是我国经济高质量发展的主要战场，基于发展的资源和条件，各个省会市域应当成为各省全域高质量发展的标杆和引领，在本书的高质量发展测度中，总体上各省会市域确实拥有不俗的成绩，在27个省会市域中，高质量发展总指数居前50的市域达19个，在六个维度排名上，位居前50的也占多数，具体如表6-10所示。

表6-10　各省会市域高质量发展指数与相应在全国的名次

省会市域	高质量发展总指数及其在全国相应名次	绿色生态高质量发展指数及其在全国相应名次	社会人文高质量发展指数及其在全国相应名次	企业发展高质量发展指数及其在全国相应名次	经济效率高质量发展指数及其在全国相应名次	开放创新高质量发展指数及其在全国相应名次	民生共享高质量发展指数及其在全国相应名次
广州	0.5554	0.7236	0.5769	0.6017	0.5703	0.4897	0.4564
	3	115	3	3	10	4	7
杭州	0.5130	0.7075	0.5218	0.6821	0.4591	0.3076	0.5102
	5	148	8	2	239	15	3
南京	0.4991	0.6594	0.4905	0.5435	0.5649	0.4142	0.4180
	7	222	13	9	16	6	11
武汉	0.4774	0.6981	0.4587	0.5240	0.5442	0.3717	0.3821
	12	167	20	15	43	9	19

续表

省会市域	高质量发展总指数及其在全国相应名次	绿色生态高质量发展指数及其在全国相应名次	社会人文高质量发展指数及其在全国相应名次	企业发展高质量发展指数及其在全国相应名次	经济效率高质量发展指数及其在全国相应名次	开放创新高质量发展指数及其在全国相应名次	民生共享高质量发展指数及其在全国相应名次
长沙	0.4579	0.7208	0.3884	0.5610	0.5634	0.2663	0.3955
	14	118	59	6	19	24	15
郑州	0.4479	0.6354	0.5162	0.4260	0.5286	0.3394	0.3621
	16	249	9	50	86	11	25
福州	0.4438	0.7727	0.4678	0.5243	0.5497	0.2386	0.2941
	19	34	16	14	32	31	46
济南	0.4408	0.6745	0.4609	0.4935	0.5190	0.2804	0.3561
	21	207	19	23	110	18	27
海口	0.4383	0.8048	0.4525	0.3853	0.4648	0.3031	0.3772
	22	12	26	96	230	16	22
成都	0.4374	0.6824	0.4541	0.5485	0.5240	0.2415	0.3294
	23	196	25	8	95	30	34
西安	0.4182	0.6657	0.4623	0.4141	0.4972	0.3228	0.2714
	28	213	18	57	169	13	60
合肥	0.4178	0.7003	0.4339	0.4380	0.5367	0.2545	0.2990
	29	163	33	39	62	26	44
南昌	0.4124	0.7515	0.3876	0.4053	0.5097	0.3126	0.2470
	30	61	60	67	138	14	83
昆明	0.4123	0.6885	0.3713	0.4311	0.5656	0.2703	0.3176
	31	182	68	43	14	22	37
贵阳	0.4090	0.6574	0.4672	0.3969	0.5536	0.2669	0.2887
	32	227	17	74	25	23	50
太原	0.4004	0.5916	0.3373	0.3850	0.5250	0.3297	0.3327
	42	276	102	99	92	12	32
兰州	0.4000	0.7265	0.3220	0.4100	0.5068	0.2707	0.3013
	44	108	117	62	144	21	43
沈阳	0.3940	0.7186	0.3655	0.4426	0.4643	0.2337	0.2936
	45	122	73	35	231	34	47

省会市域	高质量发展总指数及其在全国相应名次	绿色生态高质量发展指数及其在全国相应名次	社会人文高质量发展指数及其在全国相应名次	企业发展高质量发展指数及其在全国相应名次	经济效率高质量发展指数及其在全国相应名次	开放创新高质量发展指数及其在全国相应名次	民生共享高质量发展指数及其在全国相应名次
乌鲁木齐	0.3873	0.6561	0.2936	0.3913	0.4861	0.2350	0.3819
	47	228	151	82	203	33	20
长春	0.3871	0.7415	0.3151	0.4588	0.5367	0.2101	0.2263
	48	79	127	31	61	37	112
南宁	0.3790	0.7488	0.4284	0.3821	0.4782	0.1947	0.2373
	52	70	36	101	212	44	97
呼和浩特	0.3760	0.6435	0.3419	0.4300	0.4333	0.2529	0.2859
	55	240	98	47	260	28	52
拉萨	0.3723	0.9651	0.4010	0.1942	0.5409	0.1484	0.2924
	59	1	46	286	52	53	49
银川	0.3721	0.6296	0.4160	0.3886	0.5084	0.1885	0.2845
	61	251	40	90	141	46	53
石家庄	0.3667	0.6449	0.3565	0.4397	0.5354	0.1546	0.2375
	64	236	76	36	68	50	96
哈尔滨	0.3633	0.7265	0.3367	0.4020	0.4832	0.1763	0.2378
	69	106	103	71	208	47	95
西宁	0.3441	0.7010	0.3994	0.3152	0.5100	0.1067	0.2518
	92	159	48	258	136	71	76

　　但细究各省会市域在具体指标上的表现会发现一个共性的问题，那就是省会市域高质量发展的失衡，即省会市域在总体表现较优的同时，都存在着有若干指数在全国排名处于倒数名次的情形，其中尤其在生态环境方面的指标居多。表6-11为我们列出了每个省会市域在全国排名居于200名以后的指标及其相应排名。

　　高质量发展应该是在绿色生态、社会人文、企业高质量发展、经济效率、创新开放和民生共享等维度协调共促，任何方面的落后特别是严重滞后将拖累当地的高质量发展。通过对上述省会市域高质量发展数据指标的梳理，我们可以看到，大多数省会市域在绿色生态高质量发展方面都还有很大欠缺，并且越是经济发达的市域这方面的挑战越严峻，这应该是值得我们高度警惕的方面。试想，一个地方的生态环境都不宜居，那何以能说明这个地方有高质量发展呢？

表 6-11　各省会市域排名居全国 200 名以后的指标及相应名次

省会市域	排名居全国 200 名以后的指标及相应名次
成都	每平方公里废水（224）、PM2.5 年平均浓度（210）、万人拥有中小学教师数（208）、通货膨胀率（251）、地方一般公共预算支出中教育支出占比（231）
福州	每平方公里废气（237）、污水处理厂集中处理率（253）
广州	每平方公里废水（275）、生活垃圾无害化处理率（221）、企业产品质量抽查合格率（237）、通货膨胀率（271）
贵阳	每平方公里废水（218）、每平方公里废气（245）、一般工业固体废物综合利用率（260）、生活垃圾无害化处理率（224）、万人拥有体育馆和博物馆数（210）、万元工业产值电耗（202）
哈尔滨	PM2.5 年平均浓度（221）、生活垃圾无害化处理率（260）、人口自然增长率（260）、名村名镇传统村落数（225）、建成区绿化覆盖率（262）、公共财政收入增长率（227）、GDP 增长率（203）、城镇登记失业率（228）、地方一般公共预算支出中教育支出占比（257）
海口	人均公共图书馆图书藏量（208）、地方一般公共预算支出中科学技术支出占比（215）、当年实际利用外资金额占 GDP 比重（248）、通货膨胀率（286）
杭州	每平方公里废水（266）、单位工业产值污染物排放量（216）、GDP 增长波动率（265）、GDP 增长率（285）、通货膨胀率（278）
合肥	PM2.5 年平均浓度（217）
呼和浩特	每平方公里废气（242）、一般工业固体废物综合利用率（256）、单位工业产值污染物排放量（209）、GDP 增长波动率（226）、公共财政收入增长率（278）、城乡居民收入比（242）、万元工业产值电耗（253）、GDP 增长率（248）、城镇登记失业率（226）、地方一般公共预算支出中教育支出占比（248）
济南	每平方公里废水（233）、每平方公里废气（226）、PM2.5 年平均浓度（253）、人均水资源量（277）、城乡居民收入比（247）、通货膨胀率（251）
昆明	每平方公里废气（204）、一般工业固体废物综合利用率（253）、城乡居民收入比（257）、地方一般公共预算支出中教育支出占比（207）
拉萨	建成区绿化覆盖率（258）、规模以上工业企业企均主营企业税金及附加和增值税（285）、规模以上工业企业企均利润额（252）、规模以上工业企业投入产出率（285）、单位工业产值污染物排放量（286）、GDP 密度（273）、万人拥有 R&D 人员数（256）、万人专利申请数（282）、万人授权专利数（280）、农村居民人均可支配收入（250）、城乡居民收入比（263）、万元工业产值电耗（286）、通货膨胀率（279）

续表

省会市域	排名居全国 200 名以后的指标及相应名次
兰州	人均水资源量（284）、建成区绿化覆盖率（239）、企业产品质量抽查合格率（201）、GDP 增长波动率（222）、当年实际利用外资金额占 GDP 比重（212）、农村居民人均可支配收入（223）、城乡居民收入比（251）、万元工业产值电耗（247）、GDP 增长率（236）
南昌	每平方公里废水（210）、每平方公里废气（216）、万人拥有体育馆和博物馆数（205）、通货膨胀率（261）、地方一般公共预算支出中教育支出占比（204）
南京	每平方公里废水（273）、每平方公里废气（260）、污水处理厂集中处理率（273）、万人拥有中小学教师数（202）、通货膨胀率（235）
南宁	污水处理厂集中处理率（256）、地理标志及驰名商标数量（229）、GDP 增长波动率（227）、万人授权专利数（215）、城乡居民收入比（228）、通货膨胀率（271）
沈阳	每平方公里废气（207）、人均水资源量（254）、人口自然增长率（224）、建成区绿化覆盖率（207）、规模以上工业企业投入产出率（222）、GDP 增长波动率（273）、城乡居民收入比（233）、万人拥有中小学教师数（241）、万人拥有体育馆和博物馆数（226）、GDP 增长率（265）、地方一般公共预算支出中教育支出占比（246）
石家庄	每平方公里废水（230）、每平方公里废气（234）、PM2.5 年平均浓度（282）、人均水资源量（273）、企业产品质量抽查合格率（200）、城乡居民收入比（201）、万人拥有体育馆和博物馆数（202）
太原	每平方公里废水（214）、每平方公里废气（227）、一般工业固体废物综合利用率（247）、PM2.5 年平均浓度（250）、人均水资源量（275）、人口自然增长率（219）、规模以上工业企业投入产出率（261）、当年实际利用外资金额占 GDP 比重（227）、万元工业产值电耗（216）、通货膨胀率（214）、地方一般公共预算支出中教育支出占比（206）
乌鲁木齐	每平方公里废气（232）、生活垃圾无害化处理率（242）、人口自然增长率（227）、名村名镇传统村落数（247）、地理标志及驰名商标数量（210）、规模以上工业企业投入产出率（237）、当年实际利用外资金额占 GDP 比重（282）、当年实际利用外资金额占 GDP 比重（212）、万元工业产值电耗（250）、通货膨胀率（282）
武汉	每平方公里废水（261）、每平方公里废气（249）、PM2.5 年平均浓度（207）、人均水资源量（202）、建成区绿化覆盖率（257）、万人拥有中小学教师数（209）、通货膨胀率（235）
西安	PM2.5 年平均浓度（275）、人均水资源量（244）、名村名镇传统村落数（205）、规模以上工业企业投入产出率（227）、公共财政收入增长率（203）、通货膨胀率（251）、地方一般公共预算支出中教育支出占比（260）
西宁	每平方公里废水（267）、每平方公里废气（229）、污水处理厂集中处理率（268）、生活垃圾无害化处理率（234）、规模以上工业企业企均利润额（280）、规模以上工业企业投入产出率（283）、单位工业产值污染物排放量（281）、单位工业产值污染物排放量（213）、货物进出口总额占 GDP 比重（210）、农村居民人均可支配收入（243）、城乡居民收入比（249）、万人拥有中小学教师数（211）、万元工业产值电耗（278）、通货膨胀率（214）

续表

省会市域	排名居全国 200 名以后的指标及相应名次
银川	一般工业固体废物综合利用率（264）、人均水资源量（280）、名村名镇传统村落数（247）、规模以上工业企业投入产出率（240）、当年实际利用外资金额占 GDP 比重（257）、城乡居民收入比（208）、万元工业产值电耗（246）、城镇登记失业率（233）、地方一般公共预算支出中教育支出占比（277）
长春	污水处理厂集中处理率（209）、生活垃圾无害化处理率（229）、人口自然增长率（249）、名村名镇传统村落数（247）、城乡居民收入比（202）、城镇登记失业率（211）、地方一般公共预算支出中教育支出占比（241）
长沙	PM2.5 年平均浓度（208）、人口自然增长率（217）、地方一般公共预算支出中教育支出占比（215）
郑州	每平方公里废水（252）、每平方公里废气（235）、人均水资源量（285）、通货膨胀率（214）、地方一般公共预算支出中教育支出占比（269）

参考文献

［1］http：//jscin. jiangsu. gov. cn/art/2018/6/19/art_ 69973_ 7947485. html.

［2］http：//www. gov. cn/xinwen/2017 − 12/20/content_ 5248899. htm.

［3］http：//www. njdaily. cn/2019/0115/1747988. shtml.

［4］https：//finance. sina. com. cn/roll/2018 − 11 − 30/doc − ihpevhcm4044606. shtml.

［5］https：//finance. sina. com. cn/roll/2019 − 01 − 07/doc − ihqhqcis3715851. shtml.

［6］本刊编辑部. 大力发展海洋经济　构筑高质量发展战略要地［J］. 广东经济，2019（6）：卷首.

［7］钞小静，惠康. 中国经济增长质量的测度［J］. 数量经济技术经济研究，2009（6）：75 − 86.

［8］钞小静，任保平. 中国经济增长质量的时序变化与地区差异分析［J］. 经济研究，2011（4）：26 − 40.

［9］陈诗一，陈登科. 雾霾污染、政府治理与经济高质量发展［J］. 经济研究，2018，53（2）：20 − 34.

［10］成长春. 推动长江经济带高质量发展［J］. 区域经济评论，2018（6）：1 − 4.

［11］程虹. 如何衡量高质量发展［N］. 第一财经日报，2018 − 03 − 14

（A11）．

［12］崔立志．安徽经济高质量发展内涵、经验特征事实和对策［J］．安徽科技，2019（1）：12－16．

［13］崔立志．安徽经济高质量发展研究［J］．合作经济与科技，2019（1）：38－43．

［14］邓子云，黄婧．长沙高新区经济高质量发展的主要问题与对策思考［J］．中国市场，2019（1）：35－36．

［15］丁涛，顾金亮．科技创新驱动江苏地区经济高质量发展的路径研究［J］．南通大学学报（社会科学版），2018，34（4）：41－46．

［16］方大春，马为彪．中国省际高质量发展的测度及时空特征［J］．区域经济评论，2019（2）：61－70．

［17］付勋，薛刚．基于大数据推动江苏省经济高质量发展的运行机理［J］．商业经济，2019（5）：25－26．

［18］干春晖，郑若谷，余典范．中国产业结构变迁对经济增长和波动的影响［J］．经济研究，2011，46（5）：4－16，31．

［19］高国力．强化长江经济带发展对高质量发展的带动作用［J］．中国党政干部论坛，2018（6）：65－68．

［20］关颖．践行新发展理念　推动河南经济高质量发展［J］．决策探索（下），2019（6）：26－27．

［21］郭湖斌，邓智团．新常态下长三角区域经济一体化高质量发展研究［J］．经济与管理，2019（7）：22－30．

［22］韩永文．发挥城市群在经济高质量发展中的引领和辐射作用［J］．全球化，2019（5）：8－12．

［23］洪银兴．关于创新驱动和协同创新的若干重要概念［J］．经济理论与经济管理，2013（5）：5－12．

［24］胡兰，折然君，王芳．长沙高新区："三新经济"助力构建产业新格局［J］．中国高新区，2017（2）：9－10．

［25］华坚，胡金昕．中国区域科技创新与经济高质量发展耦合关系评价［J］．科技进步与对策，2019，36（8）：19－27.

［26］黄小彪．广东推动经济高质量发展的现状、问题与对策研究［J］．中国发展，2019（2）：60－68.

［27］江胜蓝．数字经济高质量发展的浙江实践［J］．浙江经济，2019（5）：40－41.

［28］江苏省统计局课题组．江苏经济社会实现高质量发展的路径探析［J］．唯实，2018（5）：45－49.

［29］金碚．区域经济高质量发展要有新思维［J］．农村·农业·农民（A版），2018（5）：11.

［30］李国平，彭思奇，曾先峰，杨洋．中国西部大开发战略经济效应评价——基于经济增长质量的视角［J］．当代经济科学，2011（4）：1－10.

［31］李国平，宋昌耀．雄安新区高质量发展的战略选择［J］．改革，2018（4）：47－56.

［32］李辉．大数据推动我国经济高质量发展的理论机理、实践基础与政策选择［J］．经济学家，2019（3）：52－59.

［33］李金昌，史龙梅，徐蔼婷．高质量发展评价指标体系探讨［J］．统计研究，2019，36（1）：4－14.

［34］李梦欣，任保平．新时代中国高质量发展的综合评价及其路径选择［J］．财经科学，2019（5）：26－40.

［35］李平，付一夫，张艳芳．生产性服务业能成为中国经济高质量增长新动能吗［J］．中国工业经济，2017（12）：5－21.

［36］李萍．对标国际一流推动深圳高质量发展［N］．深圳特区报，2018－06－03.

［37］李清君．做强促进黑龙江经济高质量发展的微观主体［J］．奋斗，2019（5）：26.

［38］李世兰．城市经济高质量发展探索与借鉴［J］．合作经济与科技，

2019（3）：20－22．

［39］李为，黄江效．推动福建省经济高质量发展研究［J］．发展研究，2018（9）：68－72．

［40］李伟．高质量发展六大内涵［J］．中国林业产业，2018（1）：50－51．

［41］李馨．我国省际区域经济高质量发展的测度与分析——基于30个省份相关数据［J］．无锡商业职业技术学院学报，2018，18（5）：20－24．

［42］李旭辉，朱启贵．基于"五位一体"总布局的省域经济社会发展综合评价体系研究［J］．中央财经大学学报，2018（9）：107－117，128．

［43］李子联，王爱民．江苏高质量发展：测度评价与推进路径［J］．江苏社会科学，2019（1）：247－256，260．

［44］林兆木．关于我国经济高质量发展的几点认识［J］．冶金企业文化，2018（1）：26－28．

［45］刘干，郑思雨．我国区域经济高质量发展综合评价［J］．生产力研究，2018（10）：59－63．

［46］刘国斌，宋瑾泽．中国区域经济高质量发展研究［J］．区域经济评论，2019（3）：55－60．

［47］刘海萌．推动鹤壁市经济高质量发展的对策研究［J］．智库时代，2019（4）：27－28．

［48］刘丽霞，孙春花．西部省份经济高质量发展的综合评价分析［J］．内蒙古财经大学学报，2019（6）：13－15．

［49］刘世锦．加快形成高质量发展的体制机制［J］．中国发展观察，2018（Z1）：16－17，32．

［50］刘思明，张世瑾，朱惠东．国家创新驱动力测度及其经济高质量发展效应研究［J］．数量经济技术经济研究，2019（4）：3－23．

［51］刘亭．何谓"高质量发展"？［J］．浙江经济，2018（6）：14．

［52］刘西建．推动陕西经济高质量发展若干问题研究［J］．西部大开发，

2019（4）：54－59.

　　［53］鲁继通．我国高质量发展指标体系初探［J］．中国经贸导刊（中），2018（20）：4－7.

　　［54］马丁玲，颜颖颖．宁波经济高质量发展评价及路径初探［J］．宁波通讯，2018（9）：40－41.

　　［55］宁波经信局．壮大数字经济：激发城市高质量发展新动能［J］．宁波通讯，2019（4）：22－23.

　　［56］宁夏科技创新"十三五"发展规划［EB/OL］．［2016－11－24］．http//www.stdaily.com.

　　［57］潘建成．经济高质量增长效果需要相关指标来衡量［N］．证券时报，2017－12－28（A07）.

　　［58］任保平，李禹墨．新时代我国高质量发展评判体系的构建及其转型路径［J］．陕西师范大学学报（哲学社会科学版），2018，47（3）：105－113.

　　［59］任保平．新时代中国经济从高速增长转向高质量发展：理论阐释与实践取向［J］．学术月刊，2018（3）：66－86.

　　［60］任素萍．以新理念引领山西经济高质量发展——释放分享经济红利激活发展新动能［J］．山西经济管理干部学院学报，2019（6）：63－66.

　　［61］茹少峰，周子锴．西部大开发20年的政策净效应与西部地区经济高质量发展——基于倾向得分匹配—双重差分方法检验［J］．陕西师范大学学报（哲学社会科学版），2019（5）：63－75.

　　［62］茹少峰．宏观经济模型及应用［M］．北京：科学出版社，2014：13－17.

　　［63］师博，任保平．中国省际经济高质量发展的测度与分析［J］．经济问题，2018（4）：1－6.

　　［64］师博，张冰瑶．全国地级以上城市经济高质量发展测度与分析［J］．社会科学研究，2019（3）：19－27.

　　［65］师博．论现代化经济体系的构建对我国经济高质量发展的助推作用

［J］．陕西师范大学学报（哲学社会科学版），2018，47（3）：126－132.

［66］施洁．深圳经济高质量发展评价研究［J］．深圳社会科学，2019（1）：70－78.

［67］宋国恺．新时代高质量发展的社会学研究［J］．中国特色社会主义研究，2018（5）：60－68.

［68］宋宇，范春霞．以生态文明建设推动大美青海高质量发展［J］．中国工程咨询，2019（6）：44－47.

［69］台德进．包容性、绿色与经济高质量增长关系研究——以安徽省为例［J］．宜春学院学报，2019（4）：49－56.

［70］滕堂伟，欧阳鑫．长三角高质量一体化发展路径探究——基于城市经济效率视角［J］．工业技术经济，2019（7）：152－160.

［71］汪同三．2017经济发展四策［J］．中国经济报告，2017（1）：12－15.

［72］王永昌，尹江燕．论经济高质量发展的基本内涵及趋向［J］．浙江学刊，2019（1）：91－95.

［73］王蕴，姜雪，盛雯雯．经济高质量发展的国际比较［J］．宏观经济管理，2019（5）：5－11.

［74］魏际刚．构建高质量发展导向的产业政策体系［J］．新经济导刊，2018（9）：42－44.

［75］吴晓华．深入学习领会习近平总书记战略思想以长江经济带发展推动经济高质量发展［J］．宏观经济管理，2018（6）：8－11.

［76］习近平．决胜全面建成小康社会夺取新时代中国特色社会主义伟大胜利——在中国共产党第十九次全国代表大会上的报告［J］．党建，2017（11）：15－34.

［77］辛嘉仪．数字经济与山东高质量发展［J］．山东经济战略研究，2018（10）：37－39.

［78］熊华文．从能源消费弹性系数看经济高质量发展［J］．中国能源，2019（5）：9－12.

［79］徐东良．贵州经济高质量发展的比较优势和路径选择［J］．当代贵州，2018（5）：26－27．

［80］徐豪．刘鹤达沃斯首秀：未来推动经济高质量发展仍然要靠改革开放［J］．中国经济周刊，2018（5）：28－29，88．

［81］许岩．建立完善统计指标体系助推经济高质量发展［N］．证券时报，2017－12－28（A07）．

［82］许永兵，罗鹏，张月．高质量发展指标体系构建及测度——以河北省为例［J］．河北大学学报（哲学社会科学版），2019，44（3）：86－97．

［83］杨嘉懿，李家祥．高质量发展：新时代中国经济发展的根本要求［J］．理论与现代化，2018（2）：11－15．

［84］杨姝琴．广州推动经济高质量发展的对策研究［J］．广西质量监督导报，2019（4）：222－224．

［85］杨伟民．贯彻中央经济工作会议精神推动经济高质量发展［J］．宏观经济管理，2018（2）：13－17．

［86］杨玉英．地区经济高质量发展内涵与路径——以广西钦州市为例［J］．中国产经，2019（2）：74－79．

［87］叶玲飞．昆山经济高质量发展面面观［J］．唯实，2019（6）：62－65．

［88］殷耀宁．“六位一体”推动江西经济高质量发展［J］．中国国情国力，2019（4）：50－53．

［89］张长星．推动河南经济高质量发展的对策研究［J］．区域经济评论，2019（5）：73－83．

［90］张连业，王向华．坚持高质量发展不动摇——一季度陕西经济发展述评［J］．现代企业，2019（5）：6－7．

［91］张庆华．城市“集聚效应”驱动中国经济高质量发展［J］．智慧中国，2019（6）：39－40．

［92］张月友，方瑾．如何推动东部地区率先高质量发展［J］．经济研究参

考，2019（4）：53－67.

［93］张震，刘雪梦．新时代我国15个副省级城市经济高质量发展评价体系构建与测度［J］．经济问题探索，2019（6）：20－31，70.

［94］赵通，任保平．高质量发展中我国经济协调发展路径分析［J］．黑龙江社会科学，2019（1）：11－18.

［95］赵禹骅．对准方向努力实现广西经济高质量发展［J］．当代广西，2019（5）：30－31.

［96］周吉，吴翠青，黄慧敏，龙强．基于因子分析的我国省际高质量发展水平评价——兼论江西高质量发展路径［J］．价格月刊，2019（5）：82－89.

［97］朱承亮，岳宏志，李婷．基于TFP视角的西部大开发战略实施绩效评价［J］．科学学研究，2009（11）：1663－1667.

［98］朱群永，王璐．不忘为民初心　牢记服务使命——河南省宁陵县推动经济高质量发展综述［J］．决策探索（下），2019（6）：4－13.

后　记

党的十九大确立中国高质量发展战略，提出了新时代中国共产党领导中国发展的新使命、新征程、新愿景。各地方、各领域围绕着高质量发展的新目标，推出了大量的举措，戮力同心地为提升中国经济的竞争力添砖加瓦。来自政界、企业和高校研究院所的专家们贡献的关于高质量发展的研究成果不断丰富，启迪了思想，开拓了视野。

我们课题团队出版的《中国区域经济高质量发展研究报告（2018）》得到社会各界广泛的关注，不少党校将研究报告用作党政干部的培训、学习教材，这给了我们莫大的鼓舞。

从今年开始，研究报告更名为《中国市域经济高质量发展研究报告（2019）》，强调研究对象为全国的地级市域，在内容结构上也进行了优化，比如增加了革命老区高质量发展的讨论、增加了国家质量抽检专题研究及不同年度的比较等。

真诚感谢国家市场监督管理总局发展研究中心领导的中国质量研究与教育联盟众多专家学者的不吝指教和抬爱。衷心感谢江西省市场监督管理局质量发展局杨兴国局长，赣州市市场监督管理局王业有局长、涂梁华副局长，江西理工大学杨斌书记、温和瑞校长、罗仙平副校长及科技处唐云志处长、王小元副处长、袁志明科长，江西省质量协会姜晓菲秘书长，江西理工大学经济管理学院张修志书记、闫光礼副书记、曾国华副院长，赣州市市场监督管理局质量科谢艳科长、钟明静、谢敏等众多领导专家的关心、支持。特别要感谢经济管理出版社申桂萍老师等编辑人员，专业敬业、排除困难，如愿完成本报告的出版。

赣州市历年市长质量奖企业江西金力永磁科技股份有限公司、赢家时装（赣州）有限公司、朝阳聚声泰（信丰）科技有限公司、赣州市文华家瑞家具实业有限公司、江西青峰药业有限公司、赣州富尔特电子股份有限公司、江西燕兴物业管理有限公司、江西富龙皇冠实业有限公司、立昌科技（赣州）有限公司、播恩生物技术股份有限公司、虔东稀土集团股份有限公司、江西五丰食品有限公司、江西千多多家具有限公司、赣州市金信诺电缆技术有限公司、赣州腾远钴业有限公司、江西绿萌科技控股有限公司、赣州华京稀土新材料有限公司、赣州晨光稀土新材料有限公司、江西耀升钨业股份有限公司、江西维平创业家具实业有限公司、江西章贡酒业有限责任公司、江西省龙钇重稀土材料有限责任公司、赣州华劲纸业有限公司的管理人员参加了本报告的讨论。

研究报告的编撰参考、引用了大量的文献和数据，在此一并表示感谢。

黄顺春

2020 年 6 月 9 日

于赣州市高质量发展研究院